U0894752

中国社会科学院创新工程学术出版资助项目

美国新华侨华人与中国发展

Meiguo xinhuaqiaohuaren yu zhongguo fazhan

姬　虹　陈宪奎　白玉广　黄　河　常　夷　方远鹏　著

中国社会科学出版社

图书在版编目（CIP）数据

美国新华侨华人与中国发展／姬虹等著．—北京：中国社会科学出版社，2015.4

ISBN 978-7-5161-5966-8

Ⅰ.①美… Ⅱ.①姬… Ⅲ.①华侨—研究—美国②华人—研究—美国 Ⅳ.①D634.371.2

中国版本图书馆 CIP 数据核字(2015)第 081300 号

出 版 人 赵剑英
责任编辑 张 林
特约编辑 宋英杰
责任校对 邓雨婷
责任印制 戴 宽

出 版 中国社会科学出版社
社 址 北京鼓楼西大街甲 158 号
邮 编 100720
网 址 http://www.csspw.cn
发 行 部 010-84083685
门 市 部 010-84029450
经 销 新华书店及其他书店

印刷装订 北京金瀑印刷有限责任公司
版 次 2015 年 4 月第 1 版
印 次 2015 年 4 月第 1 次印刷

开 本 710×1000 1/16
印 张 13.5
插 页 2
字 数 232 千字
定 价 52.00 元

目　　录

前　言

美国是中国改革开放后移民的主要目的地之一，中国也是全球赴美移民人数第二多的国家。根据最新的人口数据，2010 年美国华裔人口超过 400 万，占亚裔人口的 1/4，是亚裔中最大的族裔群体。在 400 万华裔中，约有 223 万人的出生地不是美国，也就是我们通称的第一代移民。2008—2010 年美国社区调查数据表明，35.6% 的华裔出生于美国本土，其余都出生于国外，其中以中国大陆出生的人数比例最高，为 38.9%，其次为中国台湾（9.6%）、中国香港（5.4%）、其他亚洲国家（8.7%）和其他国家（1.9%）。从 19 世纪中叶华裔远渡重洋到加利福尼亚淘金开始，100 多年以来美国华裔经历了排华运动的悲惨遭遇，20 世纪 60 年代后又被冠以“模范少数族裔”，再到近年来出现“政坛的黄色风暴”，应该说，从当年的“金山客”到今天的精英新移民，华裔移民的人口构成发生了重大的变化。

美国华裔除了人数激增以外，社会地位也有了质的变化。与 19 世纪末期华裔社会相比，当下的华裔社会经济状况有了很大变化，比较突出的就是在受教育程度、职业、收入等方面，有些方面甚至高于美国总体水平。长期以来，华裔在美国处于“暂居者”状况，早晚都要回中国，生要衣锦还乡，死要落叶归根，因此除了埋头赚钱，他们不关心社会上的事情。但在现在华人社会，他们已经转变为落地生根，主动融入主流社会，其突出表现就是关心政治，积极参政。

孙中山先生曾经称赞“华侨乃革命之母”，这主要是指华侨华人在反抗清朝，建立民国中的作用。当前中国海外侨胞的数量已超过 4500 万，如此庞大的人群，是我们现代化建设和发展的独特资源。如何运用好这个资源，尤其是在海外华侨华人与中国形象的塑造，以及海外华人在现代社会的生存和发展经验，对于正在形成的中国发展模式，有何借鉴意义方面，还有很多工作可做，但同时这方面的研究又有些薄弱。美国华裔是海外华人中最具有科技实力，最富有朝气的群体，选择美国新华侨华人（也称为华裔新移民，指中国改革开放以后移民美国的人）为视角，阐述其与中国的互动关系，这种互动关系又从政治、经济、文化和人力资源等多方面展开，有一定的现实意义和学术价值。此外，华侨华人的特殊属性，必然处于中国与其居住国的关系之中，从华侨华人角度研究“另一个中美关系”，将加深对中美关系的理解。有美国学者认为，在21世纪，包括华人在内的非官方双边伙伴关系，将能制止美中之间的矛盾冲突。最后，由于侨务部门把“新侨”（新移民）作为工作重点，美国又是新侨最集中的国家，从多方位研究美国新华侨华人，尤其是其中的高层次人才，对我们国家的建设有利，有一定现实意义。

鉴于上述原因，本书试图对上述问题进行研究。本书就内容和结构而言，属于专题研究，共分为七章，从各个方面研究美国新华侨华人与中国发展的关系。

本书是集体合作的成果。第一章由常夷撰写，主要内容是概述华侨华人在美国的历史与现状，着重提出由于新华侨华人的进入，使得美国华裔经济社会状况发生了很大变化，无论是人口数量，还是受教育程度、收入、性别等与老移民有了很大不同；在观念上已经从过去的“落叶归根”发展到现在“落地生根”，没有了以往“暂居者”的心态。第二章由白玉广撰写，探讨美国华侨华人在中美关系中发挥的作用。指出美国新华裔对中美关系的影响方式和作用强度，并指出其作用强度受四种因素影响，这四种因素一是美国国内社会政治文化结构等因素，二是中国国家发展战略及相关政策的变迁，三是台湾方面在美国华侨华人中间的政治经济和文化活动，四是华裔群体的内部构成及文化认同和政治影响力的发展变化情况。美国华侨华人在中美关系中发挥的影响和作用在不同时期随着这四种因素的变化而呈现不同面貌。第三章由黄河撰写，该章对各历史阶段华侨华人资本在中国国家发展过程中所发挥的作用进行系统的梳理，发现“网络状”中国生产方式不仅被华侨华人带到其他国家和地区进行了发展，并且积累了大量资本与财富，也被华侨华人带回中国内地建立大量以出口为导向的劳动密集型企业，进而促进中国逐渐突破“内卷式”发展模式，积极融合到全球市场经济之中。第四章由姬虹撰写，主要围绕对留美科技人才状况的分析，论述影响留美学生滞留和回流的因素，以“千人计划”为例，探讨当下中国人才引进政策如何吸引海外人才的问题。结论是留美科技人才的回流对中国发展的作用是引人注目的，他们是国家经济与社会发展的重要力量。第五章由方远鹏撰写，是一个案例研究，选取中国旅美科技协会为研究案例，通过对协会定位、组织结构、社团活动、协会刊物、经费来源以及它与中国科技经济发展密切联系的研究，旨在探讨海外科技人才与中国发展的关系，同时通过对中国国内人才引进政策的分析，强调有利的政策环境是形成海外人才与中国良好互动关系的关键。第六章由陈宪奎撰写，主要内容是，由于美国新华侨华人大多数与中国保持着文化、社会和经济方面的联系，跨国行为成为美国新华侨华人的一种生活模式，它正改变着和推动着美国华侨华人社会的发展，并有可能成为美国华侨华人社会的主要发展模式。决定新华侨华人跨国行为的最主要的原因和他们当年出国时候的类似，即利益，没有利益的选择在任何时候是任何人都不会长期坚守的。第七章由姬虹撰写，以美国华裔新移民为例，探讨华侨华人与中国国家形象之间的关联性，认为在不同的历史阶段，华侨华人向美国展示的中国形象是不同的，新移民以其新面貌，传递了中国新形象。

本书的写作和出版得到了我们所在单位中国社会科学院美国研究所的大力支持和帮助，在此，我们表示衷心的感谢！

学术探索无止境。本书的作者，恳切希望得到专家学者和广大读者的批评和建议，以使我们未来的研究进一步深入和完善。

第一章

华侨华人在美国：历史与现状

美国是全球最典型的移民国家，人口组成十分复杂。土著居民——印第安人早已成为组成美国人口的少数族裔之一，其他人口由来自欧洲、亚洲、非洲、拉丁美洲、大洋洲等的移民组成。这些移民到达美洲大陆的时间有早有晚，在美国社会的地位有高有低。他们的肤色、语言、文化及生活习性各异，但是在不断向前发展的历史进程中相互摩擦、相互斗争、相互影响、相互融合，形成了现在丰富多彩的、包容性极强的美国社会。美国的人口主体是来自欧洲国家的移民及其后代，少数族裔包括拉美裔、黑人、亚裔及印第安人等。根据 2010 年人口普查，截止到 2010 年 4 月 1 日，美国少数族裔的人口为 1.11 亿，占全国人口（3.08 亿）的 36.04%；而 2000 年时的比例是 30.9%，十年间增加了 2500 万人口。2010 年白人是 1.96 亿，占总人口的比例是 63.64%，而 2000 年时的比例是 69.1%。在这 1.11 亿少数族裔人口中，人数占第一位的是拉美裔，为 5050 万人，占全国总人口的 16%。也就是说，现在每 6 个美国人中就有 1 个是拉美裔。少数族裔中居第二位的是黑人，计 3890 多万人，与 2000 年相比则增加有限。居第三位的是亚裔，计 1470 万人，占总人口的近 5%，十年间增加了 440 万人，增幅达 43%。[①] 而 2010 年人口普查中对华裔部分的单独统计显示，华裔人口（包括大陆及港澳台地区）已达 4，010，114 人，较 2000 年增长 40%，占亚裔人口比例的 23.15%。[②] 美国华人全国委员会主席薛海培和马里兰大学的亚裔研究所教授品川（Larry Shinagawa）曾预

① U. S. Census Bureau, "Overview of Race and Hispanic Origin: 2010," 2010 Census Briefs, March 2011, available at: http://www.census.gov/prod/cen2010/briefs/c2010br-02.pdf.

② U. S. Census Bureau, "The Asian Population: 2010," 2010 Census Briefs, March 2012, p. 15, available at: http://www.census.gov.

测，按照该增长速度，华裔人口将在 2020 年达 600 万，成为仅次于拉美裔和黑人的美国第三大少数族裔群体。

就目前而言，华裔作为美国亚裔移民中的最大群体，影响力在不断增大，对于华裔的研究，可以作为研究当今美国移民政策和移民生存状况的一个窗口，具有一定的学术和理论的意义。从华裔争取平等社会地位的曲折过程中可以看出华裔在美国社会地位的变迁，也可以作为一个少数族裔争取自身权利的鲜活事例进行研究。此外，随着华裔在美国地位的不断提升，他们对中美关系的影响力越来越大，对于华裔的研究，也扩展了中美关系研究领域，有一定的学术意义。对于中国国内而言，美国是改革开放后移民的主要目的地，是中国大陆新移民最多的国家，了解美国对华移民政策和华裔在美国的生活状况，对于我们做好侨务工作、更好地利用海外资源也有一定的现实意义。

纵观华人 150 多年的移民史不难发现，美国政府所制定的移民政策对华人的生存状况起着重要作用。从 1965 年至今的近 50 年中，美国的移民政策大方向未变，但也作出了局部的调整。本书中“中国大陆新移民”是一个较新的概念，学术界还没有十分确定的定义。它主要指 1978 年后移居海外、居留一年以上的来自中国大陆的拥有中国国籍或加入了所在国国籍的中国人，也称新华侨华人。由于海外留学生中很多人是潜在的移民，所以尽管他们并不持有移民签证，但在研究过程中也往往将他们纳入研究对象中。

本书回顾了美国对华移民政策的历史沿革，着重分析 1965 年至今对华移民政策的变革及其带来的影响。同时从中国大陆移民方向入手，探究大陆移民的数量变化，当前在美的生活情况、经济情况、政治地位等，最后总结了大陆新移民的新特点、新现象。通过上述研究，本书试图回答这样几个问题：（1）美国移民政策对大陆新移民产生了什么影响？（2）这种影响引起美国华人社会变化的具体表现何在？（3）在当今国际移民潮的背景下，怎样看待中国的新移民潮？

一　美国对华移民政策的历史沿革

美国有关移民的法律由来已久，但是在 1875 年以前，大多以一些地方性的法律法规为主，《佩奇法》（*The Page Act*）是第一部由国会通过的在全国范围内管理移民入境的法案，在美国移民法律史上有着十分重大的意义。自此以后，美国的移民法不断修订更改，移民政策和制度日趋完善。每一次移民法的修改，都顺应美国对内对外的发展需求，反映着美国的国家利益。

华人是美国人口最多的亚裔族群，也是最早移民美国的亚裔群体。在这漫长的移民历程中，美国人对华人移民的态度有几次大的变化，这与当时所处的社会背景息息相关。美国政府为了自身利益所制定的针对华人的移民政策，经历了几个历史时期：1848 年以前的鲜少移民时期、1848—1882 年自由移民时期、1883—1943 年禁止移民时期、1944—1965 年初步放开时期和 1965 年以后新华人移民潮时期。

（一）1848 年前“鲜少移民时期”的华人移民

中国人最早到达北美洲的时间，可以追溯到 16 世纪。[①] 华人出现在美洲是当时“地理大发现”时期的一个真实写照，与西欧国家在亚洲和美洲的扩张有密切的关系。西班牙人在全球范围内占领殖民地、开辟新航线，海上贸易如火如荼。他们占领菲律宾群岛并以此为基地展开与中国和东印度群岛的贸易，利用菲律宾群岛和墨西哥之间的贸易航线，将中国丝绸和远东地区的珍贵工艺品和货物贩往国外。这些商船经常雇用华人海员和技工，一些搭客又携带华人仆从。抵达后，这些华人往往会留在墨西哥从事船舶业或其他行业。[②] 他们可以说是最早的一批移民。

早期华人移民赴美的途径都是通过海上贸易，据美国档案馆的文献记录，华人最早在美国停留的地方是美国东岸。1776 年 7 月 4 日，大陆会议在费城正式通过《独立宣言》，宣告美利坚合众国的诞生。1783 年北美 13 州经过长期艰苦的独立战争，最终彻底摆脱英国的殖民统治。美国在当时还是一个经济实力落后，刚刚取得主权独立的新兴国家，再加上战争的破坏，国内经济一片萧条，面临重重困难；在北美独立战争中遭遇失败后，英国一直企图在经济上制裁、政治上扼杀美国，英国不仅取消美国过

① 潮龙起：《美国华人史 1848—1949 年》，山东画报出版社 2010 年版，第 1 页。

② 麦礼谦：《从华侨到华人——二十世纪美国华人社会发展史》，三联书店（香港）有限公司 1992 年版，第 1—2 页。

去在英帝国范围内所享有的一切贸易优惠，不再向美国提供他们所需要的免税或减税的廉价商品，而且颁布了凡美国运往英国的货物必须支付高额关税的法令，禁止美国船只进入英属西印度群岛，而西印度群岛当时正是美国人的主要海外市场。

美国为了摆脱面临的经济困境，纽约商人、政要在 1784 年集资派遣帆船“中国皇后号”（Empress of China）到中国广州，开始了中美直接贸易。[①] 1785 年，美国商船“帕勒斯号”（Pallas）从广州回航到美国东岸的巴尔的摩港（Baltimore）。船上 35 名船员中有 3 名中国人：阿成、阿全和阿官（Ashing，Achun，Accun），他们在该地住过一年，是现存记录里最早踏上美国国土的中国人。[②] 但根据美国移民局的正式记录，华人最早到美国是 1820 年。[③]

总而言之，1848 年以前到达美国的华人数量非常少，关于他们的历史记录也不多。当时的美国还不是世界霸主，只是一个新兴的资本主义国家，国家机器的建设也并不健全。对于当时地广人稀的美国来说，多一些来自其他国家的移民对经济和社会文化发展都有很大帮助。再加上当时并没有制定移民政策的需要，更加没有具体的针对华人的移民政策。所以说，1848 年前的美国基本上入境自由，没有任何附加条件或择业限制，可以算得上是绝对自由的移民时期。

（二）1848—1882 年“自由移民时期”的华人移民

将 1848 年作为这一时期起始点的原因是，在这一年加利福尼亚州萨克拉门托河谷发现了金矿，这一消息迅速传遍了世界，人们纷纷从世界各地赶到这里淘金，这就是历史上加州的“淘金热”。它揭开了 19 世纪中期美国西部大开发的序幕，加利福尼亚州的经济迅速发展起来，本国人口已经不能满足劳动力市场的需求，资本家们看到了彼岸人口众多的中国的劳动力市场，从那里输入了大量的华人廉价劳动力，引发了华人大批移民美国的浪潮。同时，美国经济大发展需要一条运输有力的铁路，这条铁路横穿美国大陆，被称为“中央太平洋铁路”。修建铁路也需要大批的劳动

---

① 蒋相泽、吴机鹏：《简明中美关系史》，中山大学出版社 1989 年版，第 1—2 页。

② Thomas La Fargue，“Some Early Visitors to the United States”，载《天下月刊》（1940 年 12 月—1941 年 1 月），第 128—139 页。

③ 杨国标、刘汉标、杨安尧：《美国华侨史》，广东高等教育出版社 1989 年版，第 3 页。

力，华工因时顺势，大量进入美国。据史料记载，1848 年进入美国的中国人只有 3 人，到 1849 年增长为 325 人，1850 年为 450 人，到了 1851 年这个数字增加到 2716 人。[①]

这一时期的中国，正处于满清王朝统治日趋没落的时期，闭关自守，人民生活穷困。随着 1840 年鸦片战争爆发，列强用坚船利炮打开清朝国门，中国逐步沦为半殖民地半封建社会。列强采取种种手段在中国到处掠夺劳动力，贩运到南洋和美洲做苦工，“猪仔贸易”兴盛一时。清政府腐败无能、丧权辱国，帝国主义列强贪得无厌、大肆掠夺，使当时清王朝的经济和社会趋于崩溃，再加上各处农民起义不断，社会动荡不安，人民生活在水深火热之中，很多人被迫背井离乡，出洋谋生。严重的自然灾害也是原因之一，例如 1847 年，华南涝害成灾后，瘟疫流行，农业歉收，人民流离失所，许多走投无路的中国人不得不去海外寻求出路。[②] 这样的现实致使中国沿海地区出现了向外移民的高潮，其中有一部分便流向了急需劳动力的美国西部地区。

这一时期美国联邦政府对于华人的态度比较积极，1868 年 7 月美国驻华公使蒲安臣代表中国政府与美国国务卿西华德签订了《中美续增条约》，即《蒲安臣条约》（*Burlingame Treaty*）。条约中第五条和第六条规定：作为修筑美国铁路的劳动力来源，中国劳工进入美国不受限制，且有权居留，但归化问题除外。[③] 这是中美两国签订的第一个平等互惠的移民条约，在美国华侨史上有非常重要的意义。在该条约签订的当年，进入美国的华侨有 5，000 多人，而在 1869 年就猛增到 12，000 多人，1875 年达 15，000 人。[④] 据美国移民局的记录，1850 年在美华人有 4，000 人，1860 年为 34，933 人，1870 年为 63，199 人。[⑤] 到 1880 年，美国华侨总数达 100，000 人以上。

大量华工进入美国，起初，美国对此持欢迎和保护态度，但随着美国国情的变化，这种欢迎态度并未持续。在美国南北战争结束后，南方

---

① 张晓涛：《美国对华移民政策的演变及其影响》，载《世界民族》2007 年第 5 期。

② 陈翰生：《华工出国史料汇编》第七辑，中华书局 1894 年版，第 15 页。

③ 王铁崖：《中外旧约章汇编》第一册，生活·读书·新知三联书店 1957 年版，第 262 页。

④ 杨国标、刘汉标、杨安尧：《美国华侨史》，广东高等教育出版社 1989 年版，第 161 页。

⑤ OCA & the Asian American Studies Program（AAST，University of Maryland），*A Portrait of Chinese American*（College Park：OCA and the AAST of University of Maryland，2008），p. 8.

大量的黑人奴隶获得解放，成了社会闲散劳动力。为了生计，他们也投入到加州的开矿热潮中去，白人矿工的竞争压力增强。华工肯吃苦，干活细致认真，挣得的工资往往超过白人矿工，再加上白人对有色人种从根本上抱歧视态度，加州渐渐出现了歧视和迫害华人的现象。例如1850年，美国排华势力较强的加州、内华达州等地方当局制订了一系列的排华法案，被称为《外国矿工税则》，1870年这一法案被判违宪取消。实际上《外国矿工税则》只是针对华人而立的，向外籍矿工（主要是华工）征收额外的费用，是从经济上歧视和剥削华工。虽然这些法案或早或晚都因被判违宪而被取消，但是这已经为美国全面排华政策的出台埋下了伏笔。

同时在这一时期，美国出现了大量的排华暴动，暴力排斥与地方立法排斥相勾结，华工生活苦不堪言。在加州排华浪潮的鼓动下，从19世纪60年代到80年代，许多州都陆续通过了歧视和排斥华人的法令，并发生了许多骇人听闻的排华暴行。到了19世纪七八十年代，在美华工不受法律平等的保护，被剥夺了入籍的资格，还要负担各种歧视性和不平等的税费，更加严重的是对华人的人身威胁和迫害，华人的处境越来越艰难。

1882年，美国国会通过排华法案标志着这一时期的结束。总的来说，由于美国西部的经济发展对劳动力的极大需求，资产阶级是欢迎华人劳动力入境的，美国联邦政府和国会在此期间未明确制定任何歧视和排斥华人的政策和法案，并同中国签订《蒲安臣条约》保护在美华工的权利。但是由于地方性的排华暴动和地方政府颁布的歧视华人的政策，华人在美国的处境越来越难，虽然没有明令禁止华工入境，但是剥夺其入籍权利等行为仍然是给联邦政府自由移民政策抹黑。所以，这一时期是华人移民史上的“相对自由时期”。

不得不提的是，1848—1882年的美国华侨几乎全部来自广东省珠江三角洲，其中又以“四邑”人特别是台山人最多。这些勤劳勇敢的华工为美国西部的开发作出了巨大的贡献，也成为华人大规模移民美国的开山始祖。

（三）1883—1943年“禁止移民时期”的华人移民

1882年以前，美国的排华浪潮已经从加利福尼亚州蔓延到了全国，从西部各州影响到了东部的主流媒体乃至国会。随着加州采矿热潮冷却和太平洋铁路建设完工，美国经济对于华工的需求越来越小，就业机会越来越少。而华工依然大量涌入美国国内，与白人争夺劳动机会，加深了双方的矛盾。1873 年爆发了席卷全美的经济危机，由于华人吃苦耐劳、工资要求低、逆来顺受的性格，使得雇主往往愿意使用华工，更激化了这一矛盾。资本家用排华作为缓和矛盾的方法，华工成了经济危机的替罪羊。1876 年是美国总统大选年，政治家为了争取工人们的选票，争先恐后地通过反华纲领为竞选造势。到后来媒体也开始倾向支持排华运动，各大报纸从 19 世纪 70 年代中期就开始大规模发表歧视华人的文章。1881 年，联邦政府用《安吉尔条约》替换掉 1867 年的《蒲安臣条约》，为制定全面排华的法律做了铺垫。到 1882 年，国会通过了一项停止华工入美 20 年的法案，总统亚瑟认为 20 年的禁止期过长，将其改为 10 年。5 月 6 日，亚瑟总统正式签署《排华法案》（*Chinese Exclusion Act of 1882*），内容如下：

（1）暂时停止华工入美，为期 10 年。

（2）任何从外国将华工载运到美国登岸的船只，其船主将受如下处罚：每运送 1 名华工，处以不超过 500 美元的罚款或不超过 1 年的监禁。

（3）上述条款的规定不适用于 1880 年 11 月 7 日前已经在美国的华工和那些将在本法令通过后 90 天内来到美国的华工。

（4）属于上一款前半部分所指的华人，拟经海路离开美国者，需由港口海关人员进行登记并发给执照，本人凭此执照有权返回美国。

（5）上述规定同样适用于那些经陆路离开美国的华人。

（6）非劳工人员得由中国政府发给执照以证明其身份，方得进入美国。

（7）任何伪造身份者将处以不超过 1，000 美元的罚款，或不超过 5 年的监禁。

（8）违犯本法令的船只将被没收充公。

（9）未持有适当执照、经由陆路进入美国的华人将被遣送回原处。

（10）从此以后，州法院或联邦法院均不得准许华人归化为美国公民，与本法令相抵触的所有法律一律作废。

（11）所指华工包括熟练和不熟练劳工。[①]

1882 年《排华法案》通过后，赴美华人数量骤减，到了 1885 年，仅有 22 名华人入美，1886 年为 40 人，1887 年为 10 人，1888 年为 26 人。[②]

然而，残酷的反华势力认为 1882 年《排华法案》并不能达到他们将华人清除出美洲大陆的目的，于是在 1882 年到 1943 年间，又陆续出台修订案，更加严苛地将华人挡在了美国的大门之外。到了 1892 年，1882 年《排华法案》的 10 年期限已到，美国国会又通过了《吉尔利法案》将期限再次延长 10 年，并将矛头指向了当时已在美国定居的华人。十年后的 1902 年，又将期限延长 10 年，除美国本土外，各美属海岛也开始了排华的进程。1904 年，国会通过修正案，排华期限无限延长，华人在美国的遭遇进入了无限黑暗的时期。

1882 年的《排华法案》是美国历史上第一个向某单一种族实行限制移民的法律，美国排华对中美两国贸易和人民之间的关系造成了严重伤害。排华法案导致美国华人人口数量下降，由原来的十万多人减少到七万多人。[③] 在美华人为了生存必须相互团结，相互扶持，于是他们长期聚居在唐人街，与外界隔离，生活条件艰苦，挣扎在社会最底层，这样的生存模式使他们在解禁后也长期无法融入美国社会。由于华工大多都是男性，在排华法案颁布后，配偶无法进入美国与他们团聚，而白人对华人的歧视也导致种族间的通婚现象极少，所以在美华人性别比例严重失调。

当时的清政府腐败无能，在美华人的抗议行为得不到政府的支持，往往以惨败告终，这极大地打击了他们的民族自尊心。不仅如此，在美国的政策影响下，世界上的其他各移民国家，如澳大利亚、新西兰、加拿大等国也开始了积极排斥华人的进程。长达 60 年的时间里，华侨华人忍受着歧视与压迫，挣扎在美国社会的边缘。直到 1942 年美国参加第二次世界大战，与中国建立了盟友关系后，为联合中国抗击日本，1882 年以来的所有排华法案才于 1943 年得以全部废除。

---

① 杨国标、刘汉标、杨安尧：《美国华侨史》，广东高等教育出版社 1989 年版，第 253 页。吴剑雄：《海外移民与华人社会》，台北允晨文化实业有限公司 1993 年版，第 161 页。

② Office of Immigration, *2010 Yearbook of Immigration Statistics*, August 2011, p. 5, available at: http://www.dhs.gov/xlibrary/assets/statistics/yearbook/2010/ois_yb_2010.pdf.

③ 张青松：《美国排华百年内幕》，上海人民出版社 1998 年版，第 3 页。

(四) 1944—1965 年“初步放开时期”的华人移民

1882 年《排华法案》通过后，10 年的排华期限被屡次延期后无限延长。1943 年 12 月，罗斯福总统签署废除排华法案的法令，华人在美遭到的不平等待遇从法律上得以取缔。

当时正值第二次世界大战期间，1942 年珍珠港事件爆发，美国被迫加入“二战”。在太平洋战场上，中国是其重要的盟友，美国为了联合中国共同抗击日本法西斯侵略，同时扶持中国抵制苏联，在国内开展了废除排华法案的运动。历时一年，废除排华法案的法令得以通过，法令内容主要有:

（1）废除 1882 年以来所有排华法律及其他法律中涉及排斥华人移民的条款。

（2）按照 1924 年移民法第 11 条计算，中国移民限额每年为 105 名，规定其中 75%（即 79 名）是给中国本土来的移民，其余 25%（即 26 名）留给世界其他各地具有中国血统的人。

（3）对 1940 年国籍法第 303 条加以修订，允许那些合法进入美国的华人和华商加入美国国籍成为美国公民；凡 1924 年 7 月 1 日以前入境的华人，皆可以请求入籍；1924 年 7 月 1 日以后入境者，一律视为暂居民，须经一定手续，先取得永久居留权后，方能请求入籍。①

尽管给予中国的限制名额较少，但该法令在美国对华移民政策史和华人移民史上仍是一个重大的转折，经过了 60 年漫长的等待，华人移民赴美恢复正常，移民美国的人数逐年增加。为了避免夫妻分居，国会于 1946 年和 1947 年相继颁布了《战时新娘法》和《美军未婚妻法》，允许美军的中国籍妻子（约 5，000 人）和日本籍妻子（约 8，000 人）入境②，不占限制名额。这一时期华人移民中女性的比例急剧升高。

1952 年，为了在冷战时期应对美苏两大阵营的对峙形势，“把移民制度同共产党的实际策略对立起来”，美国颁布了新的移民法案《麦卡伦——沃尔特斯法案》，即《1952 年移民和国籍法》（*Immigration and*

---

① 杨国标、刘汉标、杨安尧:《美国华侨史》，广东高等教育出版社 1989 年版，第 538 页。

② Michael LeMay，*From the Open Door to the Dutch Door*：*An Analysis of American Immigration Policy*（New York：Praeger Publisher，1987）p. 99. 转引自梁茂信《1940—1990 年美国移民政策的变化和影响》，载《美国研究》1997 年第 1 期。

Nationality Act of 1952）。法案中加强了对移民的政治甄别和管理，严格禁止共产党人入境，内容包括："美国共产党和所有的社会进步团体的成员都必须向司法部登记；所有的共产党组织和亲共产党的组织都必须向政府公开其财务、成员名单和组织活动"，无论是外来移民还是美国公民，若有违反上述规定者将被驱逐出境或处以监禁。[①] 此外，该法案的第 241 款规定，在已经入境的移民中，若被发现属于下列任何类的移民，或参加与此相关活动的移民都将被驱逐出境：（1）无政府主义者或恐怖主义者；（2）倡导或领导反对美国政府及其原则的移民；（3）凡已参加美国共产党或其他政党的移民；（4）凡已加入外国共产党或相似组织的移民；（5）倡导和宣传共产主义原则或主张在美国建立共产党政权的移民；（6）倡导或参加撰写、出版和散发任何旨在推翻美国政府的移民；（7）密谋杀害美国政府官员的移民；（8）破坏社会公共利益或财产的移民；（9）外国间谍；（10）倡导和宣传国际共产主义原则的移民。[②]

当时中国大陆已经解放并成立了中华人民共和国，所以大陆移民受到了很大影响。由于法案没有详细规定审查方面的内容，导致此后有 13 万合法外侨被驱逐出境。[③]

这一时期的难民法案带有浓重的冷战色彩。在中华人民共和国成立前一年，美国国会通过《1948 年难民法》（*Displaced Persons Act*）。1953 年又通过《难民救济法》（*Refugee Relief Act*），准许在美国的中国留学生以"政治难民"的身份，在美国永久居留。同时又采取措施，防止他们回到新中国，"吸引"他们留在美国，1948—1955 年间，美国国会拨款 1000 万美元向 3641 名中国留学生（几乎是当时全部在美留学生）提供奖学金。后来，他们中的大多数留在了美国。[④] 也有学者认为，由于《难民救济法》的实施，约有 2，000 名持有国民党护照的华人进入美国。[⑤]

---

① 梁茂信：《美国移民政策研究》，东北师范大学出版社 1996 年版，第 276 页。

② 同上。

③ Steven Thernstorm, ed., *The Harvard Encyclopedia of American Ethnic Groups* (Cambridge: Harvard University Press, 1981) p. 746. 转引自丁则民《美国建国以来移民政策的发展变化》。

④ 曹聪：《中国的"人才流失"、"人才回流"和"人才循环"》，载《科学文化评论》2009 年第 1 期。

⑤ 令狐萍：《金山谣：美国华裔妇女简史及主要有关史料述评》，载《美国研究》1997 年第 1 期。

1952年的美国移民法延续了1924年美国移民法的种族限定配额制度，虽增加移民配额，但是由于应对国际冷战局势的需要，修改了战后强调“家庭团聚”原则的政策规定，转而强调对移民的政治甄别和管理。因此，1949年后来自大陆的移民受到很大的限制，这样的移民政策也给在美华人带了困扰，并且，该政策依然保有种族歧视的色彩，自始至终美国政府都没有给中国以平等的移民配额。

尽管如此，1943年后实施的各项法令，打破了美国长达60年对华人的排斥、打压的局面，华人移民数量大大增加。据统计，1944—1965年，按配额移民的有5，891人，1946—1965年通过其他途径入美的有46，299人，到1960年，美国华侨华人已增至237，292人，比1940年增长了一倍多，不少还加入了美国国籍，成为美国公民。由于女性移民的增加，在美华人男女比例也逐渐平衡，从1940年的2.9∶1上升到1960年的1.3∶1[①]，在美华人社会逐渐开始步入正轨。

二　1965年后移民法改革的影响

1965年，美国国会通过《1965年外来移民和国籍法》（简称《1965年移民法》，*Immigration and Nationality Act of 1965*，又称《哈特—塞勒法》，*Hart-Celler Act*）。《1965年移民法》在美国移民政策史上有着十分重要的地位，它用全球限额制度取代了民族来源制度，使得华人拥有与其他国家移民同等的机会和待遇，在此之后，华人移民的数量激增，开启了华人移民美国的新篇章。此后，美国政府又几次出台了有针对性的附加条款，使得《1965年移民法》对华人的规定更加完善。1986年国会通过《1986年移民改革和控制法》，1990年12月1日，美国总统布什签署了《1990年移民法》，此后又有一些政策上的变动，这些举措都有力地推动了大陆移民进入美国。

（一）《1965年移民法》

20世纪五六十年代，从轰轰烈烈的黑人“民权运动”，及颁布的

① 杨国标、刘汉标、杨安尧：《美国华侨史》，广东高等教育出版社1989年版，第539—540页。

《民权法》中，国内各个族裔要求平等地位的愿望可见一斑。由于国内经济的繁荣，这一时期劳工组织也“一心一意支持改革”[①]。这种时代特征直接影响到了美国移民政策的制定，由于移民法中的民族来源限额带有浓重的种族和国家歧视，已经不能顺应时代发展的需求。

“二战”后美国迎来经济、军事、政治、文化、社会全面发展的“战后的繁荣”，经济的繁荣与发展影响了美国人的心理，使美国人的包容性和接纳性更强。同时，为了促进新兴工业和军工业方面的发展，进行科学研究，推进技术进步，在冷战时期与苏联抗衡，扩充民用和国防工业，美国需要引进大量的人才和劳动力。同时对反共人士，美国政府尽量设法收容。美国的移民政策也在顺应着国内经济需求和国际斗争环境的需要来进行修改。

杜鲁门总统在 1952 年 9 月颁布行政命令，成立移民和归化总统委员会，该委员会的任务就是调查和评价美国的移民归化政策，并向总统提出相应的建议。这些政策建议是对当时移民法的一大挑战，受到了来自国会和美国社会中坚持限制移民的人士的坚决反对，也由于当时正值美国大选之际，这些政策并未受到很大重视，但是这个报告中的一些条款和原则，成为《1965 年移民法》的主要内容。艾森豪威尔继任总统后，也想要对移民政策进行改革，同样受到了来自国会的阻力[②]，于是艾森豪威尔从难民政策入手，配合其冷战政策，推行了一系列的难民法，削减了许多原有的限制性条款，极大地冲击了民族来源限额体制。这些条款中的内容也为《1965 年移民法》奠定了基本框架，尤其是规定法律执行机构不是司法部或移民归化局，而将权力转交国务院，由国务院统筹管理。这就为《1965 年移民法》的通过和执行铺平了道路。1956 年 2 月 8 日，艾森豪威尔在第 48 届国会上指出，从本质上讲，《1952 年移民法》是“许多不相关、又是重复而且前后矛盾的移民和国籍法的总汇”，因此必须检讨接纳移民的民族来源法，并采取新的制度。[③] 1961 年肯尼迪上台后，继续呼吁

① Williams Bernard, “American Immigration Policy”, *International Migration*, Vol. Ⅲ, No. 4 (1965), p. 240.

② 当时国会中来自农业地区的议员较多，推行改革不易。并且国会中负责移民及归化事物的依然是参与制定 1952 年移民法的弗朗西斯・沃特，改革阻力较大。

③ 戴超武：《美国 1965 年移民法对亚洲移民和亚裔集团的影响》，载《美国研究》1997 年第 1 期。

推进移民法的改革，通过了几个旨在取消民族来源限额体制的重要法令，为《1965 年移民法》的通过做了进一步的准备。这其中包括《贾维斯议案》，影响力非常大的《哈特议案》，还有 1961 年 9 月通过的《公法第 87—301 号》，标志着美国移民政策的基础开始由民族来源制度逐步转向优先权制度。

肯尼迪总统遇刺后上台的约翰逊总统为修改移民法继续努力。1965 年，众议院司法委员会主席塞勒将约翰逊政府的立法建议提交国会，参议员哈特同其他 33 名参议员一起向参议院提交类似的议案。哈特—塞勒议案在参议院以 76 票对 18 票，在众议院以 318 票比 95 票通过，即《1965 年外来移民和国籍法》。①

其主要内容如下：

（1）取消了过去移民法中种族歧视及国籍歧视的民族来源制度，实行全球限额制度。每年全球移民限额 29 万人，西半球限额 12 万人。按照“先来先入，后到后入”的原则，东半球移民以国籍为区分标准，每个国家每年最高限额 2 万人。

（2）强调家庭团聚的人道主义原则，规定美国公民的配偶、父母及年幼子女优先入境，并不计入上述名额内；美国公民的成年未婚子女或永久居留权侨民的配偶及其未成年子女两类限额占移民总数的 40%；美国公民的已婚子女占总限额的 10%；年满 21 岁的美国公民的兄弟姐妹占限额的 24%。

（3）注意吸收外国知识分子及专门人才，同时设法保护本国劳工。科学和艺术（律师、医生、神父、牧师、科学家、技工等）方面有突出成就的移民，占总配额的 10%；美国急需的熟练和非熟练劳工，占总配额的 10%。这两类移民入境时必须持有美国劳工部颁布的就业许可证，申请就业许可证的条件是首先证明入境后从事美国人不能或不愿从事的职业，这些移民从事的职业不会引起已经从事此职业的美国人的失业或工资水平的下降。劳工部长同意后，此类移民才能入境。

---

① 戴超武:《美国 1965 年移民法对亚洲移民和亚裔集团的影响》，载《美国研究》1997 年第 1 期。

（4）接受各国政治难民，占总限额的6%，总数每年不超过1万人。[①]

美国《1965年移民法》是顺应时代发展潮流的产物，经历了杜鲁门总统、艾森豪威尔总统、肯尼迪总统和约翰逊总统四届美国政府对原有移民法的不断修订和对移民政策的大胆改革，于1965年10月3日正式成为美国移民法。由于新法案的实施需要过渡期，《1965年移民法》规定从1965年12月1日到1968年6月30日用两年半的时间取消民族来源制度，在过渡时期每个国家保留原有限额，每年没有用完的指标汇总之后用于移民指标紧张的国家。[②]

新法案也存在着很大的局限性，虽然增加了移民的限额，放宽了一些限制，但是没有"改变了美国移民史的全部进程"[③]。《1965年移民法》本身又增加了许多新的限制，包括对非优先入境的移民实行的入境就业许可证制度，将劳工移民们的生杀大权全部交给了美国劳工部；缩小了非限额移民的范畴，只有教会牧师和美国公民的直系亲属可以自由入境[④]；1976年颁布了《西半球移民法》，西半球国家与东半球国家一样，各国每年移民不得超过两万，总数不得超过12万；以家庭团聚为优先条件的政策实质上依然带有民族来源限额体制的残余。

该法案允许中国同其他东半球国家一样，每年向美国移民两万名，与1952年的配额相比，中国每年移民美国的名额增加了近百倍，同时也对世界上其他移民国家，如加拿大、澳大利亚、新西兰等废除歧视华人的移民条款、推进其政策改革起到了积极的作用。所以说，《1965年移民法》给华人移民带来了巨大的影响，是华人移民史上的重大转折。

首先，开放的移民政策废止了种族的限制，亚洲移民的数量激增，其中尤以华人移民为最多。《1965年移民法》生效后，美国入境移民数量猛增，民族来源发生了重大的变化。20世纪60年代欧洲移民占总数的37%，亚洲移民占13%；到了80年代，欧洲移民的比重下降到9.6%，

---

① U. S. 89th Congress, 1st Sess., *Congressional Record*, Proceeding and Debates, Vol. 3.

② 戴超武：《美国1965年移民法对亚洲移民和亚裔集团的影响》，载《美国研究》1997年第1期。

③ Roger Daniels, *Coming to America: A History of Immigration and Ethnicity in American Life* (New Jersey: Harper Collins Publishers, Inc., 1990), p. 341. 转引自梁茂信《1940—1990年美国移民政策的变化和影响》。

④ 梁茂信：《1940—1990年美国移民政策的变化和影响》。

亚洲移民比重上升至 39%。[1] 1969 年到 1977 年间，中国移民数量为 196，000人，仅次于菲律宾占亚裔移民数量的第二位。到 1990 年，华人在亚裔中的比例超过了日裔，达到了 23.8%，占美国总人口的 0.27%。[2] 到 1980 年，华人比例由 61% 在美国出生转变为 68% 在外国出生。[3]

其次，《1965 年移民法》规定家庭团聚优先原则，同时注意吸引人才、劳工，华人移民出现了结构性的变化。移民中专业技术人员、管理人员的比例增长，华人移民的整体素质提高。同时由于家庭团聚优先原则，出现了女性移民的高潮，这种原则也导致“链式移民”模式的出现，尤其是在 20 世纪 70 年代中期以后，华人移民的主体开始由使用职业优先权转向利用家庭团聚条款取得优先权的“特权”移民。

再次，由于入境美国的高级科技人才、管理人才逐渐增多，华人在美国的经济地位也不断提高，同时随着人数的不断增长，原有的“唐人街”等华人聚居区已不能满足大量移民涌入的居住需要，华人移民聚居区开始由西海岸向中东部地区延伸。选择的职业也不再是小作坊、小餐厅的老板，而是进入到企业、研究机构中去，社会地位也不断提高。在这样的华人家庭中成长起来的子女往往受到良好教育，能够更好地融入美国的主流社会中，形成在美华人社会的良性循环。华人的经济地位提高，必然导致对社会地位和参政议政的要求也逐渐强烈。再加上有很大一部分华人是高级人才，他们积极谋求政治地位和影响力。

但是，20 世纪 70 年代中期以后，由于还有大量利用家庭团聚优先原则而无限额进入美国的华人，他们文化水平低，缺乏谋生的技艺，不会使用英语，与主流社会脱节，因此华人在美国的两极分化现象也越来越严重。

（二）《1986 年移民法》

1986 年国会通过《1986 年移民改革和控制法》（*Immigration Reform and*

---

① U. S. Department of Commerce, *Statistical Abstract of the United States* (Washington, D. C.: Government Printing Office, 1992), p. 12.

② U. S. Immigration and Naturalization Service, *Statistical Yearbook of the Immigration and Naturalization Service* (Washington, D. C.: The Service, 1960 - 1990).

③ Ronald Takaki, *Strangers from a Different Shore*: *A History of Asian American* (Boston: Little Brown & Co (T), July 1st, 1989), p. 142.

Control Act of 1986），该法案以“大赦”为宗旨，共赦免了270万左右的非法移民，是美国移民政策史上一部具有深远影响的典型“大赦”法案。

非法移民的问题在美国由来已久，由于各时期美国的移民政策对海外移民的限制，很多人为了与家人团聚或寻求更好的生机等原因，选择铤而走险，非法入境。再加上边境口岸地区的疏漏较多，境内的管理不力，在客观上也加剧了非法移民现象的泛滥。由于非法移民踪迹不定、难以管理，统计美国境内的非法移民数量难度巨大。1965年，美国边境检查站扣押的非法移民有11万，1970年达到34万，1977年103.3万，1983年125万，1986年167万。[①] 学者根据这些被边防检查站扣押的非法移民数量保守估算美国境内非法移民数量达到600万以上，也有人认为非法移民总数已达到800万，还有一种说法是已达到1200万。但是较为一致的观点是非法移民中来自墨西哥的人数占到总数的80%，其余20%来自世界各地。他们当中除无证件或持伪造证件的人外，也有持合法签证入境但逾期不归的，占到总数的30%到40%左右。[②]

在美国，来自中国大陆的非法移民数量虽然不多，但是由于他们大多经历长途跋涉才能到达美国，所以来自中国大陆的非法移民历尽了千辛万苦，是付出代价最大的一批非法移民，因此也越来越引起中美两国的重视。

中国大陆居民非法移民美国的主要原因还是利益的驱动。1978年改革开放以后，国外的信息渐渐传入中国大陆，尤其是靠近香港的南方沿海省份，逐渐开始兴起出国的热潮。再加上粤闽浙等地区原本就是侨乡，与境外有着千丝万缕的联系，他们也会在政策松动后第一时间捕捉到这一信息，大批侨乡人出国投亲靠友，在国外寻找更好的就业机会。中国最著名的侨乡当属福建省，其中偷渡到美国的中国人很多来自长乐，所以民间更是有了“美国怕长乐”这一说法。在70年代末80年代初，这些非法移

① David Simcox, *U. S. Immigration in the 1980s: Reappraisal and Reform* (Boulder, Colorado: Westview Press, 1988), p. 24. 转引自梁茂信《1940—1990年美国移民政策的变化和影响》。

② Richard Hollstetter, *American Immigration Policy* (North Carolina: Duke University Press, 1984), p. 325; Maxine Selleer, *To Seek America: A History of Ethnic Life in the United States* (New Jersey: Jerome S'Ozer Publishers, Inc., 1988), p. 299; David Simcox, *U. S. Immigration in the 1980s: Reappraisal and Reform*, pp. 28 - 29; Jeffry Passel, "Undocumented Immigration," *The Annals of the American Academy of Political and Social Science*, Vol. 487 (September 1986) pp. 185 - 187. 转引自梁茂信《1940—1990年美国移民政策的变化和影响》。

民入美的途径主要是借助亲缘纽带申请移民、探亲、旅游，或是到外轮当海员后借助靠岸美国之时“跳船”留居。[①] 由于当时美国国内经济发展需要大量的廉价劳动力，这些人到美国后大多能够找到体力劳动的工作，这样的生活水平与国内相比已经有很大提高。他们把在美国“致富”的消息传回了国内，更加引起了当地居民出国务工的高潮。《1986 年移民法》开始实施后，一纸赦令使全美的非法移民都成为正式的“美国居民”，其中当然也包括从中国大陆赴美的数万非法移民。到了 90 年代初期，一些针对中国学生的保护政策出台，很多与政治风波无关的人利用这个机会谎称自己受到“迫害”，也申请到了在美国合法居留的机会。由于东南沿海地区外出务工的需求较高，渐渐出现了专门从事偷渡活动的“蛇头”，甚至出现人口跨境的走私贩运。有学者认为，在 1986—1996 年，约有 10 万中国非法移民进入美国，在美国的长乐人中约有 8 成的人是偷渡客。[②] 中国赴美的非法移民也为此付出了惨痛的代价，1993 年 6 月 6 日发生的“金色冒险号”事故造成 10 人死亡，引起了中美两国对非法移民问题的关注。

这一时期通过美国政府颁布的“大赦令”取得永久居住权的大陆人数增多，也成为大陆新移民的一个小高潮。到 1990 年 5 月，共有 18，199 名中国移民提出申请，要求调整身份，其中 11，319 人是来自大陆。[③] 但是他们大多受教育程度不高、不会英语，到美国后也只居住在唐人街等华人聚居区，从事着体力劳动的工作，也成为新移民呈现两极化的原因之一。

（三）《1990 年移民法》

《1965 年移民法》是美国移民法历史上的一个重要转折，此后，美国吸引了大量的国际人才，促进了本国经济和社会的发展。随着时间的流逝，其弊端也慢慢显现。首先，《1965 年移民法》废除了根据种族给予移民配额的制度，改由国籍配额，并且强调家人团聚优先的原则，美国公民的海外直系亲属可以不列入限额直接获准入境。与此相对比，去往美国寻求职业发展的高级人才或其他劳动力由于受到美国劳工部入境就业许可证

① 李明欢：《国际移民政策研究》，厦门大学出版社 2011 年版，第 277 页。

② Xiaojian Zhao，*The New Chinese America*，*Class*，*Economy*，*and Social Hierarchy*（New Jersey：New Brunnswick，2010），p. 107.

③ Ibid，p. 33.

制度的制约，数量慢慢减少。到了20世纪70年代中后期，依赖家庭团聚优先入境的移民超过了利用专业技能入境的移民数量。这些移民通常教育背景薄弱，没有一技之长，不会使用英语。以华人移民为例，无英语能力的移民占移民总数的比例由1968年的25.2%上升到1980年的45.8%。[①]其次，大量的亚裔、拉美裔和非洲裔的移民涌入给以白人为主的美国社会结构带来了巨大的挑战，也引起了国民的恐慌和不满。欧洲移民比例大幅下降，从60年代的37%下降到80年代的9.6%。美国总人口数量由1.32亿增加到2.48亿，而白人比重却由89.8%降至83%。[②] 在美国社会固有的观念中，白人象征着较高的素质，并且一直处于社会的主流地位，这样的变化给政府带来巨大压力，迫使政府寻求改革。再次，尽管1986年出台的《移民改革和控制法》试图控制非法移民的数量，打击非法移民行为，但是效果并不明显，社会希望政府调整移民政策。最后，1965年的移民法制定时期是美国“二战”后经济大发展、大繁荣的时期，社会需要人才和劳动力。到1990年这35年间，美国经济经历了70年代的金融危机、80年代的“滞胀”。美国的社会情况发生了变化，对移民的需求也会相应发生变化，从社会各界到政府高层，大多数人认为移民对美国的经济有积极的推动作用。

自《1965年移民法》后，美国的移民政策和原则没有发生过大的变动。1990年，国会通过了由众议员莫里森起草的新移民法案，同年11月29日，由时任美国总统布什签署后正式生效。《1990年合法移民改革法》（*Immigration Act of 1990*）被视为美国移民史上第三个重要里程碑，被世界公认为各国移民法律中最完美的一部移民法。[③]

《1990年移民法》被认为是历年来改变最大，设立类别最多，而且最为宽松的移民法。与之前的移民法相比主要区别如下：

（1）大大提高了合法移民的配额，由原来的每年27万人增加到67.5万人，事实上到1994年9月30日，每年的实际配额达到70万人。技术移民14万人，比原来增加了8.6万人，并为移民入境较少的西北欧、日

① U.S. Immigration and Naturalization Service, *Statistical Yearbook of the Immigration and Naturalization Service* (Washington D.C.: The Service, 1965-1980).

② 翁里：《论美国新移民法的国际影响》，载《浙江大学学报》（人文社会科学版）2001年第4期。

③ 翁里：《国际移民法初探》，载《浙江社会科学》1995年第3期，第51—54页。

本等国保留 5.8 万名配额。香港的移民配额增加到 2 万人。

(2) 增加了若干亲属移民和职业移民的类别，职业类移民配额为 14 万名，其中杰出人才 4 万名，具有高学位或特殊能力的专业人士 4 万名，技术劳工、专业人员及美国境内缺乏的劳工 4 万名，特殊移民 1 万名，新设投资移民 1 万名。[①] 同时增加了对非技术工人移民的限制，增设了新的 O、P、Q、R 类非移民类签证[②]，对 H 和 L 类的签证加以修改和补充。

(3) 外国留学生可在校外求职打工的时间由原来的两年缩短为一年。

《1990 年移民法》颁布以后，入境移民数量继续增加，1992 年一年间入境移民有 280 万人，其中亚洲占 28.6%。[③] 中国大陆的移民人数也急剧增长，成为亚洲第一的移民输出国。美国移民局发布的数据显示：仅 1993 年就有 65000 多名大陆合法移民进入美国，如果加上台湾、香港和澳门地区，总人数达到近 8 万人。在这当中，有许多是具有高技能、高学历的知识分子和管理人才，这对于我国来讲，是巨大的人才流失。随着我国改革开放的不断深化和世界性的移民热潮，大陆的学生赴美留学人数急剧增加，投资移民的数量也不断增长，成为华人移民美国的新现象。但是，美国华人的社会地位和结构并没有发生根本性的变化。

在《1990 年移民法》之后到 1995 年，美国对移民政策进行了修改，对于家庭团聚类的合法移民配额进行了削减，华人移民也受到了一定的影响。"9·11 事件"发生后，美国开始收紧移民政策，加强了对申请赴美留学的外国学生以及具有特殊技能和高等学历的外来人口的控制。2003 年，仅被允许进入美国的技术型人才就相对往年减少了 65%。[④] 这也同样会影响到中国大陆移民。直到近些年，美国的移民政策才重新开始放开。

(四) 专门针对中国的移民政策

1. 有关大陆、台湾、香港、澳门移民限额的确定

《1965 年移民法》颁布之初，中国的 2 万名移民配额绝大多数是由来

---

① 张晓涛:《美国对华移民政策的演变及其影响》，载《世界民族》2007 年第 5 期。

② O 类签证属于发给在科学、艺术、教育、商业上具有特殊成就者；P 类签证发给运动员、演艺人员；Q 类签证发给国际文化交换人员；R 类签证发给宗教神职人员。

③ U. S. Department of Commerce, *Statistical Abstract of the United States* (Washington D. C.: Government Printing Office, 1994), pp. 217 - 218.

④ 刘平、刘军:《移民美国》，中国经济出版社 2008 年版，第 15 页。

自中国台湾地区的移民组成的，大陆移民很少。随着中美关系的不断进展，到1972年尼克松访华，1979年中美建交，大陆移民也开始向美国大批移入。大陆与台湾共同使用2万个名额，使台湾地区移民进入美国的机会减少。1981年年底，在美国亲台议员的努力下，美国国会议案附加一项条款，允许台湾地区每年也获2万移民配额。[①] 香港和澳门作为殖民地，1965年仅得到200名移民美国的配额，1976年增加到600名。80年代以来，通过香港在美人士和有关美国议员的不断争取，美国政府在1986年颁布的《移民改革和控制法》中规定，将香港、澳门看作独立地区，移民配额由每年600名增加到每年5，000名。到1990年，美国政府颁布新的移民法《1990年合法移民改革法》，大幅增加移民配额，规定香港的入美移民配额由1986年的每年5，000名增加到1万名，1995年又增加到与大陆、台湾相等的每年2万名。[②] 至此，与1965年相比，中国每年移民美国的配额由2万名增加到了65，000名，其中中国大陆20，000名，台湾20，000名，香港20，000名，澳门5，000名。

2. 老布什总统有关中国留学生的总统令

1990年4月11日，出于政治目的，老布什以“总统行政命令”形式发布第12711号行政令，签署了“总统行政命令”（Executive Order 12711）。行政命令中规定：“1989年6月5日至1990年4月11日期间在美的所有中国人及其亲属，均可在美国合法居留至1994年1月1日。”[③] 这一政令还打着“保护人权”的幌子，规定了“自1990年1月29日起，政府在处理移民事务时，会着重考虑任何国家的申请个人对于本国强迫堕胎和强迫绝育政策的恐惧情绪”[④]。这是在特定的历史时期发布的行政命令，虽然在表面上看，似乎是为了人权问题而放宽了对华移民的限制，实际上它的目的显然是为在中国和美国的反华势力提供政治庇护。

1992年8月10日，美国政府正式公布《1992年中国学生保护法》

---

① 麦礼谦：《从华侨到华人——二十世纪美国华人社会发展史》，三联书店（香港）有限公司1992年版，第140页。

② Peter H. Koehn and Xiao-huang, eds. , *The Expanding Roles of Chinese Americans in U. S. -China Relations*, (Armonk, NY: M. E. Sharpe, 2002), p. 12.

③ The American Presidency Project, *Executive Order 12711 - Policy Implementation With Respect to Nationals of the People's Republic of China*, April 11, 1990, available: http: //www. presidency. ucsb. edu/ws/index. php? pid = 23556#axzz1sZRTTX5h.

④ Ibid..

(*Chinese Student Protection Act of 1992*)。法案中介绍了当时中国国内的政治背景，并提出美国政府有必要继续保护那些在1990年“总统行政命令”中得到暂时保护的中国学生。该法案的主要内容就是给予符合条件的在美中国人“绿卡”，这些条件包括：必须为1990年政令中所涉及的在美中国人；必须在1990年4月11日后长期在美居住；1990年4月11日至此法案颁布之日在中国居留时间不超过90天。凡符合这些条件的在美中国人都可以申请并获得永久居住权。[①]

根据美国移民和归化局的数据显示，近8万中国人因1990年的“总统行政命令”得以居留美国，其中7万名取得了在美工作的权利。《1992年中国学生保护法》颁布时，司法委员会数据表明华侨庇护申请的通过率为92%，积压的申请有12万余件。[②] 有学者认为在这一时期，保守估计不少于8万中国人拿到了美国绿卡。

三　1965年后华裔移民美国的历程

《1965年移民法》在美国移民政策史上是一部具有重大意义的法律，它用以国籍为基础的全球限额制度代替了由来已久的民族来源限额制度，是美国移民政策的重要转折点。美国在移民政策上的这些变革不能不说是一种进步，至少是在表面上同等对待来自各国的移民[③]，中国从此也被划入了允许移民配额的范围之内。通过此后的一系列修正案和新的移民法，中国的移民配额被更详细、合理地进行划分。在《1965年移民法》最初颁布的阶段，由于中美尚未建立外交关系，每年2万名移民配额多被台湾地区移民占用，直到1981年，中国大陆和台湾被区分对待，各自获得每年2万名的移民配额。

1965年至今的大陆华人移民以每十年的国际形势和美国移民政策的变动为参考大致可分为以下几个阶段：①1965—1978年，由于这一时期大陆与美国并未建交，所以中国在美国国际限额配置中所获得2万名移民

① House of Representatives, *Chinese Student Protection Act of 1992*, August 10, 1992, available at: http://www.eric.ed.gov/PDFS/ED351414.pdf.

② Ibid..

③ 丁则民：《美国建国以来移民政策的发展变化》，载《东北师大学报》（哲学社会科学版）1986年第3期。

配额大多被台湾地区移民占用，这一时期可以说是大陆华人移民美国的“预热”时期；②1978—1989 年，1978 年十一届三中全会标志着中国大陆开始了改革开放的进程，1979 年中华人民共和国与美利坚合众国正式建立外交关系，这一时期中国有一批国内人才移民美国创业，可以称为是大陆移民潮“初现端倪”的时期；③1990—2000 年，1990 年美国颁布了新的移民法案，在大大提高了移民配额的同时增加了更多的移民途径，这一时期移民数量持续稳步上升，可以称为是大陆移民潮的“高速发展”时期；④2001 年至今，进入 21 世纪后，国际形势发生了变化，恐怖主义分子发动的“9·11 事件”使美国开始收紧移民政策，2008 年全球性金融危机的爆发又迫使美国开放移民市场，我国国内经济发展、人民生活水平提高，与此相应的大陆移民潮也出现了新特征，这一时期可以看作“曲折上升”的时期。

（一）1965—1978 年“预热”时期

1965 年 10 月美国颁布《1965 年移民法》，将每年的移民限额增加到 29 万名，其中东半球（即亚洲、非洲、欧洲）为 17 万名，各国最高限额不得超过 2 万名；西半球为 12 万名，移民不分国籍，按照先来后到的原则，入境美国。该法案是美国移民政策历史上的一大转折，废除了 1924 年以来的民族来源限额体制，明文规定禁止任何政府官员以国籍、种族和宗教为由歧视移民。[1] 同时注重以家庭团聚为优先原则，重视专业人才的引进，中国人自此也获得了每年 2 万名的移民限额，还有一些美籍华侨华人的直系亲属入境美国与家人团聚，以及一批专业技术人才移民美国创业、就业。

据美国华人研究机构发布的数据，1960 年美国华人数量为 237，292 人，当年美国人口总量为近 1.8 亿，华人仅占人口总量的 0.13%。到了 1970 年，美国华人数量上升到 435，062 人，1980 年为 812，178 人，与 1960 年相比翻了将近三番。[2] 值得注意的现象是 1960—1969 年，中国大陆入境美国的合法移民数量为 14，060 人，台湾为 15，657 人；到了

---

① 梁茂信：《1940—1990 年美国移民政策的变化和影响》，载《美国研究》1997 年第 1 期。

② OCA & the Asian American Studies Program（AAST，University of Maryland），*A Portrait of Chinese American*（College Park：OCA and the AAST of University of Maryland，2008），p. 10.

周敏：《美国华裔人口发展趋势和多元化》，载《人口与经济》2004 年第 3 期。

1970—1979 年间，中国大陆入境美国的合法移民数量为 17，627 人，台湾为 83，155 人。[①] 大陆移民的数量看上去并没有明显的增长，而来自台湾的移民数量大幅增加。这是由于全球冷战时期，美国因与中国大陆意识形态和国家制度的不同，限制来自大陆的移民以遏制、打击共产主义。再加上当时给予东半球每个国家 2 万名移民限额并未区分中国大陆和台湾地区，所以绝大部分限额被台湾地区移民使用。并且在 1975 年，美国出台《印度支那移民和难民援助法案》（*Indochina Migration and Refugee Assistance Act*），印度支那华裔难民据此逃往美国。[②] 1965 年之后的一段时间，是华人移民人数急剧增加的时间，从香港的移民数量也可以看得出来，这个数字从 60 年代的 67，047 人激增至 70 年代的 117，350 人[③]，所以在美华裔的数量才会有大幅增长。

尽管这一时期由于政治原因，中国大陆地区的移民数量并没有出现大幅上升，由台湾和香港的赴美移民数量变化有限，在 1965 年美国移民法的开放性基础上，中美两国一旦打开国门建立外交关系，大陆移民必将迎来一个高潮时期。因此 1965—1978 年可以称为大陆新移民潮的“预热”时期。

（二）1978—1989 年“初现端倪”时期

1978 年 12 月，中国共产党召开十一届三中全会，作出了全面改革开放的决定，大力发展市场经济，从此中国的国门向外打开。美国总统尼克松于 1972 年访华，是中美两国间的一次“破冰之旅”。2 月 28 日，中美两国在上海签订了《上海公报》，奠定了两国关系正常化的基础。1979 年 1 月 1 日《中美建交公报》正式生效，美国承认中华人民共和国是中国唯一合法政府，中美两国正式建立外交关系。中美双方的举动都为大陆新移民潮的到来铺平了道路。

1981 年年底，在美国亲台议员的努力下，美国国会议案附加一项条

---

① Office of Immigration Statistics, *2010 Yearbook of Immigration Statistics*, August 2011, p. 13, available at: http: //www. dhs. gov/xlibrary/assets/statistics/yearbook/2010/ois_ yb_ 2010. pdf.

② OCA & the Asian American Studies Program (AAST, University of Maryland), *A Portrait of Chinese American* (College Park: OCA and the AAST of University of Maryland, 2008), p. 11.

③ Office of Immigration Statistics, *2010 Yearbook of Immigration Statistics*, August 2011, p. 13, available at: http: //www. dhs. gov/xlibrary/assets/statistics/yearbook/2010/ois_ yb_ 2010. pdf.

款，允许台湾地区每年也获2万名移民配额[①]，大陆与台湾各2万名移民配额，就不会出现此消彼长的矛盾，这也为大陆新移民潮的到来准备了客观条件。

到1990年，在美华人数量达到1，645，472人，相比1980年的812，178人翻了一番，当时的美国人口总量近2.5亿人，华人比例达到美国人口总量的0.66%。[②] 由于这一时期两国的开放政策和美国移民政策的优先原则，大量的美籍华侨华人的亲属移民美国与家人团聚，还有一些技术人才赴美务工，根据美国国土安全部的数据显示，1980—1989年取得美国永久居住权的大陆移民达到170，897人，是上一个十年统计数据的十倍，净增长数量达到153，270人。[③] 可以说赴美大陆新移民潮“初现端倪”。

（三）1990—2000年“高速发展”时期

1990年美国颁布新移民法，即《1990年合法移民改革法》，法案延续了《1965年移民法》的国籍移民配额制度和家庭团聚优先、特殊人才优先的原则，并在此基础上大大提高了合法移民的配额，增加了若干亲属移民和职业移民的类别。全球性的移民浪潮也已经拉开序幕，交通和通信手段的便利使各个国家之间差异性变小，联系更加紧密。随着中国国内改革开放程度的不断加深，市场经济的繁荣发展，越来越多的人才产生了赴美留学、就业的愿望，在这种内外因相结合的作用下，大陆新移民迎来了“高速发展”的时期。

到2000年，美国华人人口数量达到2，879，636人，美国人口总量约为2.8亿，华人占美国人口总量的比例飙升至1%。[④] 1990—1999年大陆华人合法移民取得美国永久居住权的数量达到342，058人[⑤]，比上一

① 麦礼谦：《从华侨到华人——二十世纪美国华人社会发展史》，三联书店（香港）有限公司1992年版，第140页。

② 周敏：《美国华裔人口发展趋势和多元化》，载《人口与经济》2004年第3期。

③ Office of Immigration Statistics, *2010 Yearbook of Immigration Statistics*, August 2011, p. 13, available at: http://www.dhs.gov/xlibrary/assets/statistics/yearbook/2010/ois_yb_2010.pdf.

④ OCA & the Asian American Studies Program (AAST, University of Maryland), *A Portrait of Chinese American* (College Park: OCA and the AAST of University of Maryland, 2008), p. 11.

⑤ Office of Immigration Statistics, *2010 Yearbook of Immigration Statistics*, August 2011, p. 13, available at: http://www.dhs.gov/xlibrary/assets/statistics/yearbook/2010/ois_yb_2010.pdf.

个十年翻了一番，增长了 171，161 人。不论从绝对数量还是相对数量上，20 世纪的最后一个十年，赴美华人新移民都达到了历史上的最高峰。在这一时期，由于美国移民政策的调整和国际国内经济形势的变化，大陆新移民人群在性别、教育背景，以及美国华人的生活方式、理念等方面都发生了很大变化，在下一节中有详细的比较分析。

（四）2000 年至今“曲折上升”时期

2001 年 9 月 11 日，恐怖分子袭击美国，酿成震惊世界的“9・11 事件”。这些恐怖分子进入美国使用的就是留学生签证，这为美国移民政策的制定敲响了警钟，从此美国开始收紧移民政策。2008 年爆发了全球性的金融危机，美国经济一片惨淡，失业率超过 10%，政府又迫切地希望通过移民政策的调整来吸引投资、人才，从中获利，近年来在某些方面又放松了移民政策。随着美国移民政策的来回摆动，中国的大陆新移民潮也进入了一个“曲折上升”的时期。

2010 年人口普查结果表明美国人口突破 3 亿大关，达到308，745，538 人，华人人口达到 3，347，229 人，其中大陆华人数量达到 3，137，061 人[①]，华裔人口占美国总人口比例接近 1.1%。2000—2009 年赴美大陆新移民取得永久居住权的有 591，711 人[②]，较上一个十年增长 72.99%。2010 年有 70，863 人，2011 年有 87，016 人。[③] 2012 年，中国与印度并列成为仅次于墨西哥的美国移民来源国第二大国，人数占移民总人数的 4.8%。[④] 在这十年当中，虽然总的趋势是移民数量大幅增长，但中间出现了循环往复的增长模式（见表 1—1）。

---

① United States Census Bureau, *The Asian Population: 2010*, March 2012, p. 14, available at: http://www.census.gov/prod/cen2010/briefs/c2010br-11.pdf.

② Office of Immigration Statistics, *2010 Yearbook of Immigration Statistics*, August 2011, p. 15, available at: http://www.dhs.gov/xlibrary/assets/statistics/yearbook/2010/ois_yb_2010.pdf.

③ Office of Immigration Statistics, *2011 Yearbook of Immigration Statistics*, September 2012, p. 12, available at: http://www.dhs.gov/sites/default/files/publications/immigration-statistics/yearbook/2011/ois_yb_2011.pdf.

④ Nancy Rytina, "Estimates of the Legal Permanent Resident Population in 2012", Office of Immigration Statistics, July 2013, p. 4, available at: http://www.dhs.gov/sites/default/files/publications/ois_lpr_pe_2012.pdf.

表 1—1　2001—2011 年出生地为中国大陆取得美国永久居住权的人数

年份	2001	2002	2003	2004	2005	2006	2007	2008	2009	2010	2011
人数（人）	56,267	61,082	40,568	55,494	69,933	87,307	76,655	80,271	64,238	70,863	87,016

资料来源：Office of Immigration Statistics，*2011 Yearbook of Immigration Statistics*，available at：http：//www. dhs. gov/sites/default/files/publications/immigration-statistics/yearbook/2011/ois _ yb_2011. pdf。

由以上表格不难看出，大陆华人每年移民美国数量开始趋于稳定，每年一般在 6 万—8 万人。值得注意的是，2003 年和 2004 年赴美大陆新移民数量下降，这主要是因为“9·11 事件”发生后，布什政府出台了一些严格的移民政策，这些政策的效果反映到了 2003 年和 2004 年的数据中。但是这种时效性的政策影响是短期和局部的。从长远看，美国的移民政策不会发生根本性的变化，吸收一定数量的移民是美国的既定方针。① 所以自 2005 年后，大陆新移民数量逐渐增多，趋于稳定。但是由于金融危机爆发，美国政府还将会调整移民政策以吸引海外优秀人才和资金投入，例如近来对于投资移民政策的标准一再放宽，所以未来大陆新移民的发展趋势还很难预测。

四　大陆新移民的社会经济状况

随着美国移民政策的调整和中国大陆经济社会的不断发展，大陆移民在性别比例、教育背景、就业方向、居住区、婚姻等各个方面都发生了变化，与老移民有着很大不同。

（一）性别比例及移民途径

在历史上，由于华人入境美国是为了开矿淘金、修建铁路养家糊口，所以，初期的华人移民基本都是男性。后来由于长时间的排华政策，女性无法进入美国与丈夫团聚，华人移民的性别比例一直处于严重失调状态。“二战”结束后，一批美军的中国籍妻子获准入境，华人移民中女性的比例开始上升。由于 20 世纪中期美国移民政策对中国移民数量的限制，在

① 姬虹：《“9·11 事件”与美国移民政策》，载《国际论坛》2002 年 9 月第 4 卷第 5 期。

美国出生的中国人占美籍华人的很大一部分比例。1965 年美国移民法改革后，以家庭团聚优先为原则的移民政策为女性和美籍华人的亲属进入美国提供了便利的条件，这两项数字都发生了很大变化（见表 1—2）。

表 1—2　　1980—2010 年在美华裔人口概况

年份	人口数量（人）	男女比例	在美出生人数（%）
1980	812，178	1 ∶1	36. 7
1990	1，645，472	0. 99 ∶1	30. 7
2000	2，858，291	0. 99 ∶1	29. 1

资料来源：U. S. Census Bureau，“Asian and Pacific Islanders in the United States，” 1980 Census of Population，August，1983，available at：http：//www2. census. gov/prod2/decennial/documents/1980/1980censusofpopu8021e_ s1_ bw. pdf；U. S. Census Bureau，“Asian and Pacific Islanders in the United States”，1990 Census of Population，August，1993，available at：http：//www. census. gov/prod/cen1990/cp3/cp – 3 – 5. pdf；U. S. Census Bureau，U. S. Summary：2000，July 2002，available at：http：//www. census. gov/prod/2002pubs/c2kprof00 – us. pdf。

根据上表的数据显示，在 1980 年，美国华裔的性别比例已经达到男女平衡，到了 1999 年，女性的比例超过男性，2000 年这一数字不变。在美国出生的华人占美籍华人的比例逐年下降，从 1980 年的 36. 7% 下降到 29. 1% 。

出现这些现象的主要原因是大陆移民获取美国永久居住权的途径大多是通过家庭团聚。例如 2006 年，大陆共有 83，628 人取得永久居住权，其中通过家庭类途径进入的人数有 15，652 人，占总数的 18. 7% ；通过直系亲属关系进入美国的有 32，543 人，占总数的 38. 9% ；而因雇佣关系拿到永久居住权的只有 8，547 人，仅占总数的 10. 2% 。[①]

（二）教育与就业、收入

过去的 30 年中，尤其是在 1980 年以后，中国大陆的移民中，专业技术人员、知识分子数量的增长十分明显，其中最为引人注意的是学生移民

---

① OCA & the Asian American Studies Program（AAST，University of Maryland），*A Portrait of Chinese American*（College Park：OCA and the AAST of University of Maryland，2008），p. 36.

的大幅增加。学生移民是指在进入美国时持留学生签证，在美国读完大学或更高级的院校后就业转为美国移民。大批留学生进入美国，大大提高了美籍华人的综合素质。据资料显示，有近400，000名大陆学生在1978—2003年进入美国学府学习深造，他们当中只有约20%在完成学业后回到了中国，其余80%继续留在美国就业、定居（见图1—1）。①

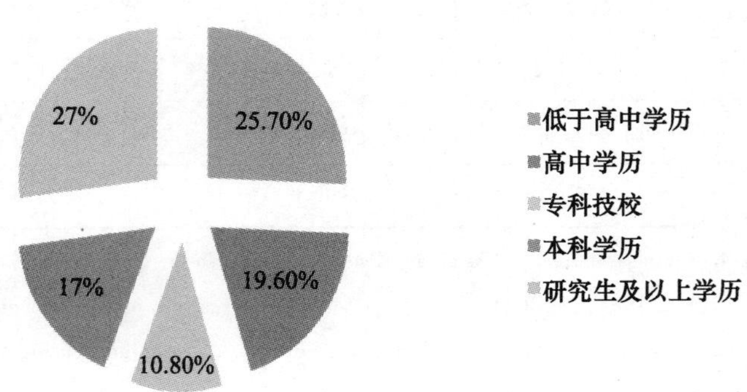

图1—1 2006年大陆新移民教育程度概况

资料来源：OCA & the Asian American Studies Program（AAST，University of Maryland），*A Portrait of Chinese American*（College Park：OCA and the AAST of Unirersity of MaryLancl，2008），p. 21。

从2006年的大陆新移民受教育程度图中可以看出，大陆新移民学历的两极化十分严重，低于高中学历的人数和研究生及以上的高学历人群数量几乎持平。这是由于上文提到大陆移民取得美国永久居住权的最主要途径是通过家庭团聚，而这一部分移民往往受教育程度低，大多不会使用英语，他们移民美国后，也长期居住在唐人街等华人聚居区从事体力劳动。再加上原有的一代华人移民受教育程度普遍偏低，造成大陆移民中有很大一部分高中以下学历的人群。1980年后的留学浪潮成为大陆华人拥有研究生及以上学历数量最多的主要原因。

大陆新移民的受教育程度不同直接导致就业的差异。美国人口普查局在2000年对25—64岁的出生地为中国大陆的华裔劳动力的调查结果

① Xiao-huang Yin，"China：People's Republic of China"，*The New American：A Guide to Immigration since 1965*，edited by Mary C. Waters & Reed Ueda（Cambridge Massachusetts：Harvard University Press，2007），pp. 343 - 344.

显示，其中从事高级管理类和专业研究类的大陆华人占44.4%，从事科技、销售和管理类的占20.8%，从事服务行业的占16.7%，从事生产、手工、修理、纺织行业的占17.4%，其他行业占0.7%。[①] 由此可以看出，华人移民传统的就业方式，如开中餐馆、在小工厂打工等依然大量存在，且共占34.1%；同时与白人一样在公司、政府、科研机构上班的华人移民比例也已大大提高，这与华人移民较高的学历程度有着直接的关系（见图1—2）。

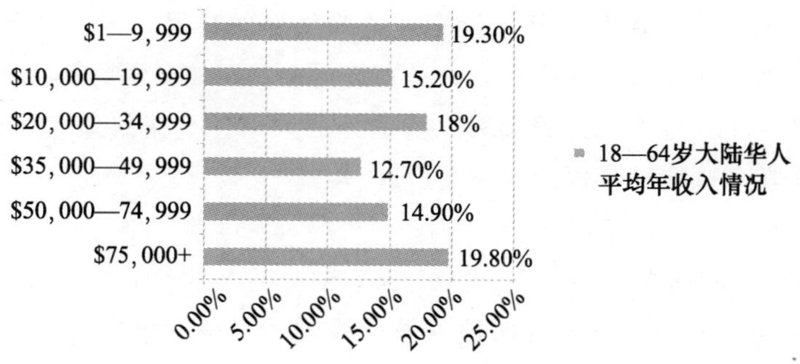

图1—2 18—64岁出生地为中国大陆的华裔年平均收入情况

资料来源：OCA & the Asian American Studies Program（AAST, University of Maryland）, *A Portraitof Chinese American*（College Park: OCA and the AAST of University of Maryland, 2008）。

从2006年人均收入上来看，大陆新移民在亚裔移民中位列第三，仅次于印度移民和菲律宾移民，平均年收入达到62，705美元，但同时也呈现严重的两极化的现象。

（三）聚居区

历史上华人移民由于文化程度低，从事的职业种类相对较少，再加上长期被美国主流社会所排斥，且中国人本身家族观念非常浓重，往往采取族裔聚居的模式，形成了多个著名的“唐人街”，坐落在旧金山、纽约、

① Xiao-huang Yin, “China: People's Republic of China”, *The New Americans: A Guide to Immigration since 1965*, edited by Mary C. Waters & Reed Ueda（Cambridge Massachusetts: Harvard University Press, 2007）, pp. 343 - 344.

芝加哥、洛杉矶和波士顿等华人传统的移民目的地。[①] 但是唐人街的生活环境较差，治安情况也不好，华人抱团不与外界交流，实际上阻碍了华人融入美国社会的进程。当代美国华人的居住模式跟过去相比大不相同。目前，美国大陆48个州都有华人移民居住，他们渐渐搬出了唐人街，与美国白人中产阶级一样，住进了郊外的别墅。

2010年的人口普查数据表明，美国各州华裔移民最多的前五名为：加利福尼亚州（36.2%）、纽约州（15.4%）、夏威夷（5.0%）、得克萨斯州（4.6%）、新泽西州（3.7%）。[②]

传统的“唐人街”虽然继续存在并吸纳新的移民，但已经不再是新移民的定居首选了。新移民中有大量富有的、具有较高学历和高级工作技能的专业人士，他们到达美国后大多避开唐人街，直接到郊区购房定居。目前，全美华人有一半以上居住在郊区。[③]

（四）种族通婚

民族融合的传统方式有两种，一是通婚，二是战争。近年来，美国混血的人数越来越多，这就是种族间通婚的反映。美国是一个移民国家，各个族裔之间的生活习性、观念等有很大的差异，导致族裔间的矛盾不断，种族歧视的现象从未得到根除。因此种族间的通婚有利于发展美国族裔间的关系，帮助各少数族裔更好更快地融入美国的主流社会中。

新移民在美国也早已经冲破了“唐人街”的束缚，渐渐与美国社会其他各个族裔融合。这种融合不仅局限在华人孩子与美国学生上相同的学校、在相同的公司上班等这种文化和理念上的相互影响，更体现在各个族裔之间相互通婚上（见表1—3、表1—4）。

---

① David M. Reimers, *Still the Golden Door: The Third World Comes to America* (New York: Columbia University Press, 1992), p. 105.

② Elizabeth M. Hoeffel, Sonya Rastogi, Myoung Ouk Kim and Hasan Shahid, "The Asian Population: 2010", U. S. Census Bureau, *2010 Census Briefs*, March 2012, p. 18, available at: http://www.census.gov/prod/cen2010/briefs/c2010br-11.pdf.

③ 周敏：《美国华人社会的变迁》，上海三联书店2006年版，第17—19页。

表 1—3　　2006 年华裔新移民已婚男性（非美国出生）婚姻模式

	比例（%）
与华人女性结婚	95.9
与非华人亚裔女性结婚	2.0
与非亚裔少数族裔女性结婚	0.3
与白人女性结婚	1.8

资料来源：OCA & the Asian American Studies Program（AAST，University of Maryland），*A Portrait of Chinese American.*（College Park：OCA and the AAST of University of Moryland，2008）。

表 1—4　　2006 年华裔新移民已婚女性（非美国出生）婚姻模式

	比例（%）
与华人男性结婚	89.2
与非华人亚裔男性结婚	1.5
与非亚裔少数族裔男性结婚	0.5
与白人男性结婚	8.8

资料来源：OCA & the Asian American Studies Program（AAST，University of Maryland），*A Portrait of Chinese American.*（College Park：OCA and the AAST of University of Moryland，2008）。

另外，根据 2010 年美国人口普查报告数据显示，中国大陆移民（单一血统）在 2000 年时为 2，432，046 人，属于亚裔及其他一种或以上的种族混血的人数为 288，391 人；到了 2010 年，中国大陆移民（单一血统）3，322，350 人，同比增长 36.6%，属于亚裔及其他一种或以上的种族混血人数为 457，382 人，同比增长 58.6%，而与 2000 年相比 2010 年大陆移民人数增长率为 38.9%。[①] 由以上两表及最新数据不难看出，虽然大陆华人新移民与其他种族的通婚率已有大幅度提高，但是华人内部结婚的婚姻模式依然占据绝对主流。同时也可以看出，华人女性与华人男性相比，与其他族裔异性结婚的比例较高。

① Elizabeth M. Hoeffel, Sonya Rastogi, Myoung Ouk Kim and Hasan Shahid, "The Asian Population: 2010," U. S. Census Bureau, *2010 Census Briefs*, March 2012, available at: http://www.census.gov/prod/cen2010/briefs/c2010br-11.pdf.

（五）积极参政

早期的华人在美国连基本的人权都得不到保障，根本没有政治权利可言。20世纪中期以后，华人在美国的政治地位有了很大的提高。这与新移民的进入不无关系。大陆新移民中有大批拥有较高学历和专业技术水平的人士，他们到美国从事管理层或工程师的工作，收入可观，达到美国中产阶级甚至以上的水平。还有赴美留学生，受到良好的教育，社会责任感和参政积极性都比较高。近年来，美国政坛上不乏中国人的面孔，这其中的代表性人物当属奥巴马政府的两位华人部长：商务部部长骆家辉和能源部部长朱棣文，其中骆家辉曾任华盛顿州州长，是美国历史上第一位华人州长，后被奥巴马总统任命为美国驻华大使。从华人担任美国联邦政府公职人员数量的增长，可以看出华人政治地位提高，参政积极性增强。在里根总统任期内，华裔联邦公职人员不到10名；到了老布什执政时期，200多名亚裔公职人员中，华裔占到60%，如美国联邦交通部副部长赵小兰等；克林顿总统任期内，任命了90多位华裔公职人员，如国防部助理部长彭福友等[①]；在小布什和奥巴马执政时期，华裔公职人员的数量不断增加，同时越来越进入到执政和竞选的核心部门。

华人积极参与政治有利于华人在美国地位的提高，尽管华人一向被认为是“模范少数族裔”，但在美国主流社会中依然存在华人是“永远的外国人”的思想。积极融入美国社会，除了实力不断增强，也需要华人站出来为自己的权益呐喊，参与到美国的政治决策中去。同时也要成为推进中美两国互利友好外交关系的良好纽带。

综上所述，华裔社会在人口数量、生存状况等方面发生的重大变化，意义深远，中国国际地位的提升和在美华人力量的崛起，使华人不再是受到社会歧视而依然沉默的族裔，他们手中掌握的经济力量和政治力量转变了美国社会各界对于华人的看法。2011年10月，美国众议院以全票通过一项法案，为1882年通过的《排华法案》以及其他歧视华人的法律向华人表达歉意，这足以证明华人的社会地位和影响力有了很大提高。美国政府在制定相关的移民政策时，要顾及中国因素的影响，因此中美关系的亲

---

① 孟令明：《九十年代美国华人参政剖析》，载《八桂侨刊》1997年第3期，转引自张晓涛《美国对华移民政策的演变及其影响》。

疏也会对美国对华移民政策产生影响。新移民相对于第一代华人移民来讲，从经济实力到社会地位都有了质的变化，并通过对大陆的投资等商贸活动为祖籍国的发展作出贡献。他们对于祖国的态度从“落叶归根”变为了“落地生根”，在对祖籍国的贡献上超出了老移民，对推进中国改革开放和中美经济、文化交流起到了重要作用。

五　近期大陆赴美移民的新动向

在全球移民热潮的大环境下，中国大陆向美移民的热度也一直有增无减。21世纪以来，随着改革开放的不断深入和市场经济的繁荣发展，大陆人民的经济能力不断增强，生活水平有了极大提高，出现了一大批有为的民营企业家、青年高级管理人员等。再加上国内就业竞争激烈，本科文凭已远远不能满足招聘方的要求，所以学子们迫切渴望提高知识理论水平和实践能力。而美国方面拥有良好的教育资源、医疗条件和自然环境，再加上受到金融危机的影响，美国国内市场不景气，失业率创新高，政府积极调整移民政策，吸引海外投资来恢复自身经济，提高就业率，在这些因素的影响下，大陆移民出现了新的特征。

（一）投资移民的出现与发展

投资移民是典型的近几年才出现的热点移民项目，历史发展很短，从1990年美国移民法开始，到现在不过20余年。美国1990年通过的移民法，新设置了投资移民的限额，即在美国失业率较高的或农业地区等欠发达地区做至少50万美元的投资，或者在城市等经济较发达地区投资至少100万美元，从而获得绿卡的人成为“投资移民”（Employment Based Fifth Preference，简称“EB－5”类签证移民）。美国每年为投资移民预设的名额是1万名，其中7，000人的投资地点不受限制，但3，000个名额保留给在美国政府指定的“目标就业区”（Target Employment area）投资的申请人。投资方式可以是开创全新的企业也可以是购买或重组现有企业，但是投资者必须提供10个新的全职工作岗位至少两年，或者投资在现有的即将破产的企业中，维持全部原有员工至少两年。投资移民的申请人在获准移民后只能先取得两年的暂时居留，两年后移民局要重新审核投资企业的经营状况以及是否继续保持新创造的就业机会，再决定是否发给永久绿卡。①

投资移民是具有一定不确定因素的，因为美国政府不对投资提供担保，所以投资者是要自己承担全部责任和风险。但是投资移民对于申请人的要求十分简单，在申请成功后也同时给予申请人配偶及 21 岁以下的未成年子女绿卡，享受美国永久居民的各种待遇。因此选择投资移民的人很多是抱有“投资为移民”目的的投资人。

从下表可以看出，自投资移民政策出台以来，投资移民在人数上还是出现了很大的波动，这主要是与美国国内的建设项目数量等许多客观因素有关。但是不难发现的是投资移民数量出现了大幅的增长，正在成为一个重要的移民美国的途径（见图 1—3）。

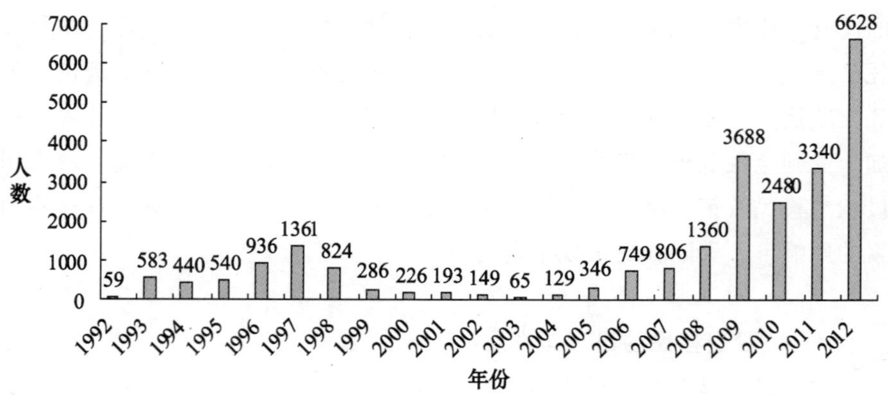

图 1—3　投资移民人数（1992—2012 年）

资料来源：根据美国国土安全部历年移民统计年鉴整理，available at：http：//www.dhs.gov/immigration-data-statistics。

具体到中国大陆，由于改革开放和市场经济造就了大陆的一些“富豪”阶层，他们通常资产过亿，在投资移民政策的吸引下，他们在美国用巨资收购美国企业，经营房地产业、金融业、旅游业、餐饮业，长期从事贸易活动，为自己积聚了财富，同时为美国创造可观的就业和税收。也有一些大陆移民仅将投资移民作为一个跳板，目的是使子女、亲人可以取得美国绿卡，而他们的主要收入来源依然是在中国从事生产贸易活动。胡

① 李明欢：《国际移民政策研究》，厦门大学出版社 2011 年版，第 122 页。

润研究院发布的《2011 中国私人财富管理白皮书》声称,“中国半数千万富豪准备移民出国”①。2011 年 4 月 20 日,招商银行发布《2011 中国私人财富报告》显示,中国有 50 万人投资资产超过千万。千万富翁投资国内房地产的热情下降,投资移民意愿强烈,该报告受访者的亿万富翁中,约 27% 已经完成了投资移民。根据美国移民服务局公布的数据显示,中国申请美国投资移民的人数正在逐年上升,所占比例也在不断增加。2007 年大陆投资移民是 110 人,2008 年为 360 人,2009 年为 1,797 人,2010 年为 772 名,2011 年为 2,408 名,2012 年为 6,124 人,中国已经成为投资移民最多的申请人来源国。

根据招商银行与贝恩公司共同发布的数据,大陆高净值人群投资移民原因中,“方便子女教育”占 58%,“保障财产安全”占 43%,“为未来养老做准备”占 32%,“海外投资业务发展便利”占 16%,“便于到国外旅游”占 7%,“可以多生子女”占 6%,“税率较低”占 6%,所以不难看出,投资移民已经成为大陆富有阶层为了享受所谓“美国国民待遇”而采取的手段。再加上美国遭遇金融危机,迫切希望吸引外国投资为本国创造就业机会,美国政府看准中国大陆这块“移民市场”,或将推行新政策,将投资移民门槛再度放低,如美国正在酝酿推出创业签证的法案(Start-up Visa Act),使美国开放接纳移民创业者。这项法案如通过施行,外国人只要能获得某个赞助者(风险投资公司)至少 10 万美元的投资,就可以拿到美国签证。当事人只要在两年内创造至少 5 个工作(雇用配偶或子女不算),再吸引到 50 万美元投资,或是使营业收入达到 50 万美元,就可以在美国合法居留。买房子赠居住签证的动议也是出于上述目的。②

美国大力推行投资移民的确造成了中国大陆资产的流失,但这对于美国来讲也并非是发展经济的“灵丹妙药”,过于注重金钱而忽略了可能出现的其他社会问题,例如教育、医疗等资源紧张,所以利用投资移民招揽钱财也并非长久之计。再加上美国政府现在正在企图彻查投资移民的海外资产并对其征税,这样的举措或将影响投资移民热潮也未可知。

---

① 姬虹:《透视美国移民战略》,载《财经国家周刊》2011 年第 29 期。

② 同上。

（二）赴美留学生与“海归”

20世纪70年代以前，中国社会相对封闭，海外留学基本处于停滞状态。1978年，卡特总统的科教顾问弗兰克·普雷斯访问中国，两国签署了互换学生和学者的协议。[①] 当时只有科研成绩特别优秀的人才才有机会到美国的大学深造，由此也产生了一批高精尖的技术人才和科学家，是行业中的佼佼者。

近20年来出现了大陆学生留学美国的热潮，中国大陆赴美留学生人数在1990年超过台湾地区留学生人数，居美国国际学生人数的第一位。自此之后，赴美亚裔留学生数量最多的两个国家一直是印度和中国，日本、韩国和中国台湾的赴美留学生数量也非常可观。2009年，在美国的中国学生总数达到127，822人，自2001年被印度留学生人数超过后，又一次反超印度。[②] 2012—2013年中国大陆赴美留学生人数达到235，598人，占国际学生总数的28.7%，较上年增长21.4%。2013年大陆赴美留学生攻读研究生学历的占留学生总数的43.9%，攻读本科生学历的占39.8%，进行海外短期培训（Optional Practical Training，OPT）的占10.2%，攻读高中、初中等其他学历的占6.1%。[③] 通过以上数据不难看出，中国大陆赴美留学人潮持续高温，并且中国学生在美国就读的学位水平也比较高，攻读研究生学历（包括硕士、博士）的人数一直多于攻读本科学历的人数，留学生呈现高水平、高素质的人员组成特点。

究其原因，有以下几点：第一，中国国内人才过剩，就业竞争非常激烈，学生通常选择继续进修等待机会以最终得到更好的工作；第二，美国学校教育质量居全球之首，各个学科的领军人物大多在美国的大学任教，

① 阎琨：《中国留学生在美国状况探析：跨文化适应和挑战》，载《清华大学教育研究》2011年4月第32卷第2期。

② 2001年印度赴美留学生人数为66，836人，中国大陆为63，211人，印度留学生人数时隔两年（1999年和2000年）后再次超过中国大陆。此后一直到2009年才被中国大陆反超，当年中国大陆赴美留学生人数为127，822人，印度为104，897人。数据来源：Institute of International Education，*Open Door Data*：*International Students*：*Leading Place of Origin*，available at：http：//www.iie.org/Research-and-Publications/Open-Doors/Data/International-Students/Leading-Places-of-Origin/2009 - 11.

③ Institute of International Education，*2013 Open Doors Fact Sheet*：*CHINA*，available at：http：//www.iie.org/Open-Doors/.

教育质量有保证；第三，随着大陆人民生活水平的提高，家长渐渐可以负担起子女出国留学的昂贵学费和生活费，不一定需要有奖学金才考虑出去读书；第四，市场的作用。2013 年，仅国际学生就为美国经济贡献了 240 亿美元，其中 64% 来自个人或家庭，21% 为美国学校提供的奖学金资助，9% 来自其他途径，7% 来自外国政府或学校资金支持。[①] 美国学校也看到了中国内地巨大的教育市场，纷纷“放低身价”，扩大在中国的招生名额，吸引大量学生选择出国留学。

从大陆留学生的学科专业来看，2013 年的数据表明，有 29% 的大陆学生选择了商科或管理类的专业，在总人数中占最高比例。其次是工程类，占 19.2%；然后是数学和计算机技术，占 11.2%；紧接着是物理和生命科学类以及社会科学，分别占 8.8% 和 8.2%，其他专业所占比例都没有超过 5%。[②] 从学科选择可以看出，大陆留学生主要倾向于商科、管理类以及理工科的专业，这些专业实用性强、需求量大，毕业后往往能够找到收入不错的工作，但缺点是这些专业的毕业生数量比较大，就业的竞争比较激烈，并且很容易受到社会大环境的影响，失业风险比较高。

在中美刚刚开始出现学生互换的时期，大陆赴美留学生大多属于公派学习，学习结束后会返回祖国。八九十年代开始出现了自费出国留学的学生，他们大多在结束学习后留在美国求职，“人才流失”（brain drain）的现象比较严重，大陆留学生移民美国，融入美国社会的生活，是完全和传统的华人聚居区脱离开来的。他们不依靠在“唐人街”开小饭店、办小手工作坊为生，而是像其他美国民众一样，到企业、文化机构、医院，甚至政府上班。他们凭借自己的专业知识在美国工作，经过几年甚至几十年的奋斗，在美国成家立业，取得绿卡，成为典型的美国中产阶级。到了 21 世纪，留学生的毕业去向又发生了新的变化。由于每年毕业的留学生数量增加，再加上美国企业在聘用员工时可能会出现的种族歧视或只愿任用本国人的现象，移民美国希望渺茫。越来越多的大陆留学生选择回国谋

---

① Institute of International Education, *2013 Open Doors Data Special Reports*: *Economic Impact of International Students*, available at: http://www.iie.org/Research-and-Publications/Open-Doors/Data/Economic-Impact-of-International-Students.

② Institute of International Education, *Open Door Data*: *International Students*: *Fields of Study by Place of Origin*, available at: http://www.iie.org/Research-and-Publications/Open-Doors/Data/International-Students/Fields-of-Study-Place-of-Origin/2012 - 13.

求发展机会。加上中国经济飞速发展，国内的机遇增多，生活水平不断提高，也成为留学生变成“海归”的促进因素。对于这一现象，美国国内也有两种不同的看法：一部分人认为这些留学生在美国接受教育，使用了美国的教育资源回到中国为中国服务，这实际上对于美国来讲是一种“人才流失”①；还有一部分人比较乐观，表示仍有一半以上的留学生选择留在美国继续发展，对于美国来讲并不能称得上是人才流失。但不可否认的事实是随着中国国内经济的发展和社会环境的改善，留学生的回流率越来越高，回流人员的增长幅度已大大超过了出国人员，一改以往有去无回的现象。②

在全球性的移民浪潮和金融危机的背景下，大陆赴美移民也呈现出了新的特征。这些特征的出现主要是由于美国移民政策的调整，而美国移民政策调整实质上反映着美国国家利益，尤其是经济利益的需要。为了振兴本国市场，提高就业率，美国政府随时对政策作出调整以吸引海外的人才和资金。在美国国内甚至有人提出摒弃以家庭团聚为原则的移民政策，效仿英国实行“积分制”移民政策来网罗更优秀的人才和大量的投资，但是这在以移民为人口主体的国家——美国显然是不可行的。中国大陆赴美留学生和投资移民在这一时期都出现了大幅增长，这与中国国内经济和社会发展也是密切相关的。预计在未来的几年，美国政府对于大陆华人的移民政策会顺应新的国际国内形势有所调整，大陆人才和资金流向美国的数量在整体趋势上还会继续增加。

六　小结

1965 年以前，华裔移民经历了由高潮转入低谷进而有所复苏的过程，在这一漫长的历史进程中，华裔一直扮演着受压迫、被人左右的角色。但不能忽视的是，华工在美国社会发展进程中所发挥的重要作用，同时他们在美国聚居所建立起的唐人街也成为此后华人重要的生活依赖。《1965 年移民法》在美国移民政策史上是一部具有重大意义的法律，它用以国籍

① Vivek Wadhwa, “Statement of Vivek Wadhwa”, Committee on the Judiciary of the United States House of Representatives, Subcommittee on Immigration Policy and Enforcement, October 5, 2011, available at: http://judiciary.house.gov/hearings/pdf/wadhwa%2010052011.pdf.

② 姬虹：《透视美国移民战略》，载《财经国家周刊》2011 年第 24 期。

为基础的全球限额制度代替了由来已久的民族来源限额制度，中国从此也被划入了允许移民配额的范围之内，获得了每年 2 万名的移民配额。中国大陆新移民开始进入美国，还是在改革开放以后。由于他们的进入，使得美国华裔社会发生了巨大的变化，新移民也成为连接中美两国的纽带。

第二章

华侨华人在中美关系中的作用

移民在某种程度上塑造了美国政治、经济、社会和文化。在新的历史时期，随着美国在全球地位的上升和影响力的增加，美国政治、经济、社会和文化均发生结构性的变化，影响这种结构性变化的制度变迁进一步塑造了美国少数族裔，使之出现新的特征，促使美国各个少数民族族裔在美国与移民原籍国（祖国）的关系中发挥新的特殊作用。美国华侨华人在中美关系中所承担的角色正是中美两国在一定历史时期内的制度变迁后形成的新的历史条件下发生的，美国华侨华人既是中美关系变化的受益者，也是中美关系的推动者。

一　战后美国制度变迁与族裔特性变化

“二战”后美国所发生的具有深远影响的制度变迁体现在四个方面，其一是民权运动的发展促使美国颁布一系列民权法案，即 1964 年《民权法》《选举权法》和 1968 年《民权法》等，逐步废除种族隔离制度，促进不同种族、族裔之间的平等；其二为以《1965 年移民法》为核心的移民制度的改革，废除了 1924 年通过并实施的旨在限制移民规模的《国别来源法》，美国移民的规模和构成发生变化；其三是在就业、入学等方面实施旨在照顾少数族裔的“肯定性行动”，少数族裔的经济地位和实力得到提升；其四是美国在 20 世纪 80 年代开始积极推动全球化进程，加速资金和人员的流动，美国利益全球化趋势加强，美国与其他国家关系的经济因素愈发凸显。这些制度性变迁为包括在美华侨华人在内的各个族裔进行政治参与和在美国与其他国家关系中发挥作用提供了制度性保障和更为宽广的舞台。

根据2010年人口普查，美国当前人口构成呈现少数族裔人口快速增加、个别州和地区少数族裔成为人口多数、多种族人口增加以及少数族裔人口呈年轻化等新特点。根据当年人口统计，美国少数族裔的人口为1.11亿，占全国人口的36.3%，仅在2000年至2010年间，少数族裔人口就增加2，500万人口。在夏威夷州、加利福尼亚州、新墨西哥州、得克萨斯州和华盛顿特区，少数族裔的人口达到其总人口的50%，其中夏威夷州少数族裔比例高达77%。此外还有七个州少数族裔人口在40%—50%。少数族裔人口规模发展趋势的变化主要归因于移民和较高的生育率。而（种、民）族际通婚则加速了美国人口中的多种族化趋势。在2010年，跨（种、民）族婚姻高达450万对，十年间增加了20%。而在全国3岁以下的孩子中，白人的比例是49.9%，在18岁以下孩子中少数族裔的比例是46%，到2015年将达到50%。人口统计显示，美国少数族裔占多数的局面正在加速到来。[①]

美国人口格局的这一变化与《1965年移民法》的实施有着密切关系。美国是一个移民国家。自建国以来曾有过三次人口快速增长的高潮，而这些人口增长的高潮都与移民有着密切的联系。例如在1862年至1915年第二次人口增长高潮期间，就有大约2710万移民涌入美国。而在第二次世界大战后美国人口增长高潮中，1965年为重要的分水岭，此前，美国人口增长的主要因素是美国本土人口的高生育率，而1965年新移民法颁布实施之后，移民则成为美国人口增长的决定性因素。20世纪60年代进入美国的移民约为330万，70年代则增至450万，移民人口以平均每年近50万人的规模逐年递增。仅2000年至2010年就有近1400万移民（包括合法和非法）进入美国。1965年美国国会通过了《1965年移民和国籍法修正案》。该法案的通过、实施不但使大量移民进入美国，而且此后进入美国的移民也发生了从主要来自欧洲向主要来自拉丁美洲和亚洲的这一历史性变化。白人在人口总数上的绝对优势有所削减，黑人长期以来作为美国第一大少数族裔的地位也在2003年被拉美裔所取代。“美国已从白黑两族的社会转变成为多元族裔的社会，其他旁观的族裔也移到了舞台中央，

---

① 关于近期美国人口、移民以及族裔发展状况请参阅：楚树龙、方力维《美国人口状况的发展变化及其影响》，载《美国研究》2009年第4期；姬虹主编《当代美国社会（新版）》，社会科学文献出版社2012年版。

成为主角。”

受上述制度性变迁的影响，美国的种族和族裔群体发生相应的变化，出现如下新特点：

（一）1965 年之后的新移民及美国少数族裔所遇到的“同化（即美国化）”压力明显减弱，社会政治文化活动空间极为宽裕。第一次世界大战之前，美国的移民主要来自欧洲，宗教和种族是界定身份差异的重要因素。除美国南部实行种族主义的隔离制度之外，在其他地区，宗教的差异超越移民的民族性差异。以信奉天主教和犹太教为主的移民群体，受到来自以基督新教为主的美国主流社会的巨大压力，反天主教和犹太教的极右翼势力曾经猖獗一时。迫于这些压力，这些移民团体无不加速了美国化的进程。而新教、天主教和犹太教的教会也主动承担协助信奉其宗教的移民尽快融入美国社会的责任。或出于主动选择或迫于无奈，“二战”前“美国化”是各个主要移民群体及其后裔作出的选择。美国化运动最初是由基层的非官方组织发动的，随后美国各县、州政府开始支持并参与“美国化”的活动。陆陆续续制定相关法律的州达到了三十多个。康涅狄格州还成立了一个美国化事务局。最后，联邦政府也参与其中并在劳工部设立了归化局，在内政部设立了教育局，而建立于 19 世纪中叶的公立学校系统直到 20 世纪中叶一直是最重要的美国化机构。美国社会和政府的积极参与使得对外来移民的同化工作得以有力推动。在这一时期，那些一向被认为难以同化的族裔群体如华裔、日裔移民，则早早地受到了限制性移民法规的束缚，其规模呈削减态势。两次世界大战强化了各个移民团体和少数民族族裔对美国的认同。同化新移民和少数族裔的目的基本实现。美国树立了其各个民族、种族的“大熔炉”的形象。

然而也正是第二次世界大战，促使美国社会对少数种（民）族权利的认识开始发生转变。不同种族和民族在战场浴血、为“美利坚信念”而战的记忆，极大地推动美国社会对以非洲裔美国人为代表的有色人种和少数民族权利的支持，使得战前便已经开始的争取有色人种权利的运动得到蓬勃发展，最终在 20 世纪 60 年代形成了声势浩大的民权运动。非洲裔美国人和犹太裔美国人成为积极推动民权运动的两大代表性族群。受民权运动影响，美国政府相继出台一系列维护少数种族和族裔的法规和政策，60 年代民权法、选举权和移民法为以“亚文化认同”为基础的多元文化社会结构的形成提供了法律依据，在提升少数种族、族裔的经济地位和政治权利方面作出贡献。而美国少数种族和族裔在一系列的政治活动中也愈发认识到自己的政治能量和能力，坚定了争取和捍卫自身权益的信念。广泛的政治和社会活动强化了各个少数种族和族裔，乃至社会群体（如妇女和同性恋者）在美国国民性这一大的认同之下出现的所谓“亚文化认同”。这种“亚文化认同”是建立在共同的种族、族裔、性别、社会身份、信仰等基础之上的身份认同。它的出现使得“文化和政治上的分裂加剧”。不同群体的成员不再讳言其亚文化身份，甚至把单一文化认同视作“欧洲中心主义”或“白人种族主义”乃至“非美”思想而予以抨击。同时在美国知识层面，这种建立以亚文化认同基础上的多元社会、多元文化的主张得到广泛宣扬和提倡。美国是由许多不同的种族、族裔群体构成，每一种族、族裔都拥有自己独特的文化，盎格鲁—新教的压迫性地位必须予以矫正等认识成为多元文化主义的基本理念，而各级政府、私营机构和社会组织应为此发挥更多的作用。受这些理念的影响，曾经在“一战”之前为同化（即美国化）尽力的诸多公共和私营机构纷纷改弦更张，转而采取诸多强化亚文化认同和多元社会、文化结构的举措。例如墨西哥裔美国人法律保护基金会，是由福特基金会出钱创办，没有任何会员，其宗旨就是保持移民群体特性，提倡移民群体意识，维护移民群体的权利。甚至包括大众传媒和娱乐产品制造业在内的美国企业也希望通过维持社会文化的多元性来扩大市场、增加收益。这种亚文化认同以及在其基础上确立的多元社会及多元文化氛围，又受到现代交通、通信技术发展的推动而得以强化。此前曾经推动同化而发挥巨大作用的机制已经退化或发生转变，有的甚至转而积极推动和巩固多元文化氛围，强化各种亚文化认同。同化理念愈发受到来自精英阶层的反对。文化和社会氛围的变化使得美国政界以及少数种族、族裔领袖把维护亚文化认同作为争取政治资本以及谋求族裔权益的自觉行为，使得以亚文化认同为基础的“认同政治（Politics of Identity）”成为20世纪60年代之后美国政治生活的重要内容。实际上，就移民而言，少数群体的政治已经取代了政党政治。“肯定性行动”又使得拉美裔和亚洲裔移民保持其种族特性反而有利可图。20世纪90年代有大约85%的移民被定为“弱势群体”，尽管他们没有经历过美国的种族歧视历史，却照样有资格享受“肯定性行动”[①]。

亚文化认同得到强化不仅体现在政策和社会氛围之上，还具体体现在历史教学、语言教学等诸多方面。历史教学大纲和教科书被改写，大力强调亚种族、族裔和社会群体的历史，甚至把宪法上的单数形式“美国人民”改成美国“各族人民”。长期被视作文化、民族认同重要标志的英语在美国生活中的地位被大大降低，极力推动双语教育和语言多元化。多元文化主义教育为美国学生提供新的知识结构和内容，有助于学生了解和尊重其他文化传统，减少乃至消除种族主义偏见。[②]

由于美国多元社会文化结构的形成与日趋巩固，美国移民及其后裔在维护其自身特性、拒绝被同化方面有着更大的自主性。据估算，从 1820 年到 1924 年，约有 3400 万欧洲人来到美国。那些留在美国的人部分地同化了，而他们的子孙则几乎完全同化，融入美国的社会和文化。而在 1965 年以后，情况则大为不同。1994 年，有 19 位研究美国历史和政治的学者曾应邀对 1930 年、1950 年、1970 年和 1990 年的美国民族融合程度给予评估。该评估分为 1 至 5 五个等级，1 代表最高水平。评估结果是 1930 年为 1.71，1950 年为 1.46，1970 年为 2.65，1990 年为 2.60。研究者认为 1950 年是美国全国性民族融合的巅峰时期。[③] 移民及其后代在是否被同化方面有了更多的主动性和选择权，甚至在同化和拒绝同化之间还出现了第三种选择，即既选择作美国国民，又保留其原国籍国民身份，往往持有双重国籍、有双重居留地、双重依附关系，双重忠诚。这些人既要享受美国提供的机会、财富和自由，又保留自己的原籍国的语言、文化、家庭和社会关系网络等。[④]

（二）少数族裔经济实力明显增强，与之相对应的政治参与意识显著增强。通常而言，移民活动由两种力量所促成，一种力量来自移民输出国（或地区）的“推力”，如贫困、就业不足、动乱、政治迫害等，另一种力量则是来自移民输入国（或地区）的“吸力”，如富庶、就业机遇多、

① Samuel P. Huntington, *Who are we? The Challenges to America's National Identity* (New York: Simon & Schuster Paperbacks, 2004), p. 203.

② 王希：《多元文化主义的起源、实践与局限性》，载《美国研究》2000 年第 2 期。

③ Samuel P. Huntington, *Who are we? The Challenges to America's National Identity* (New York: Simon & Schuster Paperbacks, 2004), p. 137.

④ Ibid., pp. 208 - 209.

稳定、自由等。就美国少数（种、民）族裔而言，除多数非洲裔美国人属于被动移民（奴隶贸易）之外，多数移民都是这两种力量作用的结果。无论其最初移民的直接动因如何，追求更好的生活境遇是多数移民的终极目标。而移民人数的变化恰恰与美国经济的发展相适应。尽管程度不同，大多数移民群体都实现了美国社会阶层内的“上向流动”，这种群体性的“上向流动”在“二战”后的美国表现更为明显。犹太裔、亚美尼亚裔、希腊裔、波兰裔和印度裔美国人属于较为富有的移民群体。以犹太人为例，19 世纪的统计显示，在所有就业的犹太人中，58% 的犹太人从事贸易和金融活动，20% 为办公室白领，6% 为职业技术人员。而 19 世纪末 20 世纪初移民到美国的东欧犹太人很多从事体力劳动，属于社会下层，其中有 1/3 在制衣厂工作，1/4 在建筑行业工作，有 1/5 从事零售业。而根据 1957 年“当前人口统计”（Current Population Survey）统计，有 3/4 的美国犹太男子从事白领工作（同期白人新教徒男子从事白领工作的比例为 38%），其中有一半以上从事专业性或管理性工作，是白人新教徒的两倍。在 20 世纪 50 年代，30% 的犹太家长收入在 7500 美元以上（全国平均水平为 13%）。1990 年根据“全国犹太人口统计”（National Jewish Population Survey）显示，美国所有犹太户 1989 年的中等年收入已经达到 39，000 美元，超过美国平均水平（28，906 美元）和白人家庭平均收入水平（30，406 美元）。从职业上讲，到 20 世纪 80 年代中期，美国公司中有 6%—8% 的高级行政主管是犹太人，在全美十大商业银行中有 3.4% 的行政人员是犹太人，而在 1976 年全美商业银行中有 2.5% 为犹太人。[①]这种“上向流动”趋势在其他人种、民族中表现也很明显。受民权运动和“肯定性行动”影响，非洲裔美国人在白领工作领域中的人数明显增加。对于很多少数族裔而言，尽管其经济和社会地位依然难以与欧洲裔白人比肩（如在 20 世纪 90 年代初对 94 家大公司的研究显示，只有 6% 的管理岗位和 2% 的高层管理岗位是由白人女性或非洲裔美国人、拉丁裔美国人或亚裔美国人所拥有。1990 年统计显示非洲裔美国人的人均收入是白人人均收入的 56%），但是因为美国国民收入整体规模的增长，少数种族、族裔的收入的增长也是必然的（见表 2—1 至表 2—5）。

① Joe R. Feagin & Clairece B. Feagin, *Racial and Ethnic Relations* (5th edition), (New Jersey: Prentice Hall 1996), pp. 175 – 176.

表 2—1　　黑人（或非白人）收入与白人收入的百分比

年份	百分比（%）
1950	54
1954	56
1959	52
1964	54
1969	61
1974	58
1980	58
1985	58
1990	58
1993	55

资料来源：Joe R. Feagin & Clariece B. Feagin, *Racial and Ethnic Relations* (5th edition), Prentice Hall (New Jersey), 1996, p. 179。

表 2—2　　1992 年主要拉美裔人口的收入情况表

	波多黎各裔	墨西哥裔	古巴裔	欧洲裔
平均家庭收入	$20, 301	$23, 714	$31, 015	$40, 420
年收入为$50, 000 或更多	14.6%	14.9%	27.0%	37.5%
低于贫困线的家庭所占百分比	32.5%	26.4%	15.4%	7.3%
低于贫困线水平的 18 岁以下儿童所占比	52.1%	39.5%	22.3%	13.2%

资料来源：Joe R. Feagin & Clariece B. Feagin, *Racial and Ethnic Relations* (5th edition), Prentice Hall (New Jersey), 1996, p. 184。

表 2—3　　族裔群体的职业分配（1990 年）　　单位:%

	华裔美国人	菲律宾裔美国人	韩裔美国人	越南裔美国人	印度裔美国人	欧洲裔美国人
管理和专业领域岗位	35.8	26.6	25.5	17.6	43.6	28.5
技术、营销和管理辅助性岗位	31.2	36.7	37.1	29.5	33.2	32.6
精密制造、工艺制造和维修行业	5.6	7.4	8.9	15.7	5.2	11.6
操作员、加工员和一般性劳力	10.6	11.0	12.8	20.9	9.4	13.4
服务行业	16.5	16.8	15.1	15.0	8.1	11.5
农林渔业	0.4	1.5	0.7	1.4	o.6	2.4
总计	100.1	100.1	100.1	100.1	100.1	100.1

资料来源：Joe R. Feagin & Clariece B. Feagin, *Racial and Ethnic Relations* (5th edition), Prentice Hall (New Jersey), 1996, p. 221。

表 2—4　　族裔群体的收入水平

	华裔美国人	菲律宾裔美国人	韩裔美国人	越南裔美国人	印度裔美国人	欧洲裔美国人
平均家庭收入	$41，316	$46，698	$33，909	$30，550	$49，309	$37，628
$100，000 或更多收入家庭所占百分比	10%	8%	7%	4%	14%	6%
贫困线以下家庭所占比例	11%	5%	15%	24%	7%	7%

资料来源：Joe R. Feagin & Clariece B. Feagin, *Racial and Ethnic Relations*（5th edition），Prentice Hall（New Jersey），1996，p. 237。

表 2—5　　族裔群体的教育水平

	华裔美国人	菲律宾裔美国人	韩裔美国人	越南裔美国人	印度裔美国人	欧洲裔美国人	总人口
学业不足 5 年	9.4%	4.2%	4.6%	11.4%	3.8%	1.3%	2.7%
高中毕业	73.6%	82.6%	80.2%	61.2%	84.7%	79.1%	75.2%
学士或更高	40.7%	39.3%	34.5%	17.4%	58.1%	22.0%	20.3%

资料来源：Joe R. Feagin & Clariece B. Feagin, *Racial and Ethnic Relations*（5th edition），Prentice Hall（New Jersey），1996，p. 238。

“经济基础决定上层建筑”，战后美国少数族裔群体性经济实力的增强，在很大程度上有利于维护和巩固美国多元文化和社会结构。经济境遇总体改善之后，少数族裔，尤其是其上层的政治参与意识日渐强烈，希望通过自身的政治参与来维护有利于其发展的社会政治氛围。正是由于少数族裔的政治参与，使得 20 世纪 70 年代之后美国的政治景象发生了实质性改观。

（三）“身份认同政治”在美国政治生活中发挥显著的作用。

美国公民政治参与的渠道相对宽泛，形式比较多样。其中比较基本的形式是参与投票、竞选、政治游说等。20 世纪 60 年代的民权运动对少数族裔的政治参与发挥了极大的推动作用。这在非洲裔和拉美裔两大少数族裔群体中均有明显体现。根据 2010 年美国人口普查数据，拉美裔占到总人口的 16.3%，非洲裔为 12.2%，拉美裔和非洲裔成为有影响力的投票群体。鉴于少数族裔政治影响力的增加，美国政界人士也尽可能地从政治上笼络少数族裔选民。尽管少数族裔的参政意识和能力还受到诸多限制，但其潜力受到政界人士持续的关注。时至21世纪，美国少数族裔的政治影响力愈发彰显，2008年、2012年美国首位（且连任的）非洲裔总统经选举产生，而这一结果也得益于少数族裔政治能量的不断积累和释放（见表2—6）。

表2—6　2008年和2012年总统大选中少数族裔投票比较（单位：%）

族裔	占选民数量（2012年）	支持奥巴马（2012年）	支持罗姆尼（2012年）	支持奥巴马（2008年）
白人	72	39	59	43
黑人	13	93	6	95
拉美裔	10	71	27	67
亚裔	3	73	26	62
其他族裔	2	58	38	66

资料来源：available at：http：//www. washingtopost. com/wp-srv/special/politics/2012 – exit-polls/table. html。转引自周琪《奥巴马连任后的美国内外政策评估》，载《外交评论》2013年第1期。

组建维护自身权益的政治性组织也是建立在亚文化认同基础上的各民族群体和社会群体参与社会、政治活动的重要途径。在社会和政治参与方面，美国犹太人一直堪称典范，其活动是维系美国政治社会文化多元性的重要支柱，而其参与模式也往往为其他少数族裔所借鉴和学习。

至于亚裔美国人，其政治活动也在这段时期渐成规模。20世纪60年代加州，本土出生的亚裔美国人是国外出生的亚裔人口的两倍。此前阻碍亚裔人口政治活动的语言和文化因素在缩减，亚裔认同在增强。从校园到社区，亚裔的政治活动逐渐增多。1986年成立了“亚裔美国人选民联盟”（the Asian-American Voter Coalition），该组织拟团结不同亚裔美国人选民，对亚裔人口较为集中的加利福尼亚、得克萨斯、纽约、伊利诺伊等州的选举施加更有效的影响，同时保护亚裔美国人的公民权利、反对不利于亚裔的立法和媒体对亚裔的丑化以及种族暴力、就业歧视等。90年代，南加州成立了“亚太美国人法律中心”　（the Asian Pacific American Legal

Center)。该组织积极维护亚洲移民拥有在其工作场所讲本民族语言的权利以及增加地方图书馆关于亚洲语言书籍的存量等权利。此外亚裔美国人还注重与其他少数族裔合作，共同维护少数民族权益，为此，拉美裔、非洲裔、越南裔、韩裔、华裔以及其他亚裔领袖在洛杉矶创建了“多语言选民登记协会”（the Multicultural Association for Voter Registration），以鼓励所有有色种族人口积极参与投票、选举等政治活动。为凝聚亚裔美国人的政治影响力，1998 年，在华裔领袖的积极推动下，成立了“80/20 促进会”，该组织表示动员集中 80% 的选票投给同一个总统候选人，以此显示亚裔的集团政治力量，并要求所支持的候选人需签署促进会制定的政治宣言，以便在该候选人当选后可以实现其承诺，让合格的亚裔出任内阁要员及其他政府要职，并重视亚裔的声音。该组织的成立标志着以华裔为主体的亚裔美国人对美国选举政治的认识已经超越盲目及无所作为的阶段，参政意识趋于成熟和理性化，并取得了良好的效果。[①]

（四）移民以及少数族裔在祖（籍）国与美国的关系中所发挥的作用愈发得到关注和重视。

以亚文化认同为基础的多元社会及多元文化框架渐趋稳固，少数族裔群体的经济及社会地位日益提升，以维护民族认同和利益为主要内容的“身份认同政治”不断发展，促使移民及少数族裔在祖（籍）国与美国关系中所扮演的角色也发生了深刻的变化。而冷战结束之后，因美国乃至整个西方世界缺少一个共同、明确的敌人，加之全球化浪潮席卷全球，国际政治中的意识形态因素更为淡化和隐蔽，“身份认同政治”在国际政治发展中的作用愈发彰显，其作用机制渐趋稳固。

“身份认同政治”在美国与其他国家关系中的作用，首先得益于美国政治中院外游说机制的发展。游说是指作为美国政治生活的重要参与者——利益集团，通过直接或间接的方式，将自身的利益诉求，基本立场及其所掌握的信息传递给各级相关决策部门，并借此影响政府决策的行为。就美国联邦层面而言，游说的对象包括国会、行政部门以及司法部门。多元性是政治游说活动的基础。利益集团的游说活动对于美国政治的重要性为美国很多政治家和理论家高度认可。如美国著名政治学家大卫·杜鲁门便认为美国政治和政府是一个由一系列相互作用和相互讨价还价的集团组成的

① 孙逊：《美国华侨华人与台湾当局侨务政策》，九州出版社 2012 年版，第 179 页。

复合体，公共政策的结果是利益集团对政策制定过程中各个关键点施加压力的结果，是美国民主程序中一个基本的和起支撑作用的因素。[①]

少数族裔作为一个重要的利益集团进入美国外交决策领域主要始于20世纪60年代末70年代初。率先走出这一步的族裔群体是美国犹太人。在第三次中东战争爆发后，美国犹太人在为支持以色列而游说美国政府、动员美国社会方面释放出前所未有的能量。与此前动员美国政府支持国际犹太人以及犹太复国运动更多是依靠“悲情牌”的被动做法不同，此时美国犹太人作为一个民族体，更加主动地、积极地、有组织地参与到支持以色列的游说活动中，取得了令人称奇的效果，并为其他族裔纷纷效仿。此后，其他族裔开始纷纷加入到院外游说这一行列中，其中包括希腊裔美国人、古巴裔美国人、爱尔兰裔美国人、亚美尼亚裔美国人等。尽管游说的规模、组织、团结程度以及资源状况有差异，但这些族裔的院外活动无不影响了美国在涉及其祖（籍）国的外交事务中发挥的作用。

冷战结束之后，美国外交决策结构和议程发生深刻变化。这些变化包括：（1）国会在外交决策中的作用加强，决策权力更为分散。（2）决策者愈发看重维护公众对政府政策长期支持的重要性而对公众态度更为敏感。（3）冷战结束后美国外交政策上的一致性不复存在，决策部门缺少一个统一的、容易被认可和接受的战略理念。美国在处理同其他国家的关系时有了更大的灵活性和摇摆性。[②] 这些变化的出现为包括少数族裔在内的各种利益集团的活跃创造了更大的空间。冷战之后，又有很多族裔群体主动参与到游说的行列，使得美国的外交呈现更为复杂的局面。

除美国本身的政治因素之外，移民及少数族裔的祖（籍）国对其外国侨民的态度及政策的转变也是前者发挥更大作用的一个重要原因。从“二战”后的历史看，各国政府对待本国人侨居海外的行为采取过完全不同的态度。某些国家曾经设法防止国民外迁，而对于生活在国外的侨民，或者认为是一种政治背叛而大加挞伐，或者是将其作为推行某种政治理念的工具，甚至不惜恶化其侨民在居住国的境遇。而另有一些国家则对其侨民抱有冷淡甚至漠视的态度。而居住在国外的侨民在对祖（籍）国的态度上也往往是低调消极的，其有限的联系可能也就是一些资助亲戚族人的

① 周琪主编：《美国外交决策过程》，中国社会科学出版社2011年版，第258页。

② 同上书，第262页。

“侨汇”活动。然而，从20世纪70年代开始，很多国家在对待侨民的态度和做法上发生巨大改变。侨民作为巨大的“战略财富”受到各级政府的高度重视，侨民在居住国的政治和社会地位成为各国加强与侨民联络的首要出发点，积极利用侨民所拥有的社会资源、经济资源以及政治资源促进本国经济社会发展，改善本国与侨民居住国的关系，提升本国在国际体系中的作用成为各国制定相关侨务政策的主要目标。而一些侨民及少数族裔的领袖和社团也更乐于发展与祖（籍）国的关系以提升自身的政治地位和经济利益。冷战之后，伴随着经济全球化，人员、资金流动性日益增强，通信和交通的高度便利，更加便于母国与侨居国外的公民和本族族裔建立密切联系。

美国在国际社会中的地位及本身的政治结构，使得各国更积极地开发本国族裔和侨民的作用与能量。随着外国政府了解美国政府运行机制的程度不断加深，动员其侨民和社团成为许多国家处理其对美关系的通行做法，并为此不断增加各项相关投入。如墨西哥，在20世纪80年代中期，墨西哥每年用于游说华盛顿的经费不到7万美元，1993年，墨西哥在华盛顿开展游说活动的经费已经达到1600万美元。1995年，墨西哥塞迪略总统明确要求墨裔美国人学习犹太人在美国促进以色列利益的经验，有效地增进墨西哥的利益。

美国大多数族裔都有其规模不等的游说群体，其中影响较大的当属美裔犹太人、美裔古巴人、美裔亚美尼亚人、美裔希腊人以及非洲裔的游说群体，来自东欧的美国移民和美裔印度人和美裔墨西哥人成为游说群体的后起之秀。

一般而言，美国族裔群体在外交领域能有所作为需要有三方面的重要资源，一是他们在一些关键性的地区的选举意愿和能力，二是对政治候选人提供资金捐助的能力，三是他们在一个关键性问题上进行组织和动员的能力。而这些能力又往往与该族裔规模以及在美集中居住地、经济上的成功程度、族裔的团结程度和凝聚力等因素有着密切相关。此外，该族裔所游说的政策目标与美国价值理念的契合程度对于该族裔在美国对外政策中发挥的作用也有一定影响。

美国犹太人对美国与以色列关系的影响最为引人注目。第三次中东战争爆发后，美国犹太人为支持以色列，在游说美国政府、动员美国社会方面释放出前所未有的能量。犹太人口只占美国总人口的3%，但是居住相对集中，主要集中在纽约州、新泽西州、佛罗里达州、马里兰州和马萨诸塞州以及加利福尼亚州、伊利诺伊州和俄亥俄州。最为著名的犹太游说组织是“美—以公共事务委员会”（the Ameirican-Israel Public Affairs Committee），《纽约时报》称该组织是“影响美国与以色列关系的最为重要的组织”。多年来，包括美—以公共事务委员会在内的犹太组织成功地影响了美国对以色列乃至整个中东地区的外交政策。美—以公共事务委员会推动美国国会通过十多项谴责伊朗并对其实施严厉制裁的法案和决议，促使国会通过决议支持以色列行使自卫权，并推动国会通过法案限制美国对阿拉伯国家的武器出口。在犹太游说组织的支持下，以色列每年能够从美国获得大约30亿美元的援助。2010年10月的一项民意调查显示，63%的美国公众对以色列的同情程度要超过对巴勒斯坦人的同情，另一项调查显示，只有15%的美国人对巴勒斯坦权力机构（the Palestinian Authority）表示同情。这一比例与过去二十年盖洛普民意调查的结果大体一致。美国人对以色列的支持为犹太院外集团的活动提供了很大便利，美国人认为犹太民族在历经苦难之后应当有自己的国家，而且以色列是中东地区的唯一的民主国家，以色列无论在冷战时期还是在后冷战时期都是美国重要的战略资源。相对于犹太院外集团而言，支持阿拉伯的族裔院外集团如“全美阿拉伯裔美国人协会”（the National Association of Arab Americans，NAAA）、“阿拉伯裔美国人反歧视委员会”（the American-Arab Anti-Discrimination Committee，ADC）和“阿拉伯裔美国人研究会”（the Arab American Institute，AAI）在为阿拉伯国家游说的能力和效率方面则相形见绌。为提高其游说能力，2001年，NAAA与ADC合并，以提高其游说效率和能力。ADC的创建人，美国前参议员杰姆斯·阿布雷兹克（James Abourezk）认识到该组织自身实力的不足，称：“如果想在国会有影响力，你必须有钱捐献给候选人或者控制有大量的选票。我们一直努力在建立一个草根的网络；但是对于我们来说，募集资金是非常困难的。”①

而在美国对古巴政策中发挥重要作用的古巴裔美国人也显示这一特点。尽管古巴裔美国人人口总数只有120万左右，但是其主要居住在两个非常重要的选举州佛罗里达和新泽西。该族群的游说组织是成立于1981

① Allan J. Cigler and Burdett A. Loomis, eds., *Interest Group Politics* (Washington D. C.: CQ Press, 2012), p. 323.

年的“全国古巴裔美国人基金会”（the Cuban American National Foundation，CANF）。该组织的参与者主要是1959年古巴革命之后逃到美国以及参加过1961年猪湾事件的古巴侨民。自成立伊始，该组织的主要目的就是对美国对古巴的政策施加影响。多年来，该组织是美国制裁古巴政策的坚定支持者。近年来该组织将其使命定位为促进古巴发生“非暴力和有意义的”转变。在其影响下美国在90年代通过了《古巴民主法》，60年代初期开始实施的美国对古巴的贸易禁运至今依然有效。目前，CANF依然是对美国的古巴政策发挥重大影响的古巴裔游说组织。

近年来，作为对美国与该族裔原（祖）籍国的关系施加影响的后起之秀，印度裔美国人的游说活动引起了广泛关注，有研究表明印度裔美国人是“唯一在力量上与犹太院外集团相比肩的院外集团”。根据《美国社区调查报告》（*The American Community Survey Report*）2007年统计，印度裔美国人有270万，其中绝大多数（73%）是在外国出生的。而外国出生印度裔美国人中只有37.2%是在1990年以前移民到美国的，而1990年至1999年移民美国的印度裔占39.3%，2000年之后移民美国的占23.5%。印度裔美国人人口增长迅速，2011年其人口规模已经接近300万，而且他们与印度的联系性很强。印度裔美国人在经济上取得惊人成就，印度裔美国人的年平均收入（68，771美元）高于美国家庭平均年收入（44684美元），且受教育程度高（25岁以上印度裔人口中64%拥有大学学历），主要居住在一些重要的选举州如加利福尼亚州、华盛顿州、纽约州、伊利诺伊州、得克萨斯州和宾夕法尼亚州等。2002年印度裔美国人成立了“美印政治行动委员会”（US India Political Action Committee，USINPAC）。印度裔美国人在推动美国与印度关系的全面发展方面积极努力，尤其在2006年美国国会通过《美印和平利用原子能合作法》过程中发挥了关键性作用。

移民及少数族裔在美国与其原（祖）籍国之间的关系中发挥作用也与其原（祖）籍国的积极推动有关。如前所述，从战后的历史来看，各国政府对本国国民侨（移）居海外的行为有过完全不同的态度。以印度为例，80年代以前，印度对其海外移民的态度基本上是相对淡漠且交往有限，把一些受教育程度较高的人向美国移民视作“人才流失”（brain drain）。80年代这一态度开始发生转变。2000年印度外交部成立高等委员会（High Level Committee，HLC），首次对印度的海外移民制定相应的政策框架。该委员会在其后提供的报告中，对印度裔美国侨民所发挥的作用给予高度评价，认为他们在美国国会为美印关系的发展创造良好的氛围并在一系列重大问题上发挥了作用，印度裔美国人在加强印度与世界唯一的超级大国的关系方面是无价的财富。该报告建议鼓励在美国的印度移民充当印度的大使并利用他们经济和政治的影响力来为印度的利益服务。其后印度在中央政府层面设置“海外印度人事务部”（Ministry of Overseas Indian Affairs），并召开年度海外印度侨民大会以及设立“海外印度人日”（Pravasi Bharatiya Divas）。此外印度在承认双重国籍方面也有所突破，更改1955年颁布的《公民法》（*Citizenship Act*），认可海外印度人的公民权（Overseas Citizenship of India）。凡此种种，均显示出印度政府在推动包括印度裔美国人在内的海外印度人在其外交事务中发挥影响方面作出积极努力。①

近二三十年以来，美国少数族裔在美国处理一系列重要国际问题方面发挥过重要作用，这些问题包括美国对希腊与土耳其关系的政策，对高加索形势的政策、对马其顿的承认、对克罗地亚的支持、对南非的制裁、对非洲的援助、对海地的干涉、北约东扩、北爱尔兰纠纷，以及以色列与邻国的关系等。概括而言，根据其对祖（籍）国政府或该国政府在某些国际争端的具体立场、政策的认同情况，美国少数族裔往往发挥三方面的作用。其一为高度认同和全力支持。这在20世纪六七十年代以美国犹太人对以色列的全力支持表现最为突出。时至今日，除个别教派之外，多数美国犹太人对于以色列存在的正当性毫不质疑，并为此展开积极的游说活动。其二为极度不认同进而强烈反对美国政府任何改善双边关系的行为。这一族裔群体包括古巴裔美国人和伊朗裔美国人。其三则是介于这两种状态之间的族裔群体。由于历史原因，在美国生活的某些族裔本身构成复杂，其中有一部分群体与本国政府存在着不同程度的误会、隔阂，甚至恩怨。有些群体还处于面对两个政府的“合法性”选择等问题，因此该族裔在祖（籍）国与美国的关系方面往往会发出不同的声音，有不同的诉求，在某种程度上加剧了双边关系的复杂性。

随着来到美国的移民数量日益增加和多样化，少数族裔实际的和潜在的政治影响与日俱增，这在某种程度上，甚至使很多国际问题正在内化成

① Christian Collet and Pei-te Lien, eds., *The Transnational Politics of Asian Americans* (Phladephia: Temple University Press, 2009), p. 111.

为美国的国内问题，国际社会的冲突也日益反映成为美国国内各族裔群体之间的矛盾和冲突。这点在阿（巴）以矛盾和冲突中表现最为明显。对此，萨缪尔·亨廷顿认为，随着外国政府及其移民社群对美国政策愈益深化的影响，当美国的利益与那些向美国输出人口的国家的利益不相吻合时，美国对自身利益的界定和追求就会出现模糊和不确定性，因此将会最终影响美国的利益。①

在第二次世界大战后美国发生制度性变迁之时，生活在美国的华侨华人的境遇也发生转变，美国族裔的新特点在美国华侨华人群体中也有所体现。美国人口结构发生深刻的历史性变化使得美国华侨华人无论在规模上抑或在构成上也发生了相应的变化，并与其他族裔一同作用，共同书写美国政治社会文化的新篇章。

在政治活动方面，美国华人也取得长足进展。从 20 世纪 60 年代华人政治活动崭露头角，到以联合美国亚裔人口，共同提高亚裔在美国的政治影响力为宗旨的“80/20 促进会”（80/20 Initiative）的成立，华人的参政意识日趋成熟和理性化，参政活动取得很多丰硕的成果。参加到美国政府中的华人也日渐增加，官阶和政治影响力都有显著提高，如骆家辉、吴振伟、赵小兰等，还有许多华裔通过竞选担任了州务卿、州议员、市长、市议员、法官和检察官等公职。从中可以看到华裔对美国政治的参与越来越积极，影响越来越大。②

二　中国制度变迁与美国华侨华人在中美关系中的作用

就在美国制度变迁促使其多元化社会政治结构形成、完善之时，中国

① Samuel P. Huntington, *Who are we? The Challenges to America's National Identity* (New York: Simon & Schuster Paperbacks, 2004), p. 291.

② 关于美国华侨华人发展状况及文化认同及政治参与情况，国内学者研究比较全面，可参阅于琬、李唯、骆克任《二十一世纪美国华人》，载《华侨华人研究报告（2012）》，社会科学文献出版社 2012 年版；李爱慧《当代美国华人的多元认同》，载《世界华侨华人研究》（第 3 辑），广西师范大学出版社 2010 年版；王子昌《华人移民与美国政治的发展》，载《世界民族》2005 年第 1 期；庄国土《从移民到选民：1965 年以来美国华人社会的发展变化》，载《世界历史》2004 年第 2 期；李其荣《1965 年以来美国华人新移民的特点》，载《华中师范大学学报》（哲学社会科学版）1997 年第 5 期；孙逊《美国华侨华人与台湾当局侨务政策》等文章和专著。

国家发展战略也处于不断调整之中，并逐步建立健全各项法律规章制度，形成了有中国特色的发展道路。在这一时期，中国各项法规制度渐趋完善，中国的改革开放事业不断推进，中美关系得以建立并不断深入发展。日趋成熟的国家发展战略和与之相对应的完善的法律和制度体系的确立，为美国华侨华人在中美关系中发挥更为积极的作用创造了有利条件。在对华侨华人的影响方面，这一制度变迁一方面完善和充实了涉及华侨华人及侨眷和对侨工作方方面面的具体政策，另一方面国家大政方针的转变，促进中国政治、经济、社会和文化的全面协调发展，国家实力与国际地位均得到提升，从而对华侨华人在精神与情感上的认同及其切实利益产生实实在在的影响。

就华侨华人政策而言，这段时期，经过不断地调整、充实，中国政府逐渐确立了较为稳定成熟的对侨政策体系。这些侨务政策围绕“为侨服务”这一核心，以《宪法》第50条为依据，以《中华人民共和国归侨侨眷权益保护法》及其实施办法为支撑，以及各项涉侨法律规范为依托，涉及华侨华人出入境、探亲、定居、劳动就业、回国就学、贫困救济，以及鼓励华侨华人来华投资兴业、支持海外人才与中国开展经济科技文化合作交流、保护华侨在海外和国内的正当权益、倡导在海外构建和谐华侨华人社会等方面。①

需要指出的是，我国侨务法规政策的确立经历了一个漫长曲折的历史过程，我国政府及社会对华侨华人及侨务的认识和态度转变也相应地有一个过程。在某种程度上说，这种变化与战后国际政治氛围、国家间的关系的变化相契合，并受之影响。这种变化在某种程度上也与世界很多移民输出国在认识及政策上的调整步调是一致的，反映了当时国际社会对移民族裔的历史和现实作用的认识水平。概而言之，自新中国成立以后，我国对华侨华人作用的认识和相应政策经历了四个发展阶段。第一阶段是从新中国成立到“文化大革命”爆发之前。这一时期为对华侨华人政策的初步确立期。这一时期解决了我国华侨华人政策中的一些基本问题，即祖国与海外华人之间的政治关系、华人在我国统一大业及革命事业中的地位与双重国籍等问题，确认华侨华人是我国统一大业中的一部分。这一时期主要

① 丘进、严武龙：《中国侨务政策概述》，载《华侨华人研究报告（2011）》，社会科学文献出版社2011年版，第38页。

是围绕我国与周边国家的关系这一核心来制定相应的华侨华人政策。尽管这一时期的政策受到当时政治和社会条件的限制，甚至在某些方面受到一些极“左”思潮的影响，但是所确立的基本法律框架和准则还是相对稳定成熟的。第二个时期也就是十年动乱时期，是我国华侨华人政策受到极“左”思潮的冲击，整个华侨华人工作受到极大破坏，陷入极端被动局面的时期。从20世纪70年代末到80年代末，是我国华侨华人政策的“拨乱反正”时期，即第三个发展阶段。在这一时期，许多“文革”前相对成熟的华侨华人政策得到恢复，华侨华人事业在我国现代化建设中的地位得到进一步的巩固和强化。进入第四阶段，即从90年代开始，我国华侨华人事业进入新的历史发展时期，对华侨华人的政策随着新时期我国发展战略的变化以及侨情的发展得到不断完善，形成了一套具有相当政治高度、结构合理、行之有效的政策体系。这一历史历程极大地推动了包括美国华侨华人在内的广大华侨华人对祖国的认同和支持，为祖国的发展和各项事业贡献的热情大大增加，鼓舞他们积极投身到祖国的建设中来。①

在同一历史时期，中美关系也发生阶段性的变化。两国关系从敌对到缓和再到建立正式外交关系，从建交之初的有限接触和相互试探，到全方位、深入频繁地交往日渐增加。随着冷战的结束，中美相互交往的基础不断扩大，两国关系的机制化程度日渐加强，双边关系日趋成熟，尽管存在某些疑虑和杂音，但是两国深化合作和相互依赖的发展趋势不会改变。

美国华侨华人既是中美外交关系变迁的受益者也是中美关系发展的积极推动者。作为受益者，中美关系的改善提升了美国华侨华人的政治地位，华侨华人不再担心因其对祖国大陆任何情感的表达而被视作政治上的异类、不忠诚者或“颠覆者”。众所周知，中华人民共和国成立，尤其是朝鲜战争之后，美国出现以“麦卡锡主义”为代表的反共妖风，任何同情中国人民解放事业的人士都受到抨击和迫害，美国华侨华人群体中的左翼进步势力也屡屡遭受波及。在美国国内疯狂的反共反华浪潮的影响下，美国国内华侨华人和留学生成为最大的受害者，他们被强迫要求同新中国切断联系，使得反共、恐共、反华成为这一时期美国华侨华人的政治态度和身份认同。许多留学生和华人社会中的进步势力遭受迫害，华侨华人与新中国的联系被生生切断。在反共威胁之下，许多华侨华人不敢表达自己

① 参见任贵祥主编《海外华侨华人与中国改革开放》，中共党史出版社2009年版。

真实的政治观点和情感，甚至避免参加政治活动。在这种情形下，任由台湾方面施加对美国华侨华人社区政治影响和情感笼络，美国华侨华人群体的真实情感和意愿受到政治上的绑架。而中美重新确立外交关系之后，美国华侨华人社区不但因为有大量新移民的移入而注入新的生机和活力，华侨华人群体愈发敢于明确地表明自己的政治立场和主张，不再讳言对祖国大陆的真实立场和情感。这在美国华人精英中表现尤为突出。进入20世纪80年代以后，中国的改革开放政策极大地激励了倾向于中国大陆的美国工商界人士和知识分子，增强了他们对祖国的信心和希望。其次，由于中美两国关系的改善也大大有助于美国华侨华人社会经济地位的提升和经济实力的增长。在中美处于尖锐对立时期，美国对中国实行全面封锁和禁运，阻止中美民间贸易往来。美国当局对从中国大陆输入的货物严加取缔，重罚违反规定的华侨华人。到50年代中期，中国大陆的货物基本上已经在市面上绝迹。然而，随着中美外交关系的恢复，两国之间经贸往来日益增多。根据美国人口普查局统计，在2000年，美国对中国出口已经高达162亿美元，从中国进口总额已经高达1，000亿美元，贸易总额为1，162亿美元。[①] 中国加入世界贸易组织之后，对外贸易获得新的发展。到2003年，中国已经成为美国第三大贸易伙伴。按美方统计，美国对中国的出口额在2004年达到347亿美元，比2000年增长114.2%。2001年至2004年6月底美商在华实际投资164.8亿美元，占从1980年到2004年6月底美商在华实际投资465.2亿美元的35.4%。[②] 从2000年至2011年，美国对华出口增长了542%，从162亿美元增加到1，039亿美元，而根据美方的统计，2011年中美贸易额达到了5，032亿美元（中方统计的双边贸易额为4，467亿美元）。中美互为对方的第二大贸易伙伴。[③] 显然在如此大规模的贸易和投资往来中，美国华侨华人凭借其语言、文化、信息、资本、技术、管理及社会资源方面的诸多优势，可以在中美经贸往来和投资中获取更大更多的利益。2000年，国务院侨办会同全国人大侨委进行的联合调查表明，侨资企业资金来源从以香港为主，逐渐向东南亚、欧美等国家和地区发展，特别是具有科技优势和信息特长的新华侨华人正

① 陶文钊主编：《冷战后的美国对华政策》，重庆出版社2006年版，第123页。

② 同上书，第163页。

③ 袁征：《中美关系：在合作与竞争中前行》，载《国际安全研究》2013年第1期。

以多种方式回祖（籍）国创业，兴办实体，成为侨资企业发展的新增长点。2002 年和 2006 年，国务院侨办举办"全国百家明星侨资企业"评选活动也显示来自欧美地区和部分自由港的侨商投资增长迅速。[①] 此外，从文化上讲，在中美未建交之时，中国大陆的报纸和书刊都被列入禁运之列，甚至一些与中国大陆有关系的香港报社及出版社的报纸，在美国海关也被查收。中美两国之间的文化交流、文艺表演活动几近断绝，台湾地区几乎成为唯一可以满足华人社会对中华文化需求的来源地。中美建交之后，中美两国的文化交流日渐增多和频繁。各种文化形式的交流、人员的往来、媒体的发展加之汉语教学活动的展开，为华侨华人社区文化注入新的内容和活力，极大地加深了华侨华人社区与祖国大陆和中国传统文化的亲缘性，强化了华侨华人的寻根意识和对祖国大陆的文化认同感。此外，随着中美关系的改善，中国现代化建设取得日渐丰硕的成果，中国国家实力的增强以及国际地位的攀升，旅居海外的华侨华人的自豪感和自信心都得到极大的提升，华侨华人的自我认知和公众认知也得到了相应的改观。中国因为发展而树立的自信、富强、理性、负责的国际形象对于在美华侨华人的形象塑造有着强大影响力，反之华侨华人的良好形象也会提升他们在美国社会中的地位，为他们赢得更多的尊重。

美国华侨华人不但是中美关系的极大受益者，还是中美关系的积极推动者。[②] 两者相辅相成，互相促进，形成良性互动，也为中美关系长期健康发展发挥有益的作用。

美国华侨华人能够在中美关系中发挥相关的作用，一方面源自中美两国自身政治、经济、社会的发展，另一方面也源自美国华侨华人社会的发展壮大。战后，美国华人社会不断发展壮大，自身经济实力、参政意识和参政能力都得到相应的提高，达到前所未有的程度。而与此同时，美国多元社会结构日渐成型稳固，以亚文化认同为基础的政治参与成为美国政治生活的常态，这为华侨华人参与中美关系相关政治议题提供了良好的氛

① 桂世勋：《海外华侨华人及其对祖（籍）国的贡献》，载《华侨华人研究报告（2011）》，社会科学文献出版社 2011 年版，第 80—81 页。

② 关于美国华侨华人在中美关系中的具体贡献和作为，参见郭玉聪《美国华侨华人在中美关系中的重要作用》，载《世界历史》2004 年第 3 期；娄亚萍《美国华侨华人与中国对美公共外交：作用机制与政策思路》载《美国问题研究》2011 年第 2 期；［美］孔秉德、尹晓煌主编《美籍华人与中美关系》，新华出版社 2004 年版。

围。而在中国方面，中央政府对华侨华人在促进中国现代化建设、维护祖国统一方面所发挥的作用给予更大的肯定和更高的关注。正是在这一大的背景之下，美国华侨华人成为中美关系的积极推动者。

三 限制美国华侨华人在中美关系中发挥作用的几点因素

作为一个族群，美国华侨华人在第二次世界大战后发生了历史性的深刻变化，这一变化不仅体现在这一群体的规模和结构方面，还体现在其政治理念的发展与成熟方面。不可否认，从国民党的片面灌输到美国政府高压之下的"政治表态"，美国华侨华人具有相当长时间的"被政治化"的历史，然而"被政治化"终归不是美国华侨华人政治理念和政治意愿的真实表达。随着20世纪60年代美国多元文化社会结构的形成与"亚文化认同政治"的发展，美国华侨华人的"被政治化"的历史宣告终结。在中美两国社会政治结构的理性化调整、中美关系不断深入的大历史前提下，美国华侨华人实现了自身政治理念和政治意愿的真实表达，确立了自身的历史定位。事实表明，华侨华人以自身真实意愿为基础的政治表达、参与和历史定位，不但有助于其自身的健康发展，也能在中美两国关系中发挥良好积极的作用。

虽然如此，我们也应该看到华侨华人群体在自身变化中所呈现的多样性和复杂性。美国华侨华人群体在来源构成、政治经济利益诉求、受外界势力影响程度以及对中华民族文化认同程度等多方面存在一定的差异，加之美国在国际政治事务中的影响力，使得华侨华人群体依然是一些敌视中国大陆、妄图阻碍中美关系健康发展的政治势力试图拉拢和施加影响的对象。中美双边关系会在一定程度上产生波动，而这些波动必然会为这些政治势力提供可乘之机。这需要我们侨务和外事部门时刻保持应有的警惕和关注。

概括而言，美国华侨华人群体在中美关系方面发挥积极健康的作用还受到如下几个方面的影响。首先，在台湾方面，无论是国民党方面还是力主"台独"的民进党以及相关的政治势力，均不甘于其在美国华侨华人中影响的式微，必然采取相关措施，在美华侨华人社区中施加影响。由于大陆方面在对美华侨华人所作出的卓有成效的工作以及美国华侨华人社群自我政治意识和政治表达的发展，台湾方面对美华侨华人的影响在减弱，然而这并不意味着台湾方面会放弃努力。台湾方面一方面加强施加影响的传统手段（如文化交流、汉语教育、塑造台湾是中华文化的“正统”等等），另一方面还利用美国政治规则，在手法上不断花样翻新，以期达到影响美国华侨华人群体、破坏中美关系健康稳定发展的目的。在华侨华人中扶持、帮助亲台的院外游说团体便是其中一项重要内容。台湾当局受到美国著名的以色列的犹太人院外游说集团“美国以色列公共事务委员会”（AIPAC）的启发，一直重视利用在美台胞和其他社团组织开展游说活动，这些组织包括“台湾人公共事务协会”“台湾国际联盟”“全美台湾同胞联谊会”“台湾加入联合国行动委员会”等。从李登辉时代开始，“台湾人公共事务协会”就与台湾当局密切接触，该协会成员绝大多数是已加入美国国籍或其他国籍的台籍高级知识分子，其活动中心在美国，主要是游说美国国会议员、行政官员和学者及民众，推行“台独”理念。1995年李登辉访美及1999年美国国会所讨论的“台湾安全加强法”都与该组织的游说活动有关。[①] 2000年后迅速成为台湾当局“台独”理念的急先锋和领头部队。

其次，美国华侨华人的政治表达与政治参与有可能受到美国政治自身意识形态因素的影响。美国的内政外交均具有较强的意识形态色彩。其所倡导的自由、民主、人权等政治理念往往成为干涉他国内部事务的重要借口和手段，对双边关系的正常发展具有一定的破坏性。而任何有志成为美国有影响力的政治家也不得不通过倡导这些理念作为争取民众支持或被政治同行所认可、接纳的重要手段。随着华人参政能力的增强、参政品级的提升，他们中有影响的政治头面人物也不得不在所谓的自由、民主、人权等理念上做文章，甚至为了获得更多的支持和接纳，可以不惜歪曲、误读基本事实。此外，从美国政党发展历史来看，美国的少数族裔更倾向于通过支持或参加民主党来实现自己的政治抱负。而民主党内政外交上的意识形态色彩往往还要浓于共和党。这一参政渠道也使美国华人对中美关系的发展产生不利影响。在这一方面比较有代表性的就是国会议员吴振伟（David Wu）。出生在台湾的吴振伟在1998年以民主党人身份当选美国众议院议员，号称是“第一位美国华人国会议员”，曾是美国华人社会的一

① 孙哲主编：《美国国会与台湾问题》，复旦大学出版社2005年版，第276—277页。

大骄傲，但是自他当选议员后就在美国国会内部宣扬“台独”理念。此外，他对中美关系的改善和发展也一直持反对立场，成为美国国会中阻碍中美关系正常发展的代表性人物之一。[①]

再次，随着全球化的发展以及国际移民的便利和频繁，美国华侨华人群体的构成会愈发多样，复杂程度会进一步加深。在美华侨华人中不但有新侨老侨之分，还有来自中国大陆、港澳、台湾以及世界其他地区的华侨华人之分。从移民出身来看不但有留学之后的移民，也有经济移民甚至相当一部分的政治移民。美国在国际政治上的特殊地位和作用以及美国政治的特殊性，使得各种政治色彩的移民往往会汇聚美国，以便更顺利开展活动和获得资金上、政治上的支持。不可否认，在美国华侨华人群体中具有明显政治倾向的移民人数正在增加，而且有相当一部分人还把反华活动“职业化”。这部分人利用美国的政治环境和舆论环境，频频向美国民众和华侨华人社区发出或作出污蔑中国政府、扭曲中国发展事实、损害中国形象的声音和行动，成为破坏中美关系健康稳定的噪声、杂音。一些不明真相的美国民众和华侨华人往往会在他们的影响下作出一些错误的理解和判断。

又次，华侨华人宗教取向和发展趋势会对美国华侨华人在中美关系中的作用产生一定的影响。美国是一个有着浓厚宗教传统的国家，其信教人数在80%左右。宗教，尤其是基督教（包括天主教和基督新教）对美国政治和社会有着很大的影响力。20世纪90年代，宗教开始在美国公众生活中的存在远远超过了此前一个世纪的水平，“基督教重新成为美国特性的一个中心特点”[②]。这也意味着基督教在很大程度上重新担当了同化美国社会“异质性”成分的作用，其整合美国社会的功能在加强。此外随着全球化趋势的增强，美国的宗教势力对全球范围内宗教事务的关注和干涉能力也得到强化。1998年，美国国会通过的《国际宗教自由法》（*The International Religious Freedom Act*）则为美国宗教势力的全球性干预张目。[③] 对于美国华侨华人而言，随着其与美国社会接触层面的深化和日益

---

① 孙逊主编：《美国国会与台湾问题》，复旦大学出版社2005年版，第216页。

② Samuel P. Huntington, *Who are we? The Challenges to America's National Identity* (New York: Simon&Schuster Paperbacks, 2004), p. 341.

③ Jack Snyder ed., *Religion and International Relations Theory* (New York: Columbia University Press, 2011), p. 52.

频繁，或出于自身发展和心理、精神需求的影响，或受基督教会传教活动的影响，他们之中对基督教的信仰人数在不断增加。截至1980年美国华人基督教会已经达到420家，到90年代至少有800多家，到21世纪初，超过1/3的美国华人信奉基督教（有研究显示，美国华人中基督徒人数约为135万），华人教会及福音机构超过1，800家。[①] 除华人之外，在美华侨中信奉基督教的人也不在少数。随着基督徒人数的增加，基督教义自然成为美国华侨华人审视中国传统文化、中国大陆政治和社会以及中美关系的重要“滤网”。透过这一“滤网”，作为基督徒身份的华侨华人在其认识上会出现几方面特点，其一，他们会有选择地认同中国文化，某些传统和习俗中与基督教教义不相符合的内容会被摒弃；其二，华侨华人中的基督徒会为避免原籍地政治体制差异而带来争论，因此淡化政治；其三，由于历史的原因和中国基督教会发展的现状，在美华侨华人教会的领导权依然由来自中国港台地区的移民掌握着，而其与港台地区基督教会的各方面往来自然要多于与中国大陆基督教会的往来，所以在某些观念上可能更容易受港台教会的影响；其四，由于中美在宗教管理体制上的差异，他们对中国大陆的认知和态度更容易受到中国大陆基督教发展和基督徒政治和社会地位变化的影响。这些状况均增加了我国侨务工作的复杂性和艰难程度。

最后，尽管在美华侨华人人口总数在增加，其经济和政治地位和影响力在提升，但是受各种因素影响，美国华人和华侨在美国政治和社会中所应当具有的潜力仍然没有完全释放和发挥，在中美关系问题上，华侨华人尽管具有一定的影响力，但是在政策的制定与实施上依然缺乏足够的话语权，在短时期内依然难以产生决定性的影响，其影响只能是辅助性的。华侨华人人口规模与其政治社会影响力的不相称的原因主要是华侨华人总人口中“新华人”和“新华侨”的比例较大。根据美国移民发挥政治影响的一般性规律而言，第一、第二代移民主要面临的任务是在美国站稳脚跟，因此谋生、生计等问题是其所面临的主要问题，没有更多的精力和能力从事政治活动，即使在两代之内很好地解决了生计问题，其最初的选择

① 李爱慧：《美国华人基督教会的族裔特性探析》，载《暨南学报》（哲学社会科学版）2009年第5期；张云：《北美华人基督徒影响力分析：基于“软权力”的视角》，载《暨南学报》（哲学社会科学版）2012年第5期。

也往往是扩大在族裔社区的影响力而不是全身心地投入到美国政治生活中去。另外一些新华人或新华侨还不熟悉美国政治规则，缺乏熟练驾驭的能力，往往也会因此陷入被动或降低其参政热情。美国华侨华人在对美国社会和政治发挥影响方面，短时间内还是难以与那些已经多代生活在美国的欧洲裔、非洲裔、拉美裔和犹太裔相比肩，并且还受到这些族裔人士强有力的竞争。举例而言，尽管华人精英骆家辉出任驻华大使，但是他更多扮演一个政策执行者的角色。美国对华战略的研究、制定和决策，依然掌握在美国各主要智库、白宫国家安全委员会、国家对外政策委员会、国防部等核心机构。在这些机构中具有影响力的依然是美国其他族裔的学者和官员。美国华人进入美国政策制定机构和核心决策机构的路途依然漫长。

四　小结

综上所述，美国华侨华人在中美关系中发挥作用的意愿、影响方式和作用强度受四种因素的影响。其一是美国国内社会、政治、文化结构等因素的影响；其二是中国国家发展战略及相关政策的变迁；其三是台湾方面在美国华侨华人中间的政治、经济和文化活动；其四是华裔群体的内部构成及文化认同和政治影响力的发展变化情况。美国华侨华人在中美关系中发挥的影响和作用在不同时期随着这四种因素的变化而呈现不同面貌。可以看出前两项因素是起到决定性作用的因素。如果前两项因素呈现稳定和积极的发展态势，则美国华侨华人在中美关系中所发挥的作用一定是朝着稳定健康的方向发展。尽管会出现诸多不和谐因素，中美关系会出现一定的波折和动荡，但随着美国华侨华人政治上的成熟，其参与中美关系的塑造的能力将会进一步加强，进而形成与两国政府和社会的良性互动，这种良性互动对该群体在美国的发展大有益处。海外华侨华人的形象在某种程度上是中国形象的体现，是我国国家软实力构成和作用发挥的重要组成部分，中美两国各自形成的健康合理的政治制度和发展模式为在美华侨华人提供了实现自身梦想的广阔舞台。

第三章

华人经济与中国式发展道路

一 “华人经济”和“中国式发展道路”的定义

提到海外华人经济圈的时候，常有“华侨华人经济”的提法。本文不打算采用这个提法，而是采用学术界长期一直比较通行的“华人经济”，不单是因为“华侨华人经济”的提法有些累赘，而且因为“华人经济”的提法，不仅有海外视野，还有中国本土的视野。根据廖小健的定义，“‘华人经济’是指华人为了取得各种经济资源以生存和发展，参与生产、交换、分配、消费等一系列生产和再生产过程的各种经济活动”。[①]当然，廖小健这里指的“华人”，乃是居住在海外的华人，并不包括中国大陆本土的华人。但是本书所用的“华人经济”概念里的“华人”，有时是包括中国大陆本土华人的，之所以这样用，是为了强调“华人经济”和“中国式发展道路”之间的关系。

中国式的发展道路，难以像“华人经济”一样给出明确的定义。如果一定要说的话，那就是脱出西方中心主义和西方理论的窠臼，走中国自己的发展道路。现在中国有个流行的概念“中国梦”，与早就占据了世界话语权中心的“美国梦”概念分庭抗礼，其实就是一种摆脱西方中心论的渴望。“中国梦”是个包罗万象的概念，在经济学和经济决策领域，大致可以指本书所说的“中国式发展道路”。在1949—1979年，中国处于美苏两个超级大国分别领军的资本主义阵营和社会主义阵营的夹缝中。刚开始时中国全面倒向苏联，但是因为不能容忍苏联老子党和老沙皇的做派，就提出“独立自主、自力更生”的口号，和苏联拉开距离，这算是

---

① 廖小健：《也论“华人经济”》，载《世界民族》2005年第3期，第36页。

本书所指的“中国式发展道路”提法的雏形。但这个口号中提到经济问题的“自力更生”，其中并没有经济增长和发展的含义，只是说生计上要自给自足而已。1979年中国的国策发生了大转变，不再以阶级斗争为纲，而是以经济建设为中心，继而提出要建设“有中国特色的社会主义”，“中国特色”在这里仅仅是为了在形式上同苏联东欧的社会主义进行区分，以便给“商品经济”（后来是“市场经济”）以合法性。虽然“有中国特色的社会主义”并没有宏大精致的经济学理论作为支撑，但是即使以最苛刻的评价标准，中国自1979年以来建设“有中国特色的社会主义”，是非常成功的，完全可冠之以“史无前例”而当之无愧。从前我们坚持苏式社会主义的教条，坚决认为像北欧那样的国家就不是社会主义。而到了今天，可能很多理论家就会认真考虑，也许那也是社会主义的一种了。

改革开放近三十年之际，西方把这种已经卓有成就的“有中国特色的社会主义”称为“中国模式”，或者称为“北京共识”，与“华盛顿共识”分庭抗礼。本书则使用“中国式发展道路”这个概念，不用与时政关联过于密切而易于过时的“北京共识”的概念，也不用“中国模式”的说法。说到缘由，其一是“模式”的说法结构性太强，是一种静止的视角，而“发展道路”则相反；其二是中国目前的经济模式还在迅速转型之中，很难称之为一个已经成熟的“模式”；其三，也就是本书认为最重要的原因，为了凸显中国发展道路的深远历史源流。

前面把“中国式发展道路”提法仅溯源到“自力更生”，只是从当代政治路线的视角出发的。而真正从整个经济或社会的维度讲，“中国式道路”或“中国特色”出现的时刻比20世纪60年代要早数百年之久。自古以来直到18世纪，位于欧亚大陆东端的中国或东亚的经济形态，本质上与欧亚大陆西端的西欧没什么大的区别，都是以农业经济、糊口经济为主。若说有什么差别的话，那就是中国的发展程度更高，形态更加精致。但大约从18世纪80年代起，西欧和东亚就走上了不同的发展道路。这一次意义深远的分道扬镳，被彭慕兰（Kenneth Pomeranz）形容为“大分流”。他认为，直到1789年，西欧的土地、劳动力和产品市场整体上可能比中国大多数地方更不符合完善的竞争的要求。[①] 那么，为何曾经相对先

① Kenneth Pomeranz, *The Great Divergence: Europe, China and the Making of the Modern World Economy* (Princeton, NJ: Princeton University Press, 2000), p. 17.

进的中国市场经济在19世纪被西欧打败？彭慕兰将资源禀赋和核心—边缘关系的差异视为东亚经济与西欧经济大分流的原因，也就是美洲向西北欧核心地区供应的初级产品和对制造业的需求，要比东亚核心地区（主要是中国）从自身边缘地区能够获得的丰富得多。正可谓“时来顽石生光，运去黄金褪色”。分道扬镳之后，西欧这坨顽石，走的是上坡路，迈向顶峰；而东亚这块黄金，走的却是下坡路，滑向谷底。中国历代仁人志士，总想图眼前便宜，“毕其功于一役”，离开自己这个下坡的轨道，转到欧洲人走的上坡轨，既不想乐天知命顺其自然到底之后再回升，也不想自己建设一条上坡轨。结果折腾了一百多年，社会动荡，生灵涂炭，在谷底却越陷越深。反倒是离开中国本土的海外华人，另辟了一片新天地，积累了大量财富，过着丰衣足食的生活，自己操纵自己的命运，踏踏实实做事，时运才真正有了转机。而这个“中国特色”，正如前面所提到的，实际上有着深远的历史源流。“中国特色”的实际内容，有很多是中国千年以来的经济、社会、文化传统。

这些传统，正是中国当初很多急于求成的革命者视为落后的绊脚石，应该尽快尽量予以铲除的东西。当年所谓“文化救国”“文艺救国”的实质内容：铲除阻碍社会进步的中国传统文化，铲除“亚洲人的劣根性”。结果怎么样，大家很清楚了，那就是一个接一个的悲剧，没有最差，只有更差。

现在我们已经知道，一种文化是否适于经济发展，与其本身固有的特质没有天然的联系。同样是儒家文化，在近现代对经济发展的促进作用远不及西方文化，在古代却比西方文化强得多。所谓“此一时，彼一时也”。企图通过改造文化去适应或推动经济发展的社会运动，几乎无一不遭到失败，中国20世纪的历史就是最好的例证。具有讽刺意味的是，使资本主义成为可能的精神支持却恰恰是来自极端厌恶敛财行为、仇视“异端”思想的宗教改革家，那么文化对于经济政治制度是否就是一个无关的变量呢？并非如此。汪丁丁说得好：“我们固然难以设计（或者难以随意改造——作者）文化，却可以通过加深对文化遗产的理解，设计出更有效率的制度。”①

而最有“中国特色”的文化遗产，那就是儒家文化，或者儒教。这

① 汪丁丁：《经济发展与制度创新》，上海人民出版社1995年版，第71—72页。

里我们关心的是它和资本主义精神的关系，也就是它什么时候会是经济发展的阻碍，什么时候又会是经济发展的助力，这对制度设计是有很大帮助的。现在我们就从这个关系入手，来看看“中国特色”的具体内容。这种文化遗产，是中国本土华人和海外华侨华人共有的，是所有华人作为一个整体，同世界其他族群的区别之所在。

二　“韦伯命题”与华人/儒教资本主义精神

谈到“发展”，一般想到的就是政治现代化和经济现代化。但“现代化”的提法隐含着西方中心主义的色彩。“现代化”的理论构架有“传统”和“现代”一对二元范畴的区分，寓意就是“传统”必须经由“现代化”的过程，达到“现代”的目标。西方国家是已经现代化了的“先进”社会，而世界其他地区尚未现代化，还全盘或部分地保有“传统”的“落后”因素，必须把这些“落后”因素都去除了，变成西方“先进”国家的模样，才算是完成了“现代化”。连马克思“工业较发达的国家向工业较不发达的国家所显示的，只是后者未来的景象”的说法，往往都被误引为这种现代化理论的注脚。其实马克思仅仅是说了经济层面的东西，而且只说了经济层面里其中的一部分，即工业。

与“现代化”概念隐含唯一道路（至少是唯一终点）不同的是，“发展”的提法，直观地体现了多条路径的可能，也并没有唯一终点的隐喻，因此就摆脱了西方中心主义有意无意设下的思维陷阱。

从落后的社会发展为先进的社会，其关键点是经济发展。而在考察近代以来促进或抑制经济发展的诸多因素时，经济学家往往只关心和普世性的人性有关的东西，关心族群或国家之间的文化差异的很少。德国著名学者马克斯·韦伯就是这些很少的人中的一个。

“所谓韦伯命题，简单地说，就是认为近代产业社会（或近代资本主义社会）是因其独特的原因而仅仅产生于西方，在其他文化领域是绝无产生之可能的。”[①] 这句话颇能代表一些学者对“韦伯命题”含义的理解。这个“命题”源自对韦伯著作的解读。韦伯在《新教伦理与资本主义精

① 长谷川启之：《亚洲经济发展和社会类型》，郑树清等译，文汇出版社1997年版，第14页。

神》中写道："在西方文明中而且仅仅在西方文明中才显现出来的好些文化现象……这也同样适用于我们现代生活中最决定命运的力量——资本主义。"① 韦伯本来是从发生学的角度来讲这个问题的，在第二次世界大战之前的欧洲学术界，也基本上没有什么误读。但是在"二战"后，以塔尔科特·帕森斯为代表的一批具有极大影响力的学者，却从结构功能主义的视角来理解韦伯这一陈述，把它解作"只有西方文化才拥有资本主义经济制度的相容性"这一论断，用来解释20世纪60年代以前非西方国家政治、经济、文化发展的落后。这一误读的后果就是所谓的"韦伯命题"。许多学者进而认为：发展中国家的现代化，就是使其政治、经济、文化的互动模式趋同于西欧和美国的过程。

20世纪60年代以后，在东亚和东南亚，有许多国家实现了持续的高速经济增长。日本成为仅次于美国的世界第二经济大国，并长期保持这个地位，直到21世纪初叶被中国超过。韩国、中国台湾、中国香港、新加坡的人均GDP已经接近或超过主要的发达国家和地区。其他如马来西亚、泰国、印度尼西亚，也都实现了惊人的经济增长。由于华侨华人在东南亚各个经济体中的重要作用，上述这些国家和地区的经济，可以说都在儒教文化圈的涵盖范围。这个儒教文化圈区域的经济充满了活力，成就骄人，被誉为"东亚奇迹"，和同时期本来与这些国家起点相近的其他亚非拉国家形成鲜明的对比。这一事实使得不少学者开始反思欧美中心的倾向，批判所谓的"韦伯命题"，反驳据此认为是韦伯持有的"唯有西方才能发展出资本主义"的论点。彼得·伯格的一段论述堪称这类批判的典范。他写道："我常常在想，如果韦伯能死后复生，站在台北市的办公大楼看看窗外，一定也会说：'嗯，是我错了。'"② 他明确地反问："亚洲资本主义是不是也有其文化的根基，尤其是宗教和伦理的根基?"③ 持有与彼得·伯格相近观点的学者，一度不在少数。然而，势头一直良好的东亚和东南亚的经济，遭到1997年爆发的金融危机的迎头痛击。"这一场前所未有的经济大灾难，东南亚有的国家几十年努力所累积的财富一夜间灰飞烟

① 马克斯·韦伯：《新教伦理与资本主义精神》，于晓、陈维纲等译，生活·读书·新知三联书店1987年版，第4—7页。

② 塞缪尔·亨廷顿等著：《现代化理论与历史经验的再探讨》，张景明译，上海译文出版社1993年版，第425页。

③ 同上。

灭，连四小龙（韩国、中国台湾、中国香港、新加坡）所赢得的经济'奇迹'美誉也被讥讽为'海市蜃楼'。"[①] 该区域备受称赞的"儒教伦理"，又成了众矢之的。这令醉心于"东亚奇迹"的学者多少感到有些茫然失措。"韦伯命题"似乎又恢复了些许活力。但继之而来的中国经济大爆发，可说是彻底否决了所谓"韦伯命题"。

S. H. 阿拉塔斯对"韦伯命题"提出了两个疑问："第一，早在加尔文教（基督教）的伦理表现出韦伯所描述的那种形态之前，资本主义精神就已经出现了；第二，就其起源而言，与其说它是以前的资本主义精神的原动力，还不如说只是对变动着的情况的调整而已。"[②]"而且，由于资本主义精神只不过是资本主义本身的产物，没有必要非由宗教产生不可。"[③]

阿斯塔斯的疑问，确是打中了所谓"韦伯命题"的要害。不过，"是否有加尔文的新教伦理，就一定会有资本主义的兴起，韦伯认为这是荒唐的。"[④] 这种由于对韦伯的论点的荒唐误读而形成的"韦伯命题"，其实是不符合韦伯原意的。韦伯自己也说："我们根本不打算坚持这样一种愚蠢的教条主义的观点，即资本主义精神的产生仅仅是宗教改革的某些作用的结果。"[⑤] 在逻辑上，有了资本主义兴起的这个"果"，其"因"也不见得就必定是加尔文的新教伦理，虽然在历史上资本主义首先兴起的地方，所伴随出现的现象的确是加尔文的新教伦理。

韦伯死而复生，毫不怀疑中国人适应资本主义要求的自然禀赋。这一论点，在他尚未触及儒教文化的分析时，早已暗含在他的宗教社会学的内在逻辑之中了。在研究儒教之前，他所写的文章中就提道："在（西方独有的组织形式和总体结构形式——作者）这种体制下，资本主义精神可以理解为纯粹适应的结果。……今天已不存在把获取财富的生活方式与任何单一的世界观进行必要联系的问题了。事实上，资本主义制度已经不再

---

① 金耀基：《全球化、现代性与世界秩序》，载《二十一世纪评论》1999 年 2 月号，第 4 页。

② 长谷川启之：《亚洲经济发展和社会类型》，郑树清等译，文汇出版社 1997 年版，第 15 页。

③ 同上。

④ 同上书，第 70 页。

⑤ 马克斯·韦伯：《新教伦理与资本主义精神》，于晓、陈维纲等译，生活·读书·新知三联书店 1987 年版，第 67 页。

求助于任何宗教力量的支持了。”① 这就是说，当资本主义精神这个胎儿已经成形坠地之后，它便不再需要那一根与新教伦理的母腹联系在一起的脐带了。进而，当西方资本主义制度通过世界市场把自己同非西方世界联系到一起，以理性化的经济行为和政治行为对非西方世界施加压力之时，非西方世界为了对付西方的贪婪攫取，就可能选择学习西方的理性化精神，“以彼之道，还施彼身”，图个自保。不过，非西方世界是一个五花八门的地界，其内部的各种文化具有惊人的多样性和复杂性，使得非西方世界内不同的文化圈对西方压力的反应有相当大的差异。韦伯认为，相对而言，其中儒教文化圈的社会更可能选择，也能更快更好地学习西方的理性化行为，是资本主义精神在这些社会作为“纯粹适应的结果”而浮现。韦伯身后的历史，证实了他的判断。继西方之后，第一个成功的资本主义社会就出现在儒教文化圈。在儒教文化圈，资本主义虽是外来的东西，但它成功地融入了当地社会，赋予当地持续经济增长的资本主义特征。相对于其他种类的非西方文化，儒教伦理对于资本主义精神的选择性亲和力更强些。

上文说过，1997 年东亚和东南亚的金融危机，并没有真正能复活所谓的“韦伯命题”，因为中国的高速经济增长仍然持续着，之后的十多年内，这一现象会变成比“二战”后所有东亚和东南亚经济奇迹加起来还要更加巨大的奇迹。

中国的迅速发展被诸多学者和媒体评价为人类历史的奇迹，这一崛起本身也是中国加入由美国为代表的西方世界所主导的国际体系的过程。但是，这一过程并非简单的主动“被吸纳”的过程，如阿里吉一再强调的，资本积累的世界性过程的中心已经从美国逐渐转移到以中国为代表的东亚地区。② 由于这种“加入”并不是被“融合”，西方人对此就有一种不安全的疑惧心理。

既然中国仗恃在世界体系中的“人口红利”的比较优势和迅猛的经济发展势头，吸引了意在赚取丰厚利润的资本投资，中国政府就获得了强

① 马克斯·韦伯：《新教伦理与资本主义精神》，于晓、陈维纲等译，生活·读书·新知三联书店 1987 年版，第 52 页。

② 乔万尼·阿里吉：《亚当·斯密在北京》，路爱国、黄平、许安结译，社会科学文献出版社 2009 年版；阿瑞基：《漫长的 20 世纪》，姚乃强等译，凤凰出版集团、江苏人民出版社 2011 年版。

大的影响力。有人就会想："（这样的话）在帝国主义，尤其是美帝国主义主导的架构里，中国统治者就会日甚一日地渴求瓜分地盘，寻求自己的地缘战略利益，而这个却建立在剥削工薪劳动者的基础之上。然而，在追求自己利益的同时，中国的资本家统治者就会对主要对美帝国主义有利的国际格局构成挑战。"① 也就是说，中国经济在世界舞台上的崛起，其效应绝不会仅限于中国内部，而是必然要溢出到国际社会的。从前被帝国主义剥削和压迫，后来又被帝国主义所孤立的中国正在蜕变成一个帝国主义国家。这里面的逻辑很清楚，中国要么成为和美国穿一条裤子的帝国主义难兄难弟，狼狈为奸，一起剥削压迫第三世界国家和世界无产阶级，要么在和美帝国主义争夺地盘和权位的过程中，给世界和平带来巨大威胁。

这是典型的西方左派的思维：一个"资本主义国家"在经济体量和质方面都成长到世界级大国的境界时，必然要在世界范围内进行经济扩张：或与世界盟主勾结，一同压迫剥削劳动者；或与世界盟主争霸，给全世界人民的生命财产带来毁灭性的威胁。

而西方右派的想法，相对为人熟知，这里就不引证了。大致意思是中国作为一个政治体制"不正确"（或曰"独裁""威权"）的国家，既然有了这么发达的肌肉，以其"独裁和压迫的本性"，必然要威胁甚至掌掴那些不听话的国家。

西方无论是左派还是右派，尽管立场和观点可能截然不同，但是思考问题的出发点却是很类似的。简言之，西方思维是"外向型"的，所以他们自己一强大起来，就自然而然要对外扩张（当然了，对于一向例外的美国，情形又自不同）。当别人强大起来之后，他们以己推人，以为别人当然也要对外扩张（一向例外的美国人，这时候往往又不例外了）。但这种揣度其实是错位的，因为中国人思维是"内向型"的，自己强大之后并不想管别人的闲事，仍然只想过好自己的日子就行。这种思路上的差异，与基督教和儒教的差异是对应的：基督教讲究传教的使命感，其实就是一种扩张的冲动，主旨在于改造这个世界；而儒教讲究的是内心的修养，反求诸己，历史上也吸收过佛教的观念，而佛教在这方面也是内省型

① Raymond Lotta, "China's Rise in the World Economy", *Economic and Political Weekly*, Vol. 44, No. 8 (Feb. 21 - 27, 2009), p. 29.

的。结果儒教讲究的就是一种使自己安定下来的内驱力，主旨在于适应这个既成的世界。

明白了这一点，就可以帮助理解下列问题了：为何中国没有采纳苏联式“休克疗法”而是可以采用渐进式经济改革，为何中国没有采用拉美曾经拥抱的新自由主义改革“药方”而陷入“拉美陷阱”？为何中国会逐渐成为世界资本流入和资本积累的中心？对此的解释和分析不胜枚举。值得注意的是，如果说中国在21世纪初就被称为“世界工厂”，全球市场的逐渐一体化使中国经济获得了巨大活力，那么，帮助外资与中国劳动力、企业家和政府官员见面的“媒人”，是海外华侨华人资本。如亚当·斯密曾经分析的，中国“国内市场”的大小“不亚于欧洲所有国家加在一起的市场”①，在中国从计划经济向市场经济转型过程中，让中国巨大的“国内市场”迸发市场活力的进程中，最活跃的“鲶鱼”也是海外华侨华人的资本。

从华人经济的历史分析入手，通过对不同历史阶段华侨华人资本和中国内地经济互动关系进行介绍与描述，我们可以发现，在中国道路的形成与发展过程中，华人经济发挥了并且仍在发挥巨大的作用。其作用的发挥以中国数千年文明为基础，以中华文明认同为纽带，也因此构成了中国道路的特点之一。同时，必须注意到的是，华人经济其实本来就是历史上中国式发展道路的逻辑结果，好比殖民帝国就是西欧式发展道路的逻辑结果一样。这一点在下文很快就会有所论述。

三　华人经济在历史上演进的六个阶段

（一）1840年以前

18世纪40年代（这时英国出现了蒸汽机）以前的一千多年时间里，中国在政治、经济、文化等文明领域的各个方面一直处于世界领先地位。18世纪末一直到1840年，事实上中国已经渐渐落后，但从前的良好的自我感觉仍然靠惯性持续了几十年，直到英帝国主义把天朝大国大清国打得现了原形为止。不过在之前的那一千多年里，这种自我感觉基本上算是事

① Adam Smith, *An Inquiry into the Nature and Cause of the Wealth of Nations* (London: Methuen, 1961), Vol. Ⅱ, p. 202.

实。按照西方人的思维，中国是那个时段从未丧失过超级大国地位的巨人，当然要对外扩张，发泄自己强大的体力。另外，按照马尔萨斯的理论（至少在工业革命之前是有相当道理的），人类生产食物的能力随时间以算术级数增长，而人口数量却以几何级数增长，在一定的地域空间之内，食物的增长速度必然赶不上人口增长的速度，于是每隔一定的时间，这个地域空间就会出现人满为患的问题。按照西方的经验，国家政府就会组织这些多余的人去开拓殖民地，寻找新的生存空间，就会同这些殖民地的原住民发生政治、经济和文化上的冲突，乃至发生战争。虽然现代条件不同了，这种扩张的形式会有所不同，但它带来的紧张和不安全感，跟以前的殖民扩张活动所带来的是同一性质的。但事实上，在这段时间，中国历史处于治—乱循环之中。人满为患的时候，政府并没有组织多余的人到海外去另寻生存空间，而是典型的儒教反应：没有去“主动改造这个世界”，而是“被动适应这个世界”，“坐以待毙”，社会矛盾在内部积压，并不向外寻找宣泄口，最终爆炸，导致天下大乱，生灵涂炭，人口急剧减少，于是人满为患的问题就解决了，走向治世，人口又开始增长，展开下一轮循环。

虽然政府并不以国家力量支持多余人口的武装殖民，但往往在尚未天下大乱之前，多余的人口已经在自寻出路。以清朝为例，中国人从四面八方向外移民，走西口、闯关东、下南洋、下缅甸。中国人到了这些地方，几乎无一例外，在手工、商业这些领域表现都明显比当地人突出，往往控制了这些地方的经济命脉。这就是前文所说的，儒教伦理比除新教伦理之外的几乎所有文化伦理，对理性化的经济活动的亲和力都要强。结果就是在海外形成了一个庞大的“华人经济”圈。

华人资本主义精神这一优势具体是怎么发挥出来的呢？以作者所见，至少有两点：第一，华人以家族或同乡会结成人际网络，拥有事业发展起步时所必需、事业发展起来之后又大有助力的超越资本逻辑的“社会资本”。这种亲情、乡情，正是由儒教伦理所维系的。这一点，比起有广泛的社会契约精神的欧美人民，算不得什么了不起的事，但总是一种弥补。而比起移入国的其他人群，如来自北非、中东、印度、东南亚的人群，以至于本地土著，华侨华人的社会资本都要胜过一筹。大致可以说，“海外华人的社会组织和风俗习惯……都是来自中国的农村。长期来看，中国文化的播迁和传承促成了海外华人社会和中国本土的不可分割的联系”[①]。具体来说，是血缘、地缘、族缘关系网络把海外华人和中国联系在一起。

华人文化传统中的特殊主义人际模式除了“血缘”（家族）与“地缘”（乡土）根基之外，还有第三个根基，即宗族抱团理念，比“血缘”和“地缘”更广泛，姑且称之为“族缘”，这个“族缘”中的“族”既可以是姓氏宗族，也可以是以语言风俗为纽带的“族群”（譬如“广东帮”“客家帮”“宁波帮”“潮州帮”“潮州人八邑会馆”“福建帮”和“海南帮”等有浓厚地方性色彩的“商帮”或“会馆”，乃至更大地理范畴的“南洋客属总会”“潮团联谊年会”与“客家恳亲大会”等团体组织及活动），甚至还可以是更大更广范围的同文同种的“华族”（例如“中华总商会”或“华人公会”等）。[②] 伯恩斯把这种基于“三缘”的华人社会网络称为“信任网络”[③]，简明扼要地阐明了华人的“三缘”网络在降低交易成本方面的显著作用。

第二，与很多前现代社会的民族不一样，中国本土有上千年历史的精耕细作的农业，华人在很多世代以前就已培养了理性经营的习惯，因而华人早在前现代社会就已经在生活习惯和劳作习惯上达到了与现代工商业社会的相当高度的契合。而对欧洲人和美国人来说，这种契合比中国人来得要晚些，是通过工业革命才完成的。有人提出“勤劳革命”（Industrious Revolution）的概念，就是一个和“工业革命”（Industrial Revolution）相对应的概念，二者的英文拼写很接近。“勤劳革命”不像工业革命。工业革命是大生产方式，依托科学技术和资本积累谋求发展。在西方世界，工业革命在国内主要是城市化、理性化、工业化，对外则是移民、殖民、扩张和侵略。西方工业化对内对外共同的特点，都是对资源的无限开采、对环境的严重破坏。而在中国，早在西方工业革命之前，就开始了“勤劳革命”。这是在精耕细作的农业和人口压力之下形成的模式，在有限资源的条件下，依靠密集而辛勤的劳作换取边际效益与整体的增长和发展。其

---

① Adam McKeown, “Conceptualizing Chinese Diasporas, 1842 to 1949”, *The Journal of Asian Studies*, Vol. 58, No. 2 (May, 1999), pp. 306 – 337.

② 李敢、曹琳琳：《海外华人对华投资的一个经济社会学解读》，载《思想战线》2012 年第 1 期。

③ Thomas Menkhoff and Chalmer E. LABIG, “Trading Networks of Chinese Entrepreneurs in Singapore”, Journal of Social Issues in Southeast Asia, Vol. 11, No. 1 (April 1996), pp. 128 – 151.

显著特色是没有殖民活动和侵略扩张，不以掠夺和破坏来寻求自身发展。相对于东亚之外的欠发达国家，中国的劳动力及其组织方式在突然面对工业革命的冲击时，在勤劳和纪律方面的准备，要强得多。另外，在世界日益向后工业时代发展的今天，收敛性的“勤劳革命”文化，相对于已经过度扩张的“工业革命”文化，也是其中一种可资利用以纠偏的思想和文化资源。这种思想文化资源既然有着鲜明的中国印记，那么在未来的世界政治经济格局中，“中国式发展道路”不仅仅是中国一家所用的法宝，还能为全世界各国的社会经济理念作出独特的贡献。

华人经济与海外欧洲人的殖民经济最大的不同点，就是在政治方面。海外华人几乎从不谋求在当地建立华人政权，不去征服当地人民。而欧洲人一定要在殖民地建立自己的政权，或者以武力征服当地人民。原因很简单：华人如果要建立政权，要征服，母国既不提供有政治军事经验和一定文化水准的人才来组织他们，也不提供财力物力支持。相反，母国的皇帝把这种建立海外政权的倾向看作危险的兆头，因为海外政权天高皇帝远，说不定就成长为反叛力量，挑战天子的权威。在海洋政策很开放的明朝初年，中国的海军曾经比欧洲所有国家的海军加起来还要强大得多，也不曾去征服什么地方来做殖民地。直到 1893 年以前，中国皇帝仍然执行海禁政策，“不许寸板下海”。也就是说华人向海外移民，本身就是违反中国法律的。当西班牙人在菲律宾、荷兰人在爪哇岛屠杀成千的中国人时，中国皇帝往往是不闻不问。更有甚者，有时那些洋人屠夫害怕中国皇帝来问罪，自行去通报朝廷时，号称“十全武功”的乾隆皇帝竟然说那些被杀的中国人要是被逮回中国，同样也是要杀的。就差感谢洋人出钱出力替他执法了。

1740 年 7 月 25 日，荷属东印度公司决定，凡属可疑的华侨，不管身份如何，都先关在牢房里，再行审查。继而发生了荷兰殖民主义者在印度尼西亚屠杀华侨的红溪事件，后来荷属东印度的杂志中曾有这样的记载：“那时所发生的可怕的事情，实非笔墨所能形容，凡属中华民族的人，不论穷富、老少、有罪无罪，凡是被遇到的人，都遭无情杀害。”① 怀孕的妇女，哺乳的母亲，无邪的儿童，白发苍苍的老人，都被刀剑所杀。

---

① 朱杰勤：《1740 年印度尼西亚华侨反抗荷兰范民者的斗争——红溪事件》，载《历史教学》1962 年第 11 期。

华人不去建立自己的政权，无法保护自己，下场就是这样的悲惨。欧洲人则截然不同，母国哪怕是看到自己的臣民成了海盗，也愿意出钱出人资助，以便利用他们同其他欧洲殖民者对抗，或是征服当地土著之后收取贡赋。

在明朝中期以前，海外华人只是单纯地移居外国，另辟生存空间。而到了明朝中期以后，也就是葡萄牙人和西班牙人完成地理大发现，开通了环绕全球的贸易航线之后，海外华人就充当了西欧国家同中国的贸易中间人的角色。这段时期内华人经济对中国本土经济的影响，远不如鸦片战争之后那么大，但也不是可以忽略的因素。明清时期中国使用的主要货币白银，大部是来自同欧洲国家的贸易，而海外华人在其间扮演着重要角色。

（二）1840—1949 年

这段时间是中国人认为的“百年国耻”时期。1840 年的中英鸦片战争，打破了大清帝国天朝大国的迷梦，开始了中国主权一步步被侵蚀的屈辱历史。但“不许寸板下海”的海禁政策却已经被强迫开辟通商口岸的条约条款打破。虽然在通商口岸之外仍然实行海禁政策，但是华人若要移民海外，就比 1840 年之前容易得多了。到了清朝晚期，海外华人的人口已经有相当大的规模，海外华人社会已经形成，华人经济也得到了很大的发展。海外的华侨华人首先是为侨居国的工业化发展提供了大量的廉价劳动力，其次了解到侨居国工业化的先进成果，有条件的时候就开始学习经营工业。在此过程中，一批华侨华人资本家开始出现。他们近水楼台先得月，比国内商人更早地了解到西方国家工业化的成果，亲身经历了资本主义机器生产的优越性，纷纷投资国内新式工业。之所以大都指向投资国内，很多时候是超越了资本逻辑的，有不少民族主义情绪的因素。

陈启源（此人为继昌隆缫丝厂创办人——作者）不畏旧观念旧势力的开创精神带动和促进了珠江三角洲一带机器缫丝业的发展。1882 年，广州附近的机器缫丝厂就发展到 11 家，至 1910 年前后，“全省缫丝均用机器，多至百数家，妇女之佣是营生者，十数万人”。广州地区遂成为中国民族资本主义近代缫丝业的中心。[①]

---

① 向军：《简论晚清华侨资本家的产业革命精神》，载《历史研究》2006 年第 2 期，第 53 页。

为了对抗外国洋酒对中国市场的侵占，张振勋愤然于1895年“首创张裕酿酒公司于烟台，投资至数百万元之多，为国人大规模仿造洋货之始创者”。[①]

这段“百年国耻”的时期，是华人向海外移民的高峰期，同时移入国的产业水准往往比中国高出一个世代，因此也是华人经济体的规模与中国本土经济体规模之间的比值最大的时期。所以，相对而言，这也是华人经济最有能力帮助中国本土经济的时期。而且，由于海外华侨华人绝大多数是男子，其女眷仍留守国内，于是就有大量的“侨汇”钱款流入中国本土的经济体。

根据估计，“19世纪80年代来自南洋的侨汇年均约合2000多万两银子，至20世纪初来自南洋的侨汇年均约合4000多万两银子”[②]。“19世纪80年代美国侨汇数额年均约合700万至800万两银子；至20世纪初期，美国侨汇数额年均约合1000万至1200万两银子。”[③]

表3—1　　1871—1913年各时期华侨人数及侨汇数额估计

时期	华侨人数	侨汇数额	每年每位华侨的汇款数
1871—1884年	200万人	关平银8，400万两（折合8，484万两银子）年均关平银600万两（折合606万两银子）	关平银3两（折合3.031两银子）
1885—1898年	400万人	关平银2.8亿两（折合2.828亿两银子），年均关平银2，000万两（折合2，020万两银子）	关平银5两（折合5.05两银子）
1899—1913年	700万人	关平银10.5亿两（折合10.605亿两银子），年均关平银7，000万两（折合7，070万两银子）	关平银10两（折合10.1两银子）

资料来源：C. F. Remer, The Foreign Trade of China pp. 220 - 221，转引自王付兵：《清代侨汇之数额估计及社会影响》，载《世界民族》2008年第3期，第52页。

① 向军：《简论晚清华侨资本家的产业革命精神》，载《历史研究》2006年第2期，第53—54页。

② 王付兵：《清代侨汇之数额估计及社会影响》，载《世界民族》2008年第3期，第50页。

③ 同上书，第51页。

侨汇数量很大，根据黄遵宪的估计，差不多同中国流出的白银数量相等。在20世纪初，清朝的年财政收入约1.2亿两白银，而南洋和美国两处的侨汇合计额约为每年5200万两白银，几乎能占到清政府财政收入的一半！因此侨汇起到了平衡清朝财政收支、维护清朝社会经济稳定的重要作用。同时，间接地也起到了支持洋务运动、支持中国工业化的作用。

（三）1949—1979年

这段时期，由于中国本土加入了以苏联为首的社会主义阵营，美国的华人经济和中国本土的经济基本割裂开来，南洋各国的华人经济在1965年之前跟中国本土联系也很少，因为南洋各国的华人经济实际上是资本主义经济，跟大陆本土的社会主义经济是难以相容的，只是出于政治原因的统战，有零星的华人资本进入过大陆，有的侨领还在新中国政府中任职。不过经济活动确实乏善可陈。在一代人的时间里，华人经济和中国本土经济之间的联系处于史无前例的最低点。

（四）1979—1992年

经过三十年的休眠之后，华人经济和中国本土经济之间的血肉联系又恢复了，因为中国执行改革开放的政策，华侨华人的资本又再次涌入中国。

在转向市场经济的时刻，换句话说也就是中国改革开放的起始阶段，非市场经济国家经济特别脆弱。市场导向的经济或商品经济已经消失了至少一代人的时间，成熟的市场自然不存在，从无到有地培养自己的市场非常困难。新兴市场的建立，必须要吸引资本投入。而前社会主义阵营的国家没有任何私人资本，国有资产又毫无市场运营的经验，转轨的起始阶段只能完全依赖外资。基于历史上被国家合营化、国有化的不愉快经验，外资对有过社会主义制度的国家戒惧良深，轻易不敢涉足。像苏联和东欧的国家，只能通过急剧的市场化改革，即“休克疗法”来硬性闯关。闯关成功与否还不确定，但是眼前亏是吃定了。苏联东欧各国在社会主义制度瓦解之后的相当长一段时间，经济非常萎靡，社会非常动荡。而中国却幸运得多，因为它有着人口众多、财力雄厚的海外华人群体。即使中国经济在转轨时期，政治风险被国际市场认为较高，这些华人基于地缘和血缘的感情，还是愿意利用中国提供的当时看起来并不多的市场机会。海外华商以外资的形式出现的“中国人的资本”，就起到了雪中送炭的作用，在中国经济最需要的时刻，在脆弱的中国市场最需要呵护的时刻，华侨华人的资本伸出了援助之手。在转轨的这个起始阶段，华侨华人的投资可说是中国商品经济的生命线。如果中国不是有幸拥有海外华商投资，处境就跟当年的苏联东欧国家差不多了。

中国和苏联东欧国家相比的这个优势，还可以从另一个角度来看。在苏东国家，民族矛盾、宗教冲突和族群矛盾互相加强，最终导致种族骚乱，国家解体。正是国内的少数民族问题持续不断地削弱苏联，苏联终于瓦解。在中国，人口中民族单一性很强，汉族人口占到90%以上，民族矛盾的深度广度都大大低于苏联，民族构成这个维度不但不是分裂国家的祸根，反而是国家经济转型的助力。

改革开放之前，中国香港、新加坡、中国台湾和华侨华人社团的资本主义经济都很发达。那时候中国的对外贸易主要靠香港转口。到20世纪80年代末期，台湾成了中国大陆的第二大贸易伙伴和投资者。20世纪90年代，东南亚的华侨华人在中国也有了很大的投资额和贸易量。香港和台湾的华人因为主要来自广东和福建，对这两个省区的投资贸易尤为着力。

华侨华人在经营大陆生意的时候，动用的是其他国家的投资者和商人并不具备的人脉资源：同学、同事、同乡、亲戚。这种人脉资源也有优先顺序。最早被动用的是家乡的亲戚。往后往往就是经由有经验投资办厂经商的朋友给他介绍投资地点和投资对象。朋友亲戚的人脉优势，也使得华商能迅速在大陆站稳脚跟，获得较为丰厚的回报，这是外资企业无法比拟的。

在这第四个阶段，华人经济很多时候就转化为地方经济，被中国本土的经济体吸收了。

（五）1992—2001 年

1. 中国特色市场经济时代的起航：境外对华投资。

在中国国内政策变化的支持下，境外对华投资额以1992年为界出现上升。1992年1—2月，邓小平在视察南方期间，发表著名的南方谈话“推进改革开放”。[①] 同年10月召开的中国共产党第十四次代表大会明确

① 《邓小平文选》第三卷，人民出版社1993年版，available at：http：//www.qstheory.cn/zl/llzz/dxpwjd3j/200906/t20090630_ 4690.htm。

指出“社会主义市场经济”为中国发展路线。从此，长期围绕着“是搞计划经济还是市场经济”展开的意识形态争论得以终结，中国迈入建设“中国特色市场经济”时代。继中国出现商品消费热之后，以南方谈话为标志，中国迎来“开发浪潮”和“直接对华投资浪潮”。

从 1978 年到 1992 年，中国的改革开放是局部性的，在地域上体现为只有少数省区实行“开放搞活”的经济，也就是在少数省区允许“商品经济”（还不可以称之为“市场经济”）的发展。在体制上仍然以计划经济为主，商品经济只是中国社会主义经济的“有益补充”。这在国内市场表现为计划价格和市场价格的双轨制，在国际视野里表现为商品经济（市场经济的委婉说法）在中国少数地区登陆扎根。

参照中国国家统计局编辑的历年《中国统计年鉴》数据制成的图 3—1，20 世纪 90 年代初，较为低调的海外对华投资（对外签订利用外资合同外资金额、实际利用外资额）以 1992 年为界出现飞跃性增加，就实际利用外资额而言，除 1999—2000 年出现短暂回落之外，至 2001 年再次出现攀高现象。因此，自 1992 年至 2001 年期间的境外对华贸易投资额，尤其是实际利用外资额，基本是处于快速递增趋势，例如 2001 年的实际利用外资额是 1991 年的 90 倍，这些来自境外的直接投资额的增加对于引领中国发展起到牵引作用。实际上，2002 年，也就是中国加入世界贸易组织（WTO）后第二年，由于境外对华投资额高达 527 亿美元，使得中国在接受境外投资排行榜中超过美国居首位。

2. 境外对华投资额攀升形势下华侨华人地位的变化

图 3—1 显示，以 1992 年为界，境外对华直接投资额呈攀升趋势。在此形势下，华侨华人在对华投资中的主导地位有所改变。以表 3—2 的项目“海外华商直接投资占资本形成总额比重”为例，1992—1997 年的累计比重为 7.1%，而 1997—2002 年的累计比重则下降为 5.78%。也就是说，华侨华人的对华投资额并未与境外对华投资总额一同呈上升趋势。但是，参照表 3—2 的其他三个代表海外华商在华产出的项目“海外华商投资企业出口总额”“海外华商直接投资和出口总额合计”以及“海外华商直接投资和出口总额合计 GDP 比重”均呈上升趋势。结合这两个现象，我们可以解释，由于华侨华人在 1965 年至 1991 年

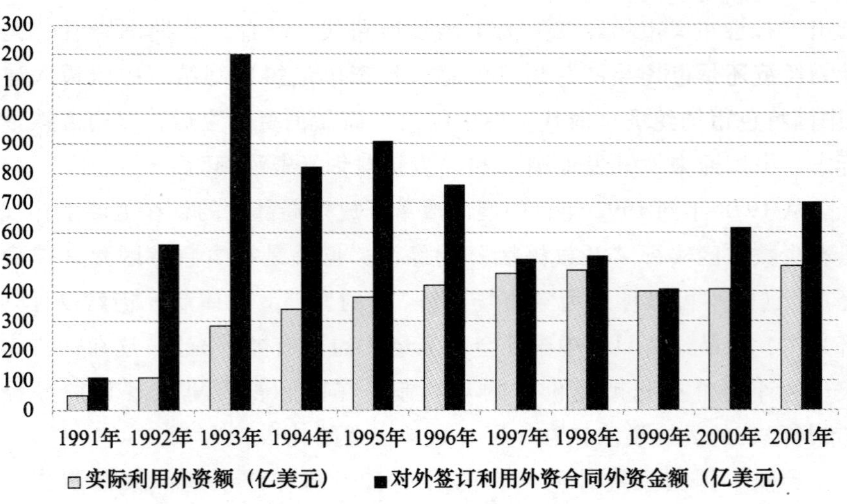

图 3—1 境外对华直接投资金额介绍（1992—2001）

资料来源：http：//www. stats. gov. cn/tjsj/ndsj。

为止的境外对华投资中长期占主要地位，因此，尽管 1992 年以来的华侨华人的对华投资额并未与境外对华投资总额一同呈上升趋势，但是，在中国加工生产从中国出口的产品价值在上升。由此可以看出，由于华侨华人对华投资的时期领先于境外其他投资企业或个人，因此，对华侨华人而言，1992 年以来已经进入投资回报期，而且，如表 3—2 数据显示，投资回报程度呈上升趋势。即便如此，华侨华人的对华投资并没有因境外投资的涌入而消失。

表 3—2 海外华商对中国经济发展的贡献估算

项目	1992—1997 年累计	1998—2003 年累计	2003—2008 年累计
海外华商投资企业出口总额（亿元人民币）	12，392.92	41，364.11	158，642.54
海外华商直接投资和出口总额合计（亿元人民币）	21，667.13	55，251.98	178，584.27

续表

项目	1992—1997 年累计	1998—2003 年累计	2003—2008 年累计
海外华商直接投资和出口总额合计 GDP 比重（%）	6. 49	8. 60	11. 94
海外华商投资企业出口占出口总额比重（%）	20. 46	30. 13	34. 10
海外华商直接投资占资本形成总额比重（%）	7. 11	5. 78	3. 05

资料来源：http：//www. ims. sdu. cn/cms/attachment/120711093338. pdf，p. 72。

在 1992 年之前，中国借助海外华侨华人的资本顺利度过了转轨起始阶段的脆弱时期，并成功地积累了相当数量的社会财富，也拥有了相当规模的投资能力。1992 年之后，“社会主义市场经济”对这些投资能力进行了松绑，中国经济渐渐走向主要靠国内投资的正常境况，海外华侨华人的资本，在中国经济中的作用，相对就变小了。

（六）2001 年至今

华侨华人一直积极投身中国的经济建设，促进中国与居住国的经济交流，将自己积蓄的资本投到中国，为中国的经济发展提供资金支持。而 2001 年中国加入世界贸易组织（WTO）后，中国逐步向其他国家开放资本市场的同时，其他国家的资本市场也向中国开放。由此，中国吸引外资的空间与对外投资的空间都得到了扩展。与此同时，随着中国经济的发展和经济实力的提升，不断积累的资本需要投向海外市场。在中国对美投资的过程中，华侨华人资本成为中国资本与美国市场的桥梁。而中国资本对美投资，不仅有助于提升其增值空间，而且有助于借鉴美国的经营管理经验，并结合中国自身的特点，探索出适合自己的发展道路。而在此双向投资过程中，华侨华人资本无疑发挥着极其重要的作用。

通过多轮谈判，中国于 2001 年加入了 WTO，参与经济全球化的程度随之提高。WTO 要求各国都实行市场开放，实现资金在各国资本市场之间的自由流动。根据此要求以及作出的承诺，中国逐步开放资本市场。而且，近年来中国经济一直保持较高的增长率，经济发展前景广阔，海外投资者对中国经济很有信心，来中国投资的意愿不断提高，对中国的投资总量也在增加。而一直乐于将资本投到中国的华侨华人投资数额仍保持增长态势。据统计，1998 年至 2003 年中国实际利用海外华侨华人直接投资额达到 1，677.74 亿美元（13，887.87 亿元人民币），海外华侨华人直接投资和出口总额合计 55，251.98 亿元人民币，2004 年至 2009 年中国实际利用海外华侨华人直接投资额达到 2，647.03 亿美元（19，941.73 亿元人民币），海外华侨华人直接投资和出口总额合计 178，584.27 亿元人民币。[①] 而且，华侨华人资本在中国投资的比例在上升，从 1997 年的 59.2% 升至 2008 年的 95.1%，初次投资地为中国的比例 1997 年为 9.2%，2008 年为 38.8%。[②] 因此，尽管与改革开放初相比，中国经济建设中的资金短缺问题已没那么突出，但由于经济增长态势迅猛，资金的需求量仍很高。华侨华人资本的投入有助于解决该问题，为中国的经济建设注入了不可或缺的生机与活力。

值得注意的是，近年来海外华侨华人直接投资占资本形成总额比重的变化呈现出下降的态势，从 1992 年至 1997 年的 7.11%，1998 年至 2003 年的 5.87%，降到 2004 年至 2009 年的 3.05%。这种趋势在 2001 年中国加入世贸组织之后更为明显，毕竟随着中国经济的不断发展，国内资本的规模逐渐增加。与此同时，由于中国逐步开放了资金市场，大量的欧美日资本大举进入中国市场。但这并不意味着华侨华人资本在中国经济发展过程中发挥的作用减弱。

首先，华侨华人投资所产生的经济效益仍在提高，尤其在出口方面。据统计，1998 年至 2003 年海外华侨华人直接投资和出口总额合计 GDP 比重达到 8.6%，2004 年至 2009 年则达到 11.94%。1998 年至 2003 年海外华侨华人投资企业出口占出口总额的比重为 30.13%，2004 年至 2009 年上升为 34.1%。[③] 这说明对于开拓海外市场、提高中国参与国际贸易、分享全球化的成果的广度与深度来说，华侨华人资本的重要性和贡献率并未减弱。其次，投资办实业带来了巨大的就业需求，创造了众多的就业岗位，缓解了劳动力过剩的压力。就业无疑对于扩大中国的内需，保持较高

---

① Available at：http：//www.ims.sdu.edu.cn/cms/attachment/120711093338.pdf.

② 康荣平：《海外华人跨国公司成长新阶段》，经济管理出版社 2009 年版。

③ Available at：http：//www.ims.sdu.edu.cn/cms/attachment/120711093338.pdf.

的经济增长率具有重要意义。再次，华侨华人资本有助于促进中国产业优化升级，实现经济结构转型。恰如中国社会科学院世界华商研究中心主任康荣平所言，"从全球战略的角度看，中国今后可信赖利用（互利）的国际资源，居首位的就是散居各国的华人——企业家、科学家、工程师等及其掌握的资金、信息和关系，可以简称为华人网络。这一资源是中国今后的发展最应充分利用（互利），并进一步建设、巩固和扩大的。这是一个关系到中国长远战略发展的重大事项"①。华商企业与中国国内特殊的关联性使得国内企业有机会分享华商企业所具有的国际化管理经验，解决目前面临的发展瓶颈，实现产业优化升级。

尽管中国早在 1992 年就决定要建设"社会主义市场经济"，但直到 2001 年中国加入世界贸易组织之前，国际社会基本上仍然认为中国是一个非市场经济国家，外资，尤其是最重要的美国资本，对进入中国的态度还是相当谨慎。而国外的资本市场，虽说对中国并不是全然封闭，但也有许多制度上的障碍。2001 年"入世"之后，局面就完全不同了。这时候海外华侨华人的资本，在中国国内的经济中起到的作用，相对已经相当微小了。因为国内的资本已经非常庞大，而规模更加巨大的欧美资本也大举进入中国市场。但这时候的华侨华人资本，却开始起到一项从前不曾具有的作用：成为中国资本进入世界市场的载体。这些"华侨华人"，相当多的人已经不是当年世居海外的华侨华人，而是随着中国资本进军世界市场而新近走出大陆移居国外的"新新移民"（相对于 1965 年之前的"老移民"和 1965—2001 年的"新移民"而言）。

近年来中国的对外投资持续增加，表现出强劲的势头。2010 年中国对外直接投资额为 688.11 亿美元，同比增长 21.7%。并且，根据联合国贸发会议《2011 年世界投资报告》，2010 年中国对外直接投资占全球当年流量的 5.2%，位居全球第五，首次超过日本（562.2 亿美元）、英国（110.2 亿美元）等传统对外投资大国。在这一过程中，华侨华人发挥着重要的推动作用，如中国依靠美国华裔成功进入美国市场。

按 2009 年世界华商报告估计，海外华人资本总资产达到 3.9 万亿美元，而 2010 年以市场汇率计 GDP，美国为 14.7 万亿美元，日本为 5.2 万亿美元，德国为 3.33 万亿美元。

---

① 康荣平：《海外华人跨国公司与中国经济发展》，载《侨务工作研究》2009 年第 3 期。

四　小结

今天，中国经济的复兴，并未走西欧的老路，即没有通过发展殖民地或者通过主导国际规则制定维护自身垄断利益等方式。本书对各历史阶段华侨华人资本在中国国家发展过程中所发挥的作用进行了系统的梳理，发现“网络状”中国生产方式不仅被华侨华人带到其他国家和地区进行了发展并且积累了大量资本与财富，也被华侨华人带回中国内地建立了大量以出口为导向的劳动密集型企业，进而促进中国逐渐突破了王国斌等定义的“内卷式”发展模式①，积极融合到全球市场经济之中。并且，这种融合，如杉原薰（Kaoru Sugihara）所强调的，不是与资本密集、能源消耗型的西方道路的趋同，而是将这条道路与东亚劳动密集、能源节约型道路相融合了。② 现将华侨华人资本对中国国家发展所发挥的积极作用总结如下：

第一，华侨华人资本在改革开放初期搭建中国对外开放桥梁，基于中华文化认同而具有的稳固情感纽带，使其成为中国外向型经济最稳固的组成部分之一。

1978 年中国政府开始改革开放，对内经济改革和对外开放是当时改革的两个方面。为了通过对外开放促进对内改革，基于数百年来海外华侨华人与祖国的血肉联系和合作基础，中国政府积极寻求海外华人的支持，以促进对外贸易和投资。中国最早建立的经济特区有四个，分别是深圳、珠海、汕头、厦门，设立的重要依据就是它们与华侨的紧密联系，四个经济特区都在侨乡，对广大华侨回乡发展经济具有较强的吸引力。并且，通过加强海外华侨华人与中国政府的合作，对于 20 世纪末成功地以“一国两制”的模式来收回香港、澳门主权等发挥了积极作用。

在改革开放之初，第一波外资潮基本上是侨商，1980 年，中国国内

① Philip C. C. Huang, “Development or Involution in Eighteenth-Century Britain and China? A Review of Kenneth Pomeranz's The Great Divergence: China, Europe, and the Making of the Modern World Economy”, *The Journal of Asian Studies*, No. 61, pp. 514, 534.

② Kaoru Sugihara, “The East Asian Path of Economic Development: A Long-Term Perspective”, in G. Arrighi, T. Hamashita, and M. Seldon, eds, *The Resurgence of East Asia: 500, 150 and 50 Year Perspectives* (London and New York, Routledge, 2003), p. 116.

第一家中外合资企业——中山温泉宾馆落户中山。海外侨胞企业的投资包括香港、澳门和台湾同胞的投资占到当时利用外资的70%。自20世纪80年代开始，华人企业迅速从香港迁往广东，从速度到规模都是历史上罕见的。1988年中国政府给予台湾居民以香港居民同等的在内地投资的特权，以此争取海外资本的信心和支持。

并且，海外华人成为中国政府与外国资本的“媒人”。在中国加入WTO之前，美国、欧洲和日本公司在华投资进展缓慢，由于文化和制度的异质性，在自由劳动力关系、商品流通和外汇管理等多个方面存在限制规定。与此相反，海外华人对家乡的风俗、习惯和语言等不存在障碍，并且通过向地方建设与发展慷慨解囊，加强了与地方政府的合作乃至利益共同关系，并加强了与当地民众的血缘关系和社会关系，因此得到了各种优惠待遇，得以绕开大多数限制性规定。

经历了1978—1989年期间的迅速发展，中国政府与华侨华人在华投资的企业之间建立起了广泛而深厚的合作关系。因此，1989年之后，尽管中国政府和西方政府、西方资本的合作密切度急剧下降，中国华侨华人投资并未减少。1990年，中国的香港地区和台湾地区的投资总额已达120亿美元，相当于所有在中国内地外资总额的75%，引发了对华投资热。尽管20世纪90年代和21世纪初，外国直接投资大量涌入，但是，在中国内地建立企业的外国资本中，海外华人仍占半数以上。[①]

华侨华人资本促进中国经济在20世纪80年代迅速腾飞，因此，20世纪80年代中国自身经济活力迸发。在经济持续发展态势之下，美国、日本和欧洲的资本以空前的规模大量涌入中国。20世纪80年代，外国对华直接投资总额仅为200亿美元左右，到2000年，该年投资额已经迅速增长到2000亿美元，2003年这个数字达到4500亿美元。对此，普雷斯托维兹评论认为，“如果外国人在中国投资的话，这只是因为华人投资得更多”[②]。

第二，华侨华人资本基于对两种文明的认知和交融，将劳动密集与资本密集相结合，将“福特式”大批量生产和“灵活的专业化”生产方式

① Ted C. Fishman, *China, INC: How the Rise of the Next Superpower Challenges America and the World* (New York: Scribner, 2005), p. 27.

② Clyde Prestowitz, *Three Billion New Capitalists: The Great Shift of Wealth and Power to the East* (New York: Basic Books, 2005), p. 61.

相结合，探索中国式经济发展模式。

"福特式"大批量生产是建立在专门化机器体系的基础之上，并且在纵向合并、实行官僚管理的大公司的组织领域之内进行。而"灵活的专业化"建立在小批量手工生产的基础之上，由市场化交换过程进行协调的中小企业来完成。

华侨华人在广东、福建等地最早设立的企业绝大多数是劳动密集型企业，最初以吸纳当地家族成员完全就业为主，对改善当地民众的生活条件作出了巨大贡献。因此，20世纪80年代的侨资企业的整体特点仍是"动员人力资源胜过动员非人力资源"。正是因为这些侨资企业最早依靠亲情、血缘关系等而建立起来，这些企业的管理、运作和劳动过程等都发挥了中国的传统优势——劳工的自我管理技能。这些早期劳动密集型侨资企业中的相当多数规模较小，具有"灵活的专业化"特点。

早期华侨华人资本的流入，可以解读为资本的生产和积累过程在空间上进行调整的一种尝试。正因为这种尝试性，使得投资过程本身易于呈现两种文明交融的特点，也因此更有利于手工生产和私人以及家庭企业网络的兴起。一方面体现了资本的"灵活性"①，另一方面也体现了华侨华人资本所具有的"兼容性"能力。

随着在华投资不断获得成功，侨资企业的规模也相应扩大，逐渐从内地吸纳流动劳动力，这些企业的生产和管理模式也越来越向"福特式"大批量生产方式调整。原来在侨资企业担任工人的当地工人，特别是有血缘关系的工人，逐渐成长为管理人员，成为企业官僚阶层的一员。但是，这种转型并非从A转到B的简单转化，大多数企业仍然保留了侧重资源节约和劳动力吸纳的东亚经济发展特点，也就是将福特式和"灵活的专业化"相结合，创造出新的企业发展模式。

杉原薰强调，1800年之前，中国施行劳动力吸纳体制和劳动密集技术。他的核心论点是，东亚勤劳革命的手段和后果铺设了一条独特的技术和制度道路，在东亚迎接西方工业革命的挑战和机会之时发挥了极其重要的作用。②

---

① FernandBraudel, *Civilization and Capitalism, 15th - 18th Century: The Wheels of Commerce* (Califoenia: University of California Press, 1982), p. 433.

② Kaoru Sugihara, "The East Asian Path of Economic Development: A Long-Term Perspective", pp. 82, 94, 117.

时至今天，中国现有大多数侨资企业仍然采用通过动员人力资源胜过非人力资源的方式以寻求改善经济的做法，即使中国努力把西方技术、资金、管理等吸收到它自身经济之中，仍然继续表现为东亚发展道路的特点。中国得以保留东亚发展道路特点，华侨华人资本发挥了作用。杉原薰将这种道路称为“劳动力密集型工业化”，因为“它比西方道路更充分地吸收并运用劳动力，更少地依赖用机器和资本取代劳动力”。

第三，充分发挥华侨华人资本的灵活性与流动性的特点，不仅帮助吸引更多外来资本进入中国市场，也成为中国自身积累资本“走出去”的主要载体之一。

随着中国经济的发展，中国经济实力已经提升到了需要走出去的水平，无论是官方资本还是民间资本（包括侨资）都有了迅速积累。事实上，随着中国市场竞争的加剧，各种资本力量，无论是直接外资、侨资还是本国资本等，无论是共有的还是私有的资本，都面临由于资本持续的过度积累以及对压低利润率而形成的压力。基于这种“中国式丛林资本主义”的特殊性，中国国内经济在进行结构调整和尽可能多创造就业等方面，上述资本力量特别是国内资本需要进行空间性的调整，因此鼓励和促进民间资本走向世界也成为这种经济结构调整的有机组成部分。

华侨华人资本由于在其所在国已经扎根，基于血缘关系和文化认同等因素，对于中国国内民间资本而言，是最好的合作对象。甚至有部分人直接通过各种方式去非洲、拉美和欧洲等地的不同国家，以华侨华人的身份在这些国家进行投资等。因此，在中国政府建立主权基金的同时，来自沿海富裕地区的民间资本也通过和华侨华人资本相结合，走向其他国家。

华侨华人资本在对华投资和吸纳中国民间资本向外投资两个方面发挥了积极作用。如何突破过度依赖西方资源能源消费型的发展道路，侨资企业做了很多有益尝试。如何推动中国工业的现代化发展，侨资企业也作出了巨大贡献。同时，中国国民经济受到其语言、风俗、机构和网络等的非正式保护，而侨资企业在不同程度上成为这种保护的受益者，成为中国改革开放的受惠者。但是，作为一个国家整体而言，中国迅速增长的经济尚未开辟出一条生态可持续发展道路。这不仅需要侨资企业继续发挥其“兼容性”和自由度的特点，更需要中国企业等坚持将劳动密集型和资本密集型产业相结合，走出中国自己的发展道路。

第四章

留美科技人才资源对中国经济社会发展的影响

留学生是重要的人才资源，也是目前国际上各国争夺的热门人才，美国是我们改革开放以后留学生的主要目的地，大批学子赴美学习，其中很多人多年后成为各行业的领军人士。如何积极引进海外留学人员，使之成为中国经济社会发展的骨干力量，是我们面临的重要问题。本文主要围绕留美科技人才状况的分析，试图解决这样几个问题：影响留美学生滞留和回流的因素是什么？留美科技人才与中国的互动关系如何？以“千人计划”为例，探讨当下中国人才引进政策是如何吸引海外人才的，进而分析海归对中国产生的影响是什么。

一 问题的提出

有关改革开放后留美学生的问题，比较早涉及的是贾浩，他本身就是留美学生，在《对当前我国留学人员状况的分析和几点建议》一文中分析了当代留学生的特点，如人数多、专业广、学术基础好等，提出美国应为留学工作重点。他认为，留美学者是海外中国留学生的大头。自改革开放以来，单留美学者就占了我国全部留学人员的一半以上，在目前仍处海外的中国留学人员中更占了近 70%。但到目前为止，留美学者的回国率却只有 15.4%，不及同时期我海外留学人员回国率的一半（34%），更远低于我国在其他发达国家留学人员的回国率。而且回国工作者主要是年龄偏大的进修和访问学者，中青年取得学位后回国者较少。而后者中的许多人由于所受训练和年龄优势，往往处于科研与学术领域的前沿。[①] 程希在《当代留学生研究》一书中对留学生的历史、现状等作了回顾，对留学生滞留海外和归国情况作了分析。在其和苗丹国合著的论文《1949—2009：中国留学政策的发展、现状与趋势》一文中认为，新中国成立60年来的出国留学活动经历了"文革"前、"文革"期间和改革开放以来三个历史发展阶段，留学政策则经历了七次具有明显阶段性特征的战略性决策和调整，在为中国现代化建设培养人才和开展中外国际教育交流方面取得了令人瞩目的成效。1978年至2008年年底中国大陆大约有140万人出国留学。作为最大的发展中国家，中国留学人才安全的现状及其面临的威胁也令人担忧：中国高端人才的数量和质量仍然严重不足，严重制约着当前乃至未来社会经济的可持续协调发展；且由各国高科技后备人才紧缺的危机引发并波及全球的人才争夺战愈演愈烈；中国留学人才特别是高端留学人才始终是西方发达国家猎取的重要对象；在经济全球化背景下，人才过度流失，必然危及中国人力资源安全，从而危及国家和民族的经济与社会安全。[②] 具有海外留学背景的两位学者刘宏和曹聪，前者从宏观的角度，以海外华人在冷战时期中国对外关系中地位的变化及其在近20年来中国崛起过程中的作用为个案，对以上问题进行梳理和分析。他认为，国际移民领域的"离散者的选择"（Diaspora Option）——居住在海外的侨民可以为祖（籍）国带来知识上和技术上的贡献，进而参与祖（籍）国的社会和政治过程，从而促进这些国家的发展与进步——在中国的政治和外交上所发挥的作用则有限。作为中国对外关系中的一个相对重要的但又是被动的因素，海外华人在中国的外交政策制定和实施过程中作用并不显著。我们需要从历史性（historicity），国家、机构性以及社会性等方面来解释这一现象以及同其他移民群体的差异。[③] 后者在《中国的"人才流失"、"人才回归"和"人才循环"》一文中，从全球化和国际人力资源流动的角度来考查中国的"人才流失"现象，讨论为什么有那么多的中国留学生，尤其是高层次学者在学习和研究结束后选择滞留海外，为什么中国政

① 贾浩：《对当前我国留学人员状况的分析和几点建议》，载《社会科学》1997年第6期。

② 苗丹国、程希：《1949—2009：中国留学政策的发展、现状与趋势》，载《徐州师范大学学报》（哲学社会科学版）2010年第2期。

③ 刘宏：《海外华人与崛起的中国：历史性、国家与国际关系》，载《开放时代》2010年第8期。

府扭转“人才流失”的努力不那么奏效。该文还讨论了“人才回归”和“人才循环”对中国高层次人力资源发展的重要性。[①] 在人才研究方面，需要提及的是中国与全球化研究中心主任王辉耀，他在人才战略、中国海归群体等方面有着广泛研究，出版和发表了《人才战争》《中国留学人才发展报告》《当代海归》等大量的著作和论文。主要是通过这些成果，他说明“海归派”开始在中国政治经济舞台崛起，正逐渐影响中国未来的政经形势，成为政治体制改革和政府职能转变的推手。中国要在全球化的竞争中提升外交地位，提升国际形象，提升软实力，必须充分利用和发挥中国海归力量。

对相关英文文献的梳理，可以看出，比较早涉及该问题的是，蓝普顿（David Lampton）和奥林斯（Leo A. Orleans），蓝普顿在《恢复了的关系：美中教育交流中的趋势，1978—1984》（*A Relationship Restored*：*Trends in U. S. -China Educational Exchanges*，*1978 - 1984*）[②] 一书中，对恢复邦交后中美文化交流发展情况作了研究。后者受美中学术交流委员会委托于1988年出版《中国在美留学生》（*Chinese Students in America*：*Policies*，*Issues*，*and Numbers*）一书，作为前书的后续，着重阐述中国留学生政策和留美学生滞留问题，作者收集了大量数据，从不同角度观察分析了留美学生问题，认为随着留美人数增长，不回国和推迟回国的人数迅速上升，中国面临人才流失问题。同时作者也看到，留学生回国与否受各种因素影响，除了美国法律上的制约，中国国内经济改善，以及语言上的障碍与生活习惯都是促进留学生回国的因素。[③] 美籍华人学者李成2005年编辑了《联结太平洋两岸的桥梁：美中教育交流，1978—2003》（*Bridging Minds across the Pacific*）。该书共收录了10篇文章，其中2篇是李成写的，即引言《门户开放和思想开放》和《回国从教：中国高等教育中的海归派的地位和流动情况》。[④] 同年他又发表了《中国领导中的海

① 曹聪：《中国的“人才流失”、“人才回归”和“人才循环”》，载《科学文化评论》2009年第1期。

② David Lampton, *A Relationship Restored*: *Trends in U. S. -China Educational Exchanges*, *1978 - 1984* (Washington D. C. : National Academies Press, 1986).

③ Leo A. Orleans, *Chinese students in America*: *Policies*, *Issues*, *and Numbers* (Washington D. C. : National Academy Pr. 1988).

④ Cheng Li, *Bridging Minds Across the Pacific* (Lanham, Md. : Lexington Books, 2005).

归派的地位和特点》[①]（*The Status and Characteristics of Foreign-Educated Returnees in the Chinese Leadership*）一文，认为，海归派在中国高层领导中的比例仍然非常小，他们通常服务于教育、科学和技术、财政、经贸等功能性领域。在研究中国海外留学生的领域，需要提及的是香港科技大学的崔大伟教授（David Zweig），他在1993年时曾对留学美国的中国留学生、学者以及其他旅居者作了一项细致的调查，通过跟300名被访者面对面一个多小时的采访，崔大伟教授得出的统计结果是，只有不到10%的人准备马上回国，20%左右的人说他们肯定会回国（但不确定时间）；另外却有高达近20%的人肯定不回国。[②] 经过多年的追踪研究，他2006年发表一项研究就乐观得多了，认为由于中国从中央到地方各级政府的努力，包括政策和资金面上，使得很多海外科学家和企业家回国，出现了回国潮。[③] 2011年他在有关或针对海归创业的研究中，得出的结论是由于海外留学工作的经历，使得他们在经济全球化下如鱼得水，对中国经济发展起了很重要的作用，对中国企业走出去战略作出了贡献。[④]

综上所述，已有的成果基本涉及的内容一是中国留学政策的演变，二是中国的人才流失问题，三是中国政府的引才努力。本书在前人研究基础上，着重在以下几方面进行探讨：首先，美国是我们改革开放以后留学生的首选之地，也是大量留学生滞留地，何种原因使得中国留学生滞留美国，又是何原因使得近年来旅美科技人士回归？其次，以“千人计划”为例，分析中国近年来的人才引进计划对海归的作用。最后，分析旅美科技人士对中国科技发展的作用是什么？

---

① Cheng Li, “The Status and Characteristics of Foreign-Educated Returnees in the Chinese Leadership,” *China Leadership Monitor*, No. 16, October 30, 2005, available at: http://www.hoover.org/publications/china-leadership-monitor/article/6638.

② David Zweig, *China's Brain Drain to United States: Views of Overseas Chinese Students and Scholars in the 1990s* (Berkeley: Institute of East Asian Studies, 1995).

③ David Zweig, “Learning to compete: China's Efforts to Encourage a ‘Reverse Brain Drain’”, *International Labour Review*, Vol. 145, No. 1 (2006).

④ Huiyao Wang, David Zweig and Xiaohua Lin, “Returnee Entrepreneurs: Impact on China's Globalization Process”, *Journal of Contemporary China* (2011), 20 (70), June, pp. 413 – 431.

二 留美学生的规模、专业和走势

根据最新的中国官方数据，2012年年底，我国累计出国留学人数达到264万人，留学回国人员为109万人，目前每年的留学生规模为40万人。[①] 这其中有多少人是去美国留学的？由于没有官方的准确数据，众说纷纭。王辉耀在《中国留学发展报告》（2012年）总报告中提及，“1978—2001年，我国赴国外留学的46万人中，赴美国的约有20万人”。[②] 程希在《华侨华人高层次人才与中国和平发展》一文中，引用2009年中国驻美国大使馆公使谢峰的话，认为自改革开放以来，中国在美国留学人员累计达40万人。[③] 曹聪在《中国的“人才流失”、“人才回归”和“人才循环”》一文中，引用美国“国际教育协会”（Institute of International Education）数据，认为从1990学年到2006学年，中国留学生达88万人。[④]

一般认为留美学生占到中国海外留学生的一半数额[⑤]，按照目前总数为264万人的话，留美学生应该有130万人左右。美国“国际教育协会”数据是通过向各接收国际学生的学校调查而来，数据可信性较高，具体数据见表4—1：

表4—1 中国在美国的留学生人数（1990学年至2013学年）

学年	中国学生人数
1990/1991	39，600
1991/1992	42，910
1992/1993	45，130
1993/1994	44，380
1994/1995	39，403

① 曹聪：《中国的“人才流失”、“人才回归”和“人才循环”》，载《科学文化评论》2009年第1期。

② 王辉耀主编：《中国留学发展报告》（2012年），社会科学文献出版社2012年版，第10页。

③ 丘进主编：《华侨华人蓝皮书》，社会科学文献出版社2011年版，第354页。

④ 曹聪：《中国的“人才流失”、“人才回归”和“人才循环”》。

⑤ 中国科协2008年5月发布的《科技人力资源发展研究报告》披露，1985年以来中国留学生中的50%选择了赴美学习。

续表

学年	中国学生人数
1995/1996	39，613
1996/1997	42，503
1997/1998	46，958
1998/1999	51，001
1999/2000	51，001
2000/2001	59，939
2001/2002	63，211
2002/2003	64，757
2003/2004	61，765
2004/2005	62，523
2005/2006	62，582
2006/2007	67，723
2007/2008	81，127
2008/2009	98，235
2009/2010	127，628
2010/2011	157，558
2011/2012	194，029
2012/2013	235，597
共计	1，782，638

资料来源：根据 Institute of International Education 各年数据整理，availiable at：http：//www. iie. org/opendoors。

上述数据是从 1990 学年开始，到 2013 年人数就超过 178 万人，如再加上 1980—1990 学年，数字就更大了，和我们国内官方数据相去甚远，当然这里应该看到，国际教育协会的数据对留学生统计可能存在重复计算的可能，如一位学生前后念了几个学位。参照中美两组数据，大致推测留学生数量超过一百万人。

此外，从中国学生获得美国学生签证（F1）的数量和变化，可以看出中国留学生在美国人数变化，图 4—1 可以看出这个趋势，F2 签证是 F1 签证持有者的配偶或孩子。

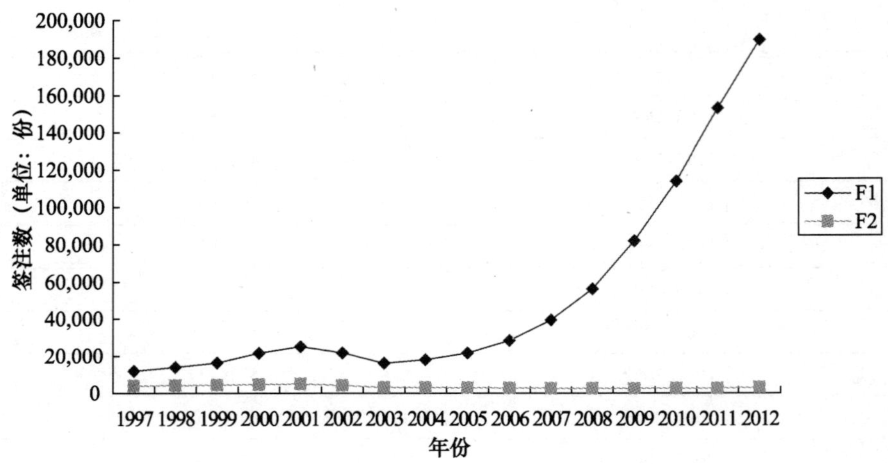

图 4—1 1997—2012 年中国留学生签证数量

资料来源：http：//travel. state. gov/content/dam/visas/Statistics/Non-Immigrant-Statistics/NIVDetailTables/FYs97－12_ NIVDetailTable. xls。

1997 年时 F1 签证是 11，909 份，2012 年已经是 189，402 份，发生变化是在 2007 年以后，增长迅速。F2 签证在 1997 年 4，090 份，2012 年是 3，120 份，不增反降，主要是留学生年龄在下降，未婚居多了。

留美学生的专业，前期和近期有些变化，前期以理工科为主，讲究实用，近期则开始强调兴趣和质量，留学已经不是简单为出去见见世面，“镀金”，留学专业选择发生了变化。以中国留学生在美国获得博士学位为例，可以看出中国留学生的专业领域：

表 4—2 亚洲国家\地区获得博士学位情况：1989—2009 年

领域	亚洲	中国	印度	韩国	中国台湾
所有领域	183，457	61，888	27，981	28，079	22，095
科学和工程学	157，306	57，705	24，809	21，846	17，848
工程学	58，557	18，802	10，962	8，490	7，856
科学	98，749	38，903	13，847	13，356	9，992
农业科学	5，905	1，726	632	838	678
生物学	26，526	13，107	3，998	2，613	2，730
计算机科学	8，462	2，831	2，147	937	916

续表

领域	亚洲	中国	印度	韩国	中国台湾
地球/大气科学	3，132	1，627	273	371	301
数学	7，534	3，677	709	977	677
医学/生命科学	5，267	1，174	1，071	591	893
物理学	22，581	11，220	2，851	2，627	1，867
心理学	2，423	422	300	413	320
社会科学	16，919	3，119	1，866	3，989	1，610
非科学—工程学	26，151	4，183	3，172	6，233	4，247

资料来源：National Science Foundation，National Center for Science and Engineering Statistics，Special tabulations（2010）of Survey of Earned Doctorates.，*Science and Engineering Indicators 2012.* at http：//www. nsf. gov/statistics/seind12/pdf/seind12. pdf。

在近20年间，中国留学生在美国共获得了61，888个博士学位，其中93%是在科学和工程领域（57，705名），只有4，183名不在此依据2003年数据，中国占了外籍学生获得科学工程学博士学位的22%，所有科学工程学学位的11%，详见图4—2、图4—3。

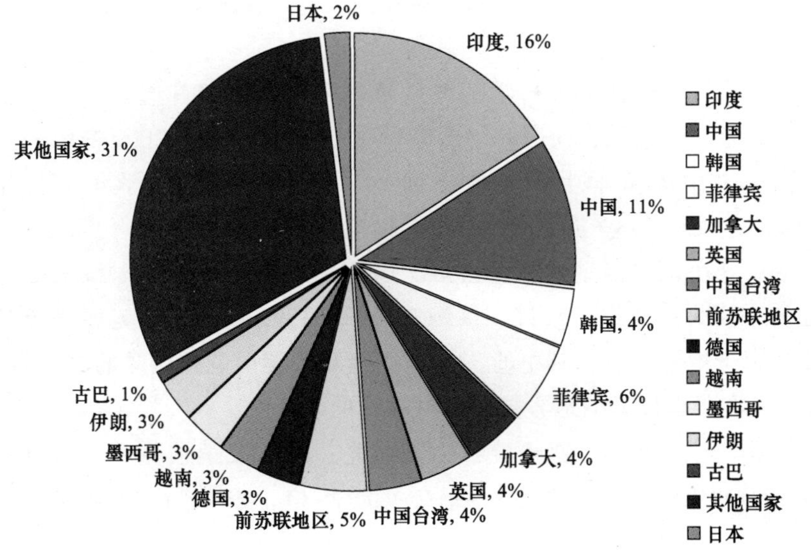

图4—2　2003年外籍人士获得美国科学工程学学位的比例

资料来源：National Science Foundation，National Center for Science and Engineering Statistics，Special tabulations（2010）of Survey of Earned Doctorates，Science and Engineering Indicators 2012。

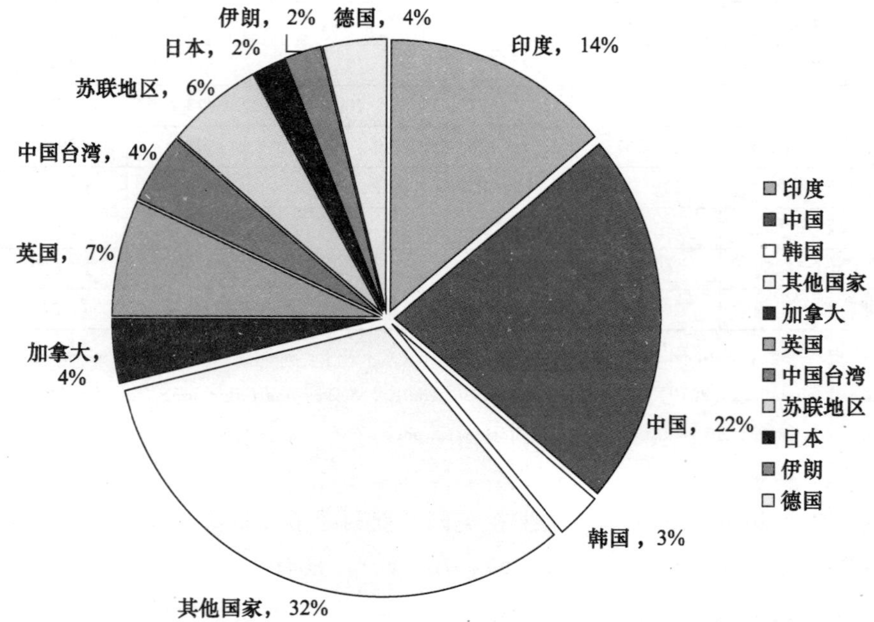

图4—3　2003年外籍人士获得美国科学工程学博士学位的比例

资料来源：National Science Foundation，National Center for Science and Engineering Statistics，Special tabulations（2010）of Survey of Earned Doctorates，Science and Engineering Indicators 2012。

目前而言，尽管工程科学依旧还是中国留学生的首选，但在发生变化，工商管理、艺术、社会科学等学科人数在上升，如2009/2010学年，工商管理占中国留学生总人数比例24.3%，2011/2012学年，上升为28.7%，艺术从2.8%到3.8%，社会科学从6.7%到10.4%。[①]

2003年美国自然科学基金会对美国博士学位获得者的本科学校进行了调查，2005年又作了修订。该调查显示，1999—2003年美国共授予了203，929个博士学位，其中的73%获得者是在美国院校接受的本科教育，27%的是在美国以外的地方接受本科教育的。

美国本土“出产”博士院校前五位是：加州大学伯克利分校（2175名），密歇根大学（1，537名），康奈尔大学（1，499名），伊利诺伊大学

① Institute of International Education，“Fields of Study of Students from Selected Places of Origin，2012/13”，*Open Doors Report on International Educational Exchange*. Available at：http：//www. iie. org/opendoors.

厄巴纳—尚培恩校区（1，420 名），得州大学奥斯汀分校（1，320 名）。外国和地区“出产”美国博士院校前十位是：汉城国立大学（1，657 名），北京大学（1，332 名），清华大学（1，234 名），“国立”台湾大学（1，190 名），中国科技大学（988 名），延世大学（721 名），复旦大学（626 名），朱拉茂功大学（460 名），南京大学（437 名），此外浙江大学居 14 位，武汉大学 15 位，北京医科大学 16 位，上海交通大学 17 位。中国前十大院校共计是 6383 人，外国学校共计 50，908 人，中国的比例是 12.54%。如果将这两个排名混排的话，第一是加州大学伯克利分校（2175 名）、第二位汉城国立大学（1657 名）、第三位是密歇根大学（1537 名），第四康奈尔大学（1499 名），第五名是伊利诺伊大学厄巴纳—尚培恩校区（1420 名），第六是北京大学（1332 名），第七是得州大学奥斯汀分校（1320 名），第八是清华大学（1234 名）。在“出产”院校前十名中中国占了两个。如从单项看，物理学，北京大学（558 名）、中国科技大学（461 人名）占第一、第二位，远超位于第三的本土院校麻省理工学院（347 名），工程学方面，清华大学（863 明）占第一位，第二位麻省理工学院（344 名）。[①]

2008 年美国自然科学基金会再次进行调查的时候，清华大学成为“出产”美国科学和工程学博士最多的院校，北京大学居第二，超过了美国本土的康奈尔大学和加州大学伯克利分校（居第四和第五）（见表 4—3）。

表 4—3　　2008 年美国科学工程学博士获得者的本科毕业院校排名

本科毕业院校	国家/地区	排名	所有科学工程学	生命科学	物理学	工程学
清华大学	中国	1	542	17	104	421
北京大学	中国	2	435	139	221	75
国立首尔大学	韩国	3	239	56	76	107
康奈尔大学	美国	4	210	108	58	44
加州大学伯克利分校	美国	5	207	92	59	56
“国立”台湾大学	中国台湾	6	207	92	59	56
麻省理工	美国	7	171	44	64	63
中国科技大学	中国	8	157	20	87	50

① National Science Foundation, “Doctorate Recipients from United States Universities: Summary Report 2003”, Revised March 8, 2005, available at: http://www.nsf.gov/statistics/doctorates/pdf/sed2003.pdf.

续表

本科毕业院校	国家/地区	排名	所有科学工程学	生命科学	物理学	工程学
伊州大学尚培恩分校	美国	9	163	70	27	56
复旦大学	中国	10	140	49	65	26
南京大学	中国	11	138	8	27	98
孟买大学	印度	12	136	55	23	58
宾州大学	美国	13	136	70	23	43
密歇根大学	美国	14	134	52	34	48
上海交通大学	中国	15	133	8	27	98
佛罗里达大学	美国	16	132	71	23	38
南开大学	中国	17	128	43	65	20
威斯康星大学麦迪逊分校	美国	18	125	74	27	4
得州大学奥斯汀分校	美国	19	122	58	30	34
加州大学戴维斯分校	美国	20	119	75	29	15
哈佛大学	美国	21	118	59	48	11
杨百翰大学	美国	22	116	52	39	25
加州大学洛杉矶分校	美国	23	116	61	38	17
浙江大学	中国	24	115	9	31	75
中国科技大学	中国	25	115	20	68	27
共计（包括所有的大学）			20，057	7，909	6，151	5，997

资料来源：Patrick Gaule & Mario Piacentini，“Immigration and innovation：Chinese Graduate Students in U. S. Universities”，November 6，2011，availableat：http：//scholar. harvard. edu/.../chinese_ students_ november_ 2011. pdf。

于是《科学》有人撰文说，清华和北大成为美国博士学位的最大的培养基地。① 这种说法是否有科学性，有待商榷，但这个提法也成为国内人才流失现象非常严重的佐证。

中国科协2008年5月发布的《科技人力资源发展研究报告》披露，1985年以来中国的留学人才50%选择了赴美留学，这一趋势在近十年来愈演愈烈，清华大学涉及高科技专业的毕业生有80%去了美国；而在北

① J. Mervis，“US Graduate Training：Top Ph. D. Feeder Schools Are Now Chinese”，*Science*，321（5886）：185.

京大学，这一比例则为 76%。对此，也有学者表示了怀疑，认为该数据没有出处，是个子虚乌有的数据，认为“且不说高科技如何定义，即使美国希望吸纳清华、北大的高科技专业毕业生，它也不一定做得到。‘9·11’事件后的签证政策使得包括清华、北大毕业生在内的高科技专业学生赴美留学变得相当困难”，他的推测是“在 1985 年后的某一年，清华、北大确实有 82%、76% 涉及高科技专业的毕业生赴美留学”，但不能笼统地说“清华北大涉及高科技专业的毕业生七成以上去了美国”。①

总之，由于缺乏准确的数字，很难准确计算出自改革开放以来，有多少中国留学生赴美，仅仅依靠美国的数据是不牢靠的，而且对于留学的范围界定也存在不同，是否包括访问学者？这也阻碍了研究的深入。但有一点可以肯定，赴美留学生逐年增加，而且全自费本科生数量急剧上升，这得力于政府对海外留学的支持，加之中国经济的繁荣，使得一部分家庭具备了自费留学的能力。

随着赴美学生的增多，近年来回流学生也增多，因此就产生了这样的问题：为什么会出现留学生回归增多的情况？其次是谁回来了？第三是海归对中国的作用是什么？

三　中国留学生的滞留与回归

按照官方的说法，中国留学生的出归“赤字”是 150 万人左右，留学生滞留海外成为中国人才外流的特征。实际上，中国的人才流失在 20 世纪 80 年代就已经出现，对此中国政府和领导人是有预感的，1978 年 6 月 23 日，邓小平在其著名的关于扩大派遣留学生的讲话中，就曾指出过，“不要怕派出去，回不来。派出一千个人，跑掉一百个人，还有九百个嘛，不过才跑掉十分之一嘛。怕什么，不要怕。不是派三个、五个，而是要成千上万地派”。

在滞留海外的留学生中，留美学生的滞留更为突出。2002 年在美国获得博士学位，五年之后留在美国的比例，见图 4—4。

① 曹聪：《子虚乌有：清华北大涉及高科技专业的毕业生七成以上去了美国》，available at：http：//blog. sciencenet. cn/home. php？mod = space&uid = 45671&do = blog&id = 37263。

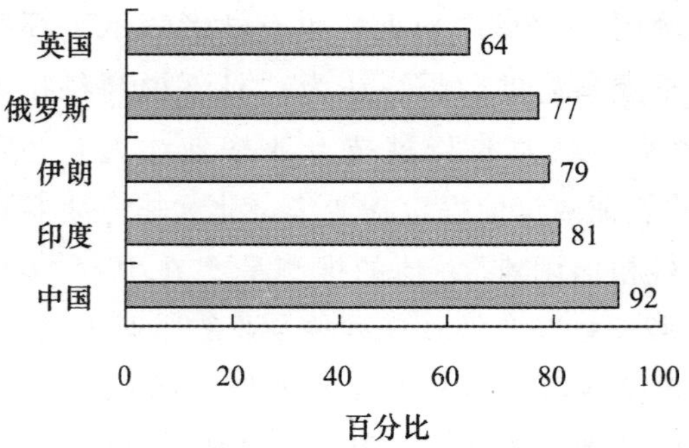

图 4—4 外国留学生滞留美国比例

资料来源：Michael G. Finn，“Stay Rates of Foreign Doctorate Recipients from U. S. Universities”，2007，Oak Ridge：Institute for Science and Education，January 2010，available at：http：//orise. orau. gov/files/sep/stay-rates-foreign-doctorate-recipients－2007. pdf。

从图 4—4 看出，中国学生滞留率高达 92%，远远超过印度等国。从历史上看，发展中国家和地区因留学生而导致的人才外流，几乎是通病。如 1967 年美国 7913 名技术移民中有近一半（48%）是调整身份的外国留学生，当时来自中国台湾地区学生的 89%、韩国 80%，印度 78%、伊朗 71% 的留学生选择了毕业后留在了美国。① 根据统计 1996 年、1998 年、1999 年、2000 年、2001 年，共有 30. 7 万名印度程序员前往美国工作，而到 2002 年年底，印度本土程序员也就有 19. 2 万人。② 如果究其原因，大致相同，也就是传统分析移民原因的推与拉的作用，此外有关国际人口流动的古典经济理论也往往强调工资或生活水平的差距是造成人口输出国和人口输入国的动因。美国学者在对多个发展中国家人才外流的动因进行分析后，认为有以下原因起着重要作用：第一是获取高收入，第二是工作稳定，第三是提升个人的专业能力，第四祖籍国政治不稳定，社会经济状况糟糕。③ 这就是人才外流的“推”的因素。如果探究中国留学生滞留美

① Judith A. Fortney，“International Migration of Professionals”，*Population Studies*，Vol. 24，No. 2（Jul.，1970），pp. 217－232，available at：http：//www. jstor. org/stable/2172655.

② Ashok Desai，“The Dynamics of the Indian Information Technology Industry”，March 2003，available at：http：//r4d. dfid. gov. uk/PDF/Outputs/CNEM/Drc20. Pdf.

③ Laura Chappell，etc.，“Show Me the Money（and Opportunity）：Why Skilled People Leave Home — and Why They Sometimes Return”，April 2010，available at：http：//www. migrationinformation. org/Feature/display. cfm？ID＝779.

国原因的话，其中有上述的一般原因，如美国比中国有着更好的学习和科研机会，更好的生活条件，这在 20 世纪 80—90 年代显得更为突出。此外，特定的政治事件和相关政策，也对留学生的滞留起到作用，如 1989 年的六四事件，以及收紧自费留学政策，1990 年国家教委颁布《关于具有大学和大学以上学历人员自费出国留学的补充规定》，严格管理自费留学，强调全日制高等教育机构公费本科和专科毕业生、获双学位毕业生、研究生班毕业生、硕士和博士毕业研究生等均有为国家服务的义务，完成服务期年限后方可申请自费出国留学，服务期限 2 年至 5 年不等。崔大伟和陈昌贵的调查是在 1993 年，其中占第一位和第二位的滞留原因是“缺乏政治稳定”和“缺乏政治自由”。[①]

在导致中国学生滞留问题上，除了国内一些不尽如人意的因素外，美国方面的拉力起了更重要的作用，即移民政策为留学生滞留提供了途径。

一般来讲，留学生主要是通过移民法中的身份调整条款，将学习签证（F 类）转为为技术类移民签证或临时工作签证（H－1B），在美国高等院校毕业拿到本科学士学位及以上的学生，可以在相关专业领域寻找工作实习单位，实习期间保留 F1 的学生身份，这种过渡签证（OPT 签证，Optional Practical Training）一般期限是一年，针对科学工程学科（STEM）的毕业生可以延长到 17 个月。在实习期间可以申请 H－1B 签证，在 H－1B 类中有专门为在美国获得硕士或以上学位的申请人留有 2 万个名额，即由学生身份转换为工作身份，从而能进一步申请永久居留。由于 H－1B 工作签证，或技术移民签证（主要是 EB－3 类）都需要工作许可、雇主担保，因此在美国的人就占了优势。在 H－1B 签证中，以 2009 年为例，中国大陆人占 10%，在有博士学位的中国大陆人比例达 29%，见图 4—5。

除了一般条款外，针对中国的特别条款主要是 1989 年后的 12711 号总统行政令和《1992 年中国学生保护法》。1990 年 4 月 11 日布什总统签署 12711 号总统行政令，规定 1989 年 6 月 5 日至 1990 年 4 月 11 日期间在美国的所有中国人均可合法逗留至 1994 年 1 月 1 日，不会因身份过期被递

① David Zweig and Chen Changgui, *China's Brain Drain to the United States, Views of Overseas Chinese Students and Scholars in the 1990's.*

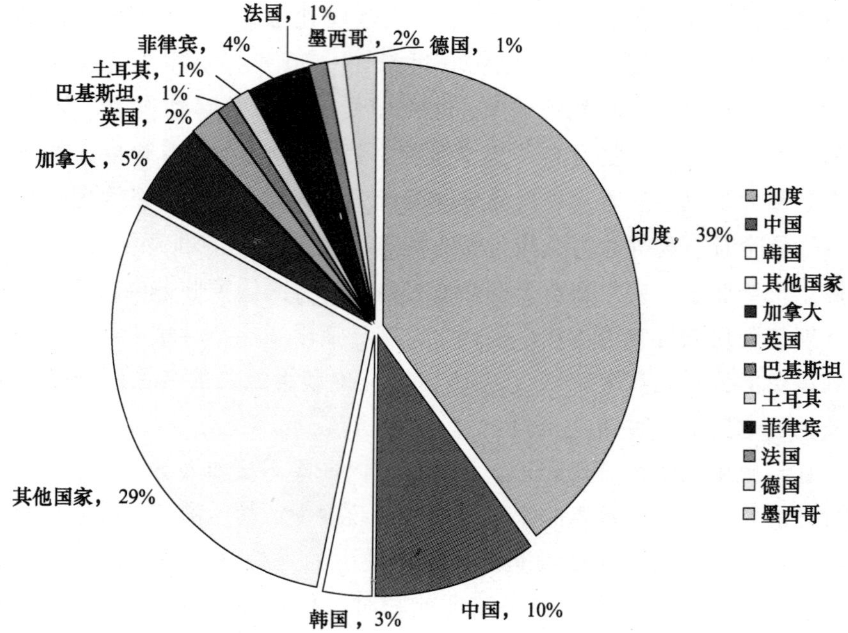

2009 财年 H－1B 持有者国籍比例

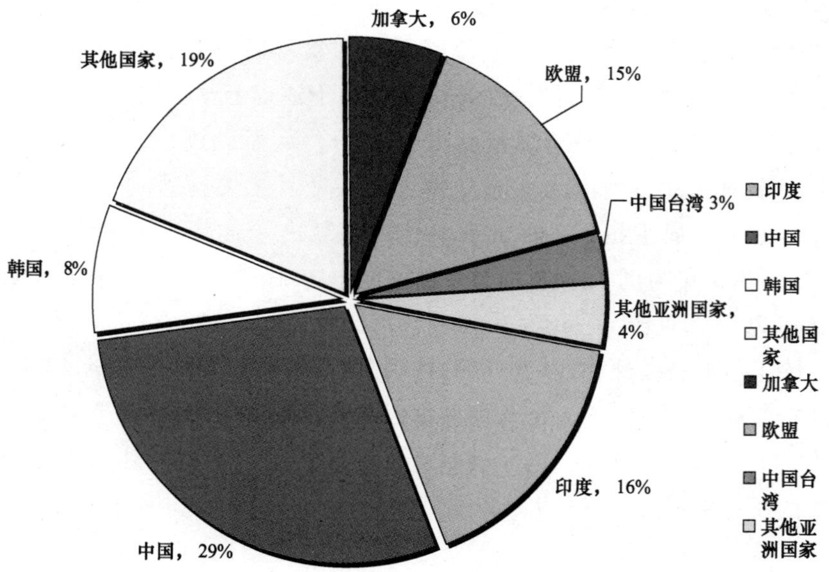

图 4—5　2009 财年博士 H－1B 持有者国籍比例

资料来源：National Science Foundation，National Center for Science and Engineering Statistics，Special tabulations（2010）of Survey of Earned Doctorates.，Science and Engineering Indicators。

解出境。1992 年 10 月美国国会通过《中国学生保护法》（*Chinese Students Protection Act of 1992*，*CSPA*），给予所有在 1990 年 4 月 11 日之前抵达美国的中华人民共和国公民，而且至法案签署之日连续在美逗留的，以永久居留权。约有八万人依此申请绿卡，最终五万三千人左右取得了绿卡。①

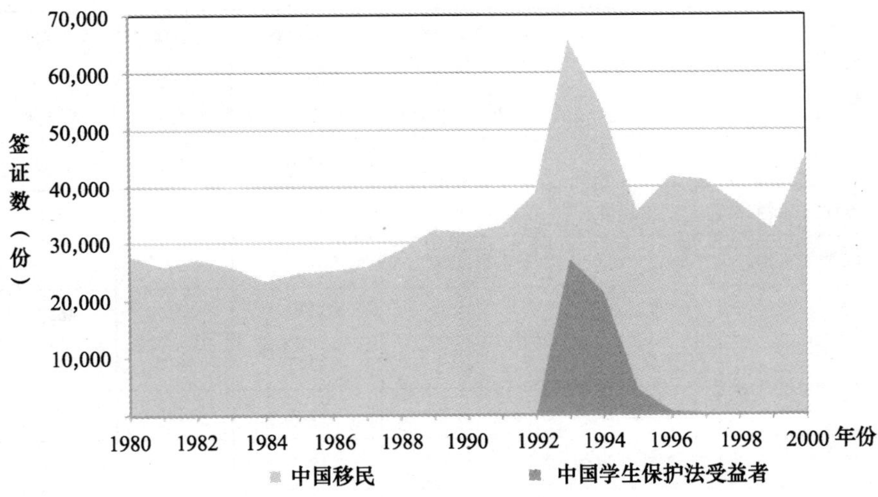

图 4—6　1980 年至 2000 年中国移民签证情况

资料来源：Madeline Zavodny，Emily Kerr and Pia Orrenius，"Labor Market Effects of the 1992 Chinese Student Protection Act"，Oct. 2010，available at：http：//www. cepr. org/meets/wkcn/2/2429/papers/Zavodnyfinal. pdf。

从图 4—6 可以看出，1993—1994 财年中国大陆取得绿卡的人数剧增，增加部分主要是《中国学生保护法》受益者。由于该法覆盖对象不只是学生，所以其中有多少学生，数字很难确定。据推算有一半申请者是学生，主要理由是：按照美方的数据，1989—1990 年达到美国的中国大陆留学生和学者为 4 万至 4. 3 万人。依照该法取得绿卡的人特征，从表 4—4 也可以看出，男性（59. 4%）、年龄（34. 7 岁）、无职业（39. 8%，

① Madeline Zavodny，Emily Kerr and Pia Orrenius，"Labor Market Effects of the 1992 Chinese Student Protection Act"，Oct. 2010，available at：http：//www. cepr. org/meets/wkcn/2/2429/papers/Zavodnyfinal. pdf. Xiao Jian Zhao，*The New Chinese America*，*Class*，*Economy*，*and Social Hierarchy*（New，Brunswick：Rutgers University Press，2010），p. 22.

对职业问题没有回答），40.2% 的人在身份调整前是 F－1 签证（学生签证），这与同期其他绿卡获得者特征区别很大，这部分显然是留学生，以此推算的话，获得绿卡的 5 万多人中也应该有 50% 以上的人是学生，即 2 万—3 万人。

表 4—4《中国学生保护法》受益者与其他大陆移民和香港移民特征比较

		中国学生保护法受益者 1993—1995 年	其他中国大陆移民 1993—1995 年	大陆移民 1980—1990 年	香港移民 1980—1990 年
年龄（岁）		34.7	36.0	38.5	23.9
男性（比例）		59.4	42.9	45.1	48.2
职业（比例）					
	任何职业	31.9	44.9	54.7	46.2
	学生或 16 岁以下	21.4	23.3	16.6	38.6
	家务	5.3	11.4	11.9	9.1
	失业或退休	5.3	18.7	14.6	4.4
	没回答	39.8	1.8	2.3	20.9
身份调整		100.0	38.2	16.7	20.9
进入时非移民签证类别（比例）					
	学生（F－1）	40.2	15.0	24.2	36.9
	学生配偶或孩子（F－2）	10.8	14.2	3.2	0.8
	临时技术工人（H－4）	8.7	11.5	3.2	8.7
	临时技术工人配偶孩子（H－4）	3.5	11.1	1.5	2.3

续表

		中国学生保护法受益者 1993—1995 年	其他中国大陆移民 1993—1995 年	大陆移民 1980—1990 年	香港移民 1980—1990 年
	交换学者（J-1）	8.0	5.7	3.1	0.8
	交换学者配偶孩子（J-2）	4.1	8.2	1.3	0.2
	商务签证（B-2）	7.7	17.6	38.2	28.6
	假释	7.1	4.4	2.8	1.2
	其他	9.9	12.3	22.5	20.5
总人数（人）		52，722	103，306	290，634	69，939

资料来源：Madeline Zavodny，Emily Kerr and Pia Orrenius，“Labor Market Effects of the 1992 Chinese Student Protection Act”，Oct. 2010，athttp：//www. cepr. org/meets/wkcn/2/2429/papers/Zavodnyfinal. pdf。

1992 年《中国学生保护法》，是近年对留美学生产生影响最大的一次移民政策，其直接后果就是中国人才流失加剧。

进入 21 世纪后，中国留学生滞留美国现象有所缓解，出现了留美技术人员的回流，最早注意的这个现象是加州大学伯克利分校教授安娜李·萨克瑟尼安（AnnaLee Saxenian），她在 2002 年发表的文章《人才环流和中国芯片制造者：硅谷—新竹—上海三角》（*Brain Circulation and Chinese Chipmakers：The Silicon Valley-Hsinchu-Shanghai Triangle*）①，敏锐地看到了在经济全球化下，硅谷—新竹—上海之间人力和技术的环流，提出了双向的“人才环流”将替代单向“人才流失”，认为中国大陆留学生回流率不足 30%，在科学和工程学领域低于 10%，但按照台湾地区的例子，这种现象很快会扭转。

萨克瑟尼安的预言并没有马上实现，没有出现大规模的留美学生归国，但变化却悄然而至。2007—2011 年由霍夫曼基金会资助，杜克大学

① AnnaLee Saxenian，“Brain Circulation and Chinese Chipmakers：The Silicon Valley-Hsinchu-Shanghai Triangle”，available at：http：//people. ischool. berkeley. edu/ ~ anno/. . . /cornell - 2002 - draft. pdf.

和加州大学伯克利分校联合研究团队推出了“新移民创业者”（America's New Immigrant Entrepreneurs）系列研究报告，共计六篇研究报告，对美国正面临的人才流失表示了极大的关注和焦虑，其中第六篇《对归国企业家来说，印度和中国确实更令人神往》（*The Grass is Indeed Greener in India and China for Returnee Entrepreneurs*），该报告在对153名归国的印度裔和111名华裔企业家进行调查后，81%的中国归国人员认为，在自己的祖国创建公司的机会比在美国的机会“要更好，甚至好得多”，90%的中国归国人员认为在国内存在的经济发展机会是归国的重要原因，78%的人认为中国当地市场很关键。[①] 此外，根据中国教育部的数据，海外留学生回国人员人数呈上升趋势，见图4—7。

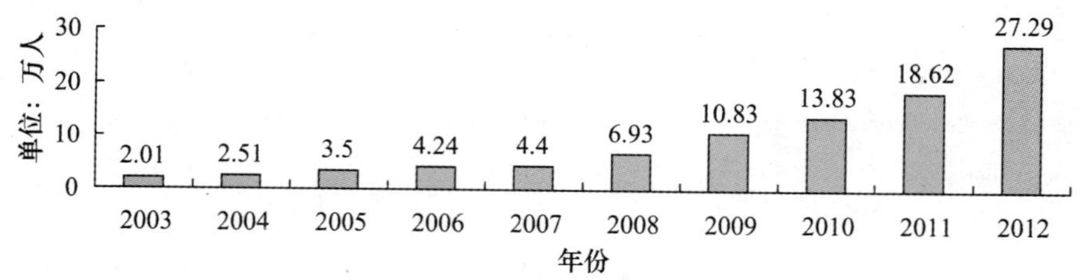

图4—7　2003—2012年回国人员数据统计

资料来源：Vivek Wadhwa, Sonali Jain, AnnaLee Saxenian, Gary Gereffi and Huiyao Wang, *America's New Immigrant Entrepreneurs*, Part Ⅵ, “The Grass is Indeed Greener in India and China for Returnee Entrepreneurs”, May 9, 2011, available at: https://papers.ssrn.com/sol3/Data_Integrity_Notice.cfm?abid=1824670。

留学生大量回归，中国报章甚至用了“史上最大的海归潮”的词句，此次回归与以前的滞留，原因还是在于拉和推的作用。对于留美学生来讲，只是推力来自美国，尽管美国学者卫维克·维德瓦（Vivek Wadhwa），他是“新移民创业者”系列报告的主持人，认为印度裔、华裔科学家离美是政策问题，是美国现行的移民政策把移民赶走了。他的观点实际上不够全面，移民政策是有不尽如人意的地方，如工作签证少，技

① Vivek Wadhwa, Sonali Jain, AnnaLee Saxenian, Gary Gereffi, Huiyao Wang, *America's New Immigrant Entrepreneurs*, Part Ⅵ, “The Grass is Indeed Greener in India and China for Returnee Entrepreneurs”, May 9, 2011, available at: https://papers.ssrn.com/sol3/Data_Integrity_Notice.cfm?abid=1824670.

术移民门槛高等，但实际上，美国经济受金融危机拖累下滑，才是移民离开美国的根本之源。如 2009 年 10 月第八届“北美中国留学人员高科技项目暨人才交流大会”（简称北美留交会）在华盛顿举行，报名者约 3000 人，报名者中，在北美高校就读的应届毕业留学生仅占 25%，大部分是在当地拥有 5—15 年，甚至 20 年以上从业经历的资深专业人员。从学历层次和研究领域看，分别有 52% 和 44% 的报名者拥有博士和硕士学位，56% 毕业于美国排名前 30 位的大学，68% 的报名者从事的是理工科、医科和信息工程领域。“这些高端人才以往是在北美最容易找工作的群体之一，现在已成为回国的主力。”[①]

拉力方面转化为中国国内因素，中国经济发展，发展机会多成为吸引海归的首先考虑的因素。这里着重提到的是，国内吸引海外人才的政策为海归提供了保障。

国内吸引海归的政策近 20 年发生了很大变化，首先，从“回国服务”到“为国服务”方针的转变。1992 年 8 月 23 日和 29 日，时任国务委员兼国家教委主任的李铁映两次表示，面对新的形势，要有系列的政策。我看留学生工作、出国留学总的指导思想就是三句话：支持留学、鼓励回国、来去自由。[②] 这十二字方针在 1993 年 11 月党的十四届三中全会通过的《中共中央关于建立社会主义市场经济体制若干问题的决定》中给予了肯定，得到正式确立，实行“支持留学、鼓励回国、来去自由”的方针，采取多种形式，鼓励海外人才为祖国服务。[③] 2001 年 5 月人事部、教育部、科技部、公安部、财政部共同下发《关于鼓励海外留学人员以多种形式为国服务的若干意见》，首次明确表示鼓励留学人员“以多种形式”为国服务。2002 年 5 月国家颁布《2002—2005 年全国人才队伍建设规划纲要》，对于海外留学人员，提出“鼓励留学人员回国工作或以其他方式为国服务。积极倡导留学人员长期或短期回国工作，鼓励他们通过项目合作、兼职、考察讲学、学术休假、担任业务顾问等多种形式为国服务。进一步加强和改进留学人员创业园区建设工作，为留学人员回国工

---

① 《北美“准海归”回国意愿强烈》，载《解放日报》2009 年 8 月 27 日第 3 版。

② 程希：《1949—2009：中国留学政策的发展、现状与趋势》，载《徐州师范大学学报》（哲学社会科学版）2010 年第 3 期。

③ Available at：http：//www. china. com. cn/chinese/archive/131747. htm.

作或为国服务提供发展空间”。[①] 从“回国服务”到“为国服务”，应该是我们的留学政策变得更加务实了，承认留学人员由于具体情况不同，所处的环境、条件不同，一部分留学人员回国工作，一部分留在国外工作、学习，这将是长期并存的情况，不求所有，但求所用，也就是承认人才滞留的状况。此外，当时正值中国“入世”，急需各种国际化人才。在“以多种形式”为国服务中，创业也是形式之一，“鼓励海外留学人员可以以专利、专有技术、科研成果等在国内进行转化、入股，创办企业；或以专有知识、技能、信息等开办专业性咨询公司；也可以用自有资金或引进资金在国内投资”，这也是顺应形势提出来的，而且也首次承认这种创业动机是利益驱使。

其次，从具体引才政策上看，从地方性、部委性的政策过渡到中央层面上，其标志性的政策是“千人计划”出台。

从 20 世纪 90 年代开始，中国政府已经开始出台吸引海外人才的政策，有学者对这些政策作了如下统计（见表 4—5）：

表 4—5　　中国吸引海外人才的政策

项目	启动年份	负责机构	受资助人数
留学回国人员科研启动基金	1990	国家教委、教育部	11000
跨世纪人才培养项目	1993	教育部	1000
百人计划	1994	中国科学院	800
国家基础青年科学基金	1994	国家自然科学基金委员会	1200
百千万人才工程	1995	人事部	10000
春晖计划	1996	教育部	10000
长江学者奖励计划	1998	教育部	800

资料来源：曹聪：《中国的“人才流失”、“人才回归”和“人才循环”》，载《科学文化评论》2009 年第 1 期。

此外，各个高校和地方省市也相继出台吸引海外人才政策，如上海“万名海外留学人才集聚工程”（2003—2007 年）、无锡 530 计划（2006

① 《2002—2005 年全国人才队伍建设规划纲要》，available at：http：//www. edu. cn/20020613/3058823. shtml。

年）等，为引才提供了各种保证，也取得了良好的效果。如“春晖计划”由国家教育部拨出专项经费资助在外留学人员短期回国工作，也是体现“支持留学、鼓励回国、来去自由”的方针。例如1999年国庆，在“春晖计划”的资助下，硅谷25位留美博士企业家组团回国观礼和考察，这25人全部拥有美国著名大学的博士学位，有美国工业界五年以上的实际工作经验，在硅谷从事互联网、电子科技和生物医药等高科技行业。经过这次活动后，这25人在半年内都回国创业了，这其中有后来创建中星微电子公司的邓中翰，他领导研发“星光”系列“中国芯”，彻底结束了“中国无芯”的历史。百度创始人李彦宏，百度在很短时间内成为全球最大的中文搜索引擎技术公司，安博教育集团总裁黄劲，中康德众医院管理公司创办人马延辉等。

2008年12月，中共中央办公厅转发《中央人才工作协调小组关于实施海外高层次人才引进计划的意见》，海外高层次人才引进计划（简称“千人计划”）正式启动，该计划主要是围绕国家发展战略目标，从2008年开始，用五到十年，在国家重点创新项目、重点学科和重点实验室、中央企业和国有商业金融机构、以高新技术产业开发区为主的各类园区等，引进并有重点地支持一批能够突破关键技术、发展高新产业、带动新兴学科的战略科学家和领军人才回国（来华）创新创业。[①] 负责具体实施千人计划的“海外高层次人才引进工作专项办公室”设在中组部，从这个角度说，该计划成为层次最高的人才引进措施。

千人计划至今已经引入了九批，共计3千余人，这其中有多少从美国回来的科技人员，公开发表的资料没有显示。有一个不太完整的名单（第一至五批）共计引入人才1，143人，其中从美国引入的有332人，占29.1%，也就是近三分之一的人来自美国，这其中主要是在美国完成学业的，在美国已经就业多年的，少量的人是在国内或其他国家完成博士学业但在美国就业的。这个名单集中了高精尖人才，其中2人为美国国家科学院院士（王晓东和施一公），在大学或研究机构担任系主任、研究中心/室主任等职27人，在国家实验室（如拉斯阿拉莫斯、橡树岭等）工作19人，在知名公司任研发主任或高级管理人员37人。从行业看，几乎涵盖了所有的领域，生命科学、物理、计算机、数学、能源、农业、汽

① Available at：http：//www.1000plan.org/qrjh/section/2？m = rcrd.

车、化学、医学等，也有少量的金融、公共管理、统计学、经济学等。从回国后去向看，中科院、清华大学、北京大学、上海交通大学、复旦大学、浙江大学、中国科技大学等是用人大户，占到10%左右。但也不乏西部大学如西安大学、四川大学、兰州大学、云南大学、西北工业大学等。企业也是这些海归者的另一去向，大型国企如长安汽车、中国电信集团公司、中国电子科技集团公司、东风集团、上汽集团、中海油，私企如吉利控股集团、奇瑞公司等。由于千人计划中有专门的创业人才，因此创办企业也成为这批高层次海归的一个亮点，如加州大学伯克利分校博士张辉2009年入选千人计划，他创办的“北京创毅讯联科技股份公司”，在移动通信、移动互联网软硬件集成及行业解决方案领域逐步跻身领先地位。

2010年12月，在千人计划基础上，又推出了青年千人计划，针对40岁以下的青年人才，至今已经推出了五批1134人，来自美国的778人，占68.6%。[①]

从千人计划和青年千人计划引才情况看出，这是改革开放以来引进高层次人才最多的一次，从上面的数字也可以看出从美国回来的海归所占的比例，尽管几千人才回国不能彻底扭转人才外流的状况，但毕竟是个好的开端，从一个方面证明了国内对留学人员的“拉力”。如美国媒体认为，中国经济的发展，国家对科技研发的投入力度加强，使得中国成为“充满科学发展机会的国度”[②]，也使得海外留学生感到“在美国之外有更好的发展机会”。[③]

四　留美科技人员回流的作用、影响和局限

如前所述，目前中国迎来了前所未有的留学生回流潮，这些海归对中国经济与社会发展起了什么作用？2007年8月至9月《人民日报》发表了“海归给中国带来什么”系列文章，其中几个篇名基本上反映出海归

---

① 根据“千人计划”官方网站数据统计。

② Chris Tachibana, “Focus on China: BIG Science in a BIG Country”, *Science*, December 9, 2011.

③ “Foreigners are Taking Their Tech Talents Back Home: Silicon Valley's Loss is Brain Gain for India, China”, *USA Today*, May 11, 2011.

的作用："中国建设的生力军""教育战线排头兵""科技创新当先锋""跨国公司在华领头人""纳斯达克的明星"。学者王辉耀总结海归贡献有十个方面：1. 教科文卫领域的栋梁；2. 积极发挥参政议政作用；3. 参与民间外交提升中国软实力；4. 发挥社团和公益的积极作用；5. 创业大潮中高新技术与新经济的主流；6. 中国企业走出去的重要推手；7. 跨国公司中国化的主力军；8. 发展第三产业的重要力量；9. 带回国际上先进的技术与人才；10. 带来国际化的创业理念、商业模式、社会文化观念。[①] 这些评价基本上涵盖了海归的作用，这里不再赘述，下面需要说明的有三点，第一，以留美海归为例，海归最突出的贡献是在科技创新上，他们的技术成果基本上是处于国际领先地位或能够填补国内空白。第二，除了海归外，更多的华裔科技人士是在海外以别的形式"为国服务"，这些人的贡献也应该给予肯定。第三，对于海归动机的评估。这三个问题是评估海归作用问题时应该考虑的。

首先，海归在高科技产业、教育、科学、金融、保险、经贸等领域成为领头羊，是国家经济与社会发展的重要力量。崔大伟通过访谈等方式研究认为，80%海归创业者带回来的技术是属于国际领先或填补国内空白的，中国终于能从长期以来的人才流失中获益了，人才回流对中国发展起了重要作用。下面两个事例就是很好的说明。

事例一：下面这个名单是通过北美留交会回流的科技人才，他们基本上曾在美国名校学习，有着良好的教育背景，出国留学学成以后，在美国的国际化企业、跨国公司或高端科研机构里工作多年，已逐渐成为所在企业不可缺少的核心人才，是技术研发、项目管理、人才战略或企业管理等方面的骨干，积累的经验成为日后回国的难得资本。[②]

陈以旺（2001 年回国，下同）

1978 年毕业于福建医科大学，1981 年获华西医科大学硕士学位，1985 年获世界卫生组织奖学金赴美国留学，1991 年获美国乔治城大学生理和生物物理系博士学位，并在约翰·霍普金斯

① 王辉耀：《新世纪的中国留学与海归潮》，2013 年 2 月 5 日，available at：http：//www.ccg.org.cn/_ d275904880.htm。

② 北美洲中国学人国际交流中心：《北美留交会引才案例》，available at：http：//www.chinaoverseashr.com/news/284.html。

大学接受博士后训练，后晋升为乔治城大学助理教授，通过美国医师资格考试，1996年7月起在美国华盛顿退伍军人医院完成二年内科住院医师训练，1998年7月起致力于心血管新药和基因产品的研发。他参与研发的治疗过敏的专利药品现畅销美国市场。2001年回国，担任福建医科大学副校长，教授、博士生导师。现为无锡正华生物医药技术有限公司董事长、江苏省生物技术协会副会长。

杨长青（2002年）

1998年在湖南医科大学湘雅医院获临床医学博士学位，之后，在复旦大学中山医院做博士后，出站后在复旦大学中山医院消化科工作，期间于2001年4月至2003年9月赴美国哈佛大学医学院附属贝思·伊斯雷尔医院肝病中心做博士后。现为同济医院消化内科主任、内科教研室主任、博士生导师，上海市优秀学科带头人。获得国家自然科学基金、上海市优秀学科带头人计划、海外高层次留学回国人员专项资助、上海浦江人才计划、上海市国际科技合作项目等多项课题。

高谦（2003年）

1982毕业于西南农学院。1988年毕业于中国农科院研究生院，获得硕士学位；2000年毕业于美国南加州大学牙医学院，获得博士学位；2003年从美国斯坦福大学医学院博士后出站。致力于结核分枝杆菌功能基因组、结核病的分子流行病学以及细菌生物膜方面的研究。

周怀北（2005年）

1987年毕业于武汉大学，同年9月进入中国科技大学攻读博士，1990年出国留学，1994年获得美国马里兰大学博士学位。在美12年，先后在美国国家标准局、通用电气公司等机构、公司任职。2005年，引进回国，现为武汉大学国际软件学院院长，2009年入选中组部“千人计划”。

汤其群（2005年）

1990年毕业于上海医科大学法医学系，1995年获得上海医科大学生物化学与分子生物学博士学位，同年赴美国约翰·霍普金斯大学医学院生物化学系做博士后。2002年受聘为约翰·霍普金斯大学医学院儿科内分泌系助理教授兼生化系助理教授。现任复旦大学上海医学院副院长，生命医学研究院副院长，生物化学与分子生物学系主任，分子医学教育部重点实验室主任；上海生物化学与分子生物学会副理事长。同时作为第二批教育部“长江学者奖励计划”特聘教授，是国家自然科学基金委“杰出青年基金”获得者，也为国家重大科学研究计划“干细胞定向分化的基础与临床应用研究”的首席科学家，2005年入选上海市首批“医学领军人才”，2007年再次入选上海市领军人才，并被评为优秀学科带头人。

张春林（2006年）

医学博士，2004年赴美国华盛顿中心医院骨科做访问学者。现为上海市第六人民医院骨科副主任医师，六院骨科教研组组长，上海交通大学硕士研究生导师。入选“上海市优秀青年医学人才”“上海交通大学医学院百人计划”“六院优秀青年人才”。荣获上海交通大学附属第六人民医院特殊津贴奖等。

刘志翔（2006年）

深圳市莱科电子技术有限公司创始人兼总经理。中国旅美科技协会（CAST-USA）总会2010年副会长。美国犹他大学电子工程硕士，美国韦伯斯特大学MBA和清华大学学士。拥有十多年的通信芯片和手机设计经验。曾就职于美国AMCC和AMI半导体公司。曾任中兴通讯ZTE微电子研究院的资深芯片设计顾问，协助组建了中兴通讯手机芯片设计团队。2010年入选中组部“千人计划”。

黄贤明（2006年）

1983年毕业于湖南大学化学化工系，获学士学位，1986年中科院大连化学物理研究所获分析化学硕士学位，1992年于美国杨伯翰大学获分析化学博士学位，之后在美国印第安纳大学做博士后研究。1993—2006年分别在美国Supelco公司任高级研究员，Air Products and Chemicals公司任首席研究员，以及Avica Biosciences任化学高级主任。2006年回国，任博奥生物有限公司化学领域首席科学家。2010年入选中组部“千人计划”。

段志辉（2007年）

1987年取得北京理工大学飞行器系统工程硕士学位，1994年取得美国马里兰大学可靠性工程硕士学位。段志辉曾在美国福特、通用工作11年，主要从事混合动力汽车技术研究，是重度混合动力系统的资深专家，2007年9月加入长安汽车新能源公司后，担任新能源公司强混合动力项目总设计师。2010年当选为中组部的“千人计划”创新人才。

陈棣（2008年）

1982年毕业于天津医科大学，1992年获美国路易斯维尔大学药理学/毒理学博士学位。曾任美国罗切斯特大学医学中心骨科系助理教授、副教授，美国骨科研究学会（ORS）主题委员会主席，国际华人骨研学会主席。现任上海中医药大学与国际华人骨研学会联合研究中心主任、美国罗切斯特大学医学中心骨科系教授、美国NIH基金和美国NIAMS基金等项目评审专家，入选“千人计划”专家。

周新华（2008年）

原定居美国首都华盛顿，2008年回国创业（落户上海张江经济高新技术经济开发区），现为上海嘉和生物药业有限公司首席执行官、中国药学会药物生物技术理事会特邀副理事长，入选“千人计划”专家。

徐敏（2008年）

1999—2007年在国外Elcan公司任高级工程师，2008年被复旦大学信息学院光科学与工程系引进，现任上海现代先进超精密制造中心有限公司技术总监。负责光学系统集成与检测工作。回国两年以来，徐敏博士带领团队建设的国际一流的超精密制造中心，突破美英德等西方国家的技术封锁，在超精密制造技术上有了重大突破，在单点金刚钻切削和数控研磨/抛光机床的超精密制造以及红外热成像技术等应用领域进行了深入的研究，并取得了突出的成绩。2009 年入选“千人计划”专家。

施菊妹（2009 年）

1987 年毕业于南通大学医学院临床医学专业。2001 年获血液学博士学位，2002 年起在美国做博士后研究，2008 年任留美助理教授，现为同济大学附属第十人民医院血液科主任、主任医师、教授、博导。主要学术贡献：在国际上应用自然杀伤（NK）细胞治疗高危和广泛复发骨髓瘤患者方面有重大突破和建树；并且在国际上首先发现蛋白酶体抑制剂（硼替佐米）的一种新的药物作用机制，该研究成果有较广阔的临床应用前景。

彭笑刚（2009 年）

1992 年 12 月获得吉林大学物理化学与高分子化学博士学位，先后任美国阿肯色大学化学系助理教授、副教授、教授。主要从事纳米晶配位化学、纳米生长机制、功能纳米晶合成化学的研究工作。2009 年 7 月加盟浙大，担任化学系全职教授、博导，同年入选第二批国家“千人计划”。

周春水（2011 年）

1986 年考入哈尔滨医科大学，1991 年攻读本校医学遗传专业硕士学位研究生，1999 年在北京协和医科大学医药生物技术研究所取得博士学位之后，于同年奔赴美国哈佛大学进行博士后工作研究，2005—2010 年于哈佛医学院布里格姆医院任研究员。主要侧重于全基因组小发卡核苷酸（shRNA）文库功能筛选技术以及全蛋白组定量蛋白组学技术的研究，先后在国际著名的学术期刊上发表多篇文章。现供职于哈医大医学遗传学研究室，主要学术带头人之一。

事例二：北京中关村被誉为中国的硅谷，中关村国家自主创新示范区2012年聚集的留学归国人员数量达到1.6万人，其中，拥有硕士及以上学历的留学归国人员数量增至1.2万人，占留学归国人员总数的比例上升至77.1%。从2009年起为了树立海归创业的成功典范，开始评选年度十大海归明星。以2012年评选为例，其中的解江冰、赵磊、张世龙、张宏江、陈忠苏均为从美国回来。

解江冰，爱博诺德（北京）医疗科技有限公司董事长，2002年毕业于美国加州大学戴维斯分校，获得理学博士学位，2002年3月至2003年11月在国际顶尖研究机构美国劳伦斯伯克利国家实验室进行博士后研究，曾先后在全球第二大眼科医疗器材公司美国眼力健公司、世界五百强企业美国雅培公司任职资深科学家和首席科学家，是国家“千人计划”和北京市“海聚工程”入选人员，他以恢复中国白内障患者的光明为己任，实现了达到国际先进水平的软式白内障人工晶体研发及产业化，填补了国内技术空白，并成功申请专利17项（8项发明）。2012年，他带领公司团队成功完成第一代白内障人工晶体的临床试验入组。作为研发带头人，总共提交6项专利申请，获得2项专利授权。

赵磊，新博医疗技术有限公司董事长兼CEO，美国波士顿大学及哈佛大学联合培养博士，哈佛大学医学院博士后。曾执教哈佛大学医学院多年。他带领团队先后开发了高分辨率的磁共振三维快速成像和并行快速成像技术等，均处于国际成像技术的最前沿，并在神经和心脏成像应用中取得了非常实用而显著的成果。2012年，在他的带领下，新博医疗研发的手术导航系统于9月成功在哈佛医学院手术室装机，产品被国际上最先进的AMIGO手术室所接受，带动了我国医疗器械行业的大幅发展。

张世龙，圣邦微电子（北京）股份有限公司董事长兼总经理，1999 年毕业于美国亚利桑那大学，获博士学位。1998—2003 年在美国德州仪器公司任电子设计工程师和质量评审委员会委员。在质量评审委员会期间，任两届轮值主席，个人拥有 5 项美国发明专利。他立志打造世界一流的模拟 IC 公司，他领导公司共取得 40 项由国家知识产权局颁发的集成电路布图设计登记证书，2012 年，圣邦微电子连续 5 年被评选为“十大中国 IC 设计公司品牌”，并获得 2012 年度电子产品世界编辑推荐奖。

张宏江，北京金山软件有限公司首席执行官，毕业于中国郑州大学，获电子工程学士学位。之后就读于丹麦科技大学，获电子工程博士学位，世界多媒体研究领域一流的科学家，是计算机视频检索研究领域的“开山鼻祖”。曾担任微软亚太研发集团首席技术官、微软亚洲工程院院长，现已就任金山软件 CEO。在微软服务十余年，是微软第一批十位“杰出科学家”。他是迄今为止第一位也是唯一一位同时获得 IEEE 和 ACM 两大计算机专业协会颁发的重大奖项的华人科学家。2011 年，他加入金山，2012 年，金山 WPS 软件成功登陆德国市场，正版化采购市场中，金山 WPS 占到 56% 的市场份额。

陈忠苏，佩斯大学理学学士、约翰·霍普金斯大学工程硕士和史帝芬理工学院博士。2009 年，北京中关村科技园区，北京全景赛斯科技发展有限公司成立，陈忠苏出任董事长。这是一家 E-Learning 平台技术服务提供商，也是国内首家成功将“云计算”技术引入 E-Learning 应用的技术服务商。

以上两个事例从一个侧面展示了海归在科技发展方面的贡献，这是他们最重要和突出的贡献。

其次，对于“为国服务”的多种理解。尽管科技人才回流加速，但还有大量人才，尤其是高层次人才在海外，对于这些没有海归的人才，他们实际上以灵活或者称为柔性的方式为国服务。

国际移民理论界将侨民居住在海外暂时不回国，但通过跨国活动为祖（籍）国提供知识和技术上的贡献，进而促进祖（籍）国的进步与发展，称为“离散者的选择”（Diaspora Option）理论，该理论认为，在人才流动的过程中，人才流出本国，而信息、技术、知识和资本则回流入人才的祖（籍）国。[①] 因此出现了海外科技人员的“哑铃模式”（同时在国内外发展事业，并在其中流动）、“柔性流动”（根据自己的便利和国内需要，随时自由来往于国内外）等方式。留美科技人士因为各种客观条件（家庭、子女教育、生活习惯、养老保险、国内高房价等因素）而未能回国，或者在可预见的未来没有计划回中国长期工作，不能全职回归，于是采用这种柔性或者称为“虚拟”回归方式，为国服务，这也许将成为更常态的一种方式。在2004年的一次华裔科技人士网络问卷调查中，崔大伟教授发现78%的人与国内至少有一次互动，49%的人与国内有着举办讲座、进行教学、召开研讨会等最常见的互动，44%的人与国内有合作研究，17%的人有合作出版论文，14%的人有合作编辑书籍等。[②]

这种模式之所以会成为常态和有效方式，是因为出于不同原因，杰出的科技人士（或者称为专业人士）很难全职回国，但通过这种柔性回归，使他们达到为国服务的目的。崔大伟在1993年对在美国的271位华裔的调查中，只有21.4%的人和国内的单位交流学术信息，2001年他在对中国五个城市开发区工作的145人举行调查时发现，47%的回国人员在海外时与大陆有合作，在82名回国定居的科学家中，49%的人在回国前与大陆有过合作，因此他认为这种高比例的合作促进了回国。[③] 饶毅的例子也许是最好的诠释，他从1996年起以“哑铃模式”为国服务。曾兼任中国科学院上海生命科学中心研究员，后与加州大学伯克利分校的浦慕明教授等人一起组建了中国科学院上海神经科学研究所。他还参与了北京生命科学研究所的建立，并出任该研究所学术副所长。这两个研究所是国内公认

---

① Jean-Baptiste Meyer, etc., “Turning Brain Drain into Brain Gain: the Colombian Experience of the Diaspora Option”, *Science Technology Society*, Vol. 2, No. 2 (September 1997), pp. 285 – 315. Jean-Baptiste Meyer and Mercy Brown, “Scientific Diasporas: A New Approach to the Brain Drain”, 1999, available at: http://www.unesco.org/most/meyer.htm. Jean-Baptiste Meyer, “Network Approach versus Brain Drain: Lessons from the Diaspora”, *International Migration*, Volume 39, Issue 5, Special Issue 1, (2001), pp. 91 – 110.

② David Zweig and Han Donglin, “Serving the Nation from Abroad: Comparing Mainland Professors in the United States and Hong Kong”, available at: http://www.cctr.ust.hk/materials/.../Han, Donglin_ paper.pdf.

③ David Zweig, Chung Siu Fung, “Redefining the Brain Drain: China's ‘Diaspora Option’”, available at: www.princeton.edu/cwp/.../sts13_ 1 – 01 – David-et-al..pdf.

的生命科学基础研究的“领头羊”，并开始在国际科学界产生影响。另外，饶毅还兼任中国科学院上海交叉科学中心主任。饶毅一系列为国服务的实践，为最终回国服务作了很多铺垫、试探和选择。①

最后，对于海归动机的评估。在《对归国企业家来说，印度和中国确实更令人神往》调查报告中，在询问回国理由时，中国受访者认为居第一位理由是“中国有着经济发展的机会”（90%的人）、第二位是“本土市场的潜力”（78%）、第三位“家庭因素”（51%），并列第三是“对国家经济发展作出贡献”（51%）、第四位是“政府的激励机制”（23%）。② 也就是说，经济利益的驱使起了很重要的作用。另一美国学者认为，此类回国创业者是“新淘金者”，尽管也谈奉献，但经济利益才是关键。③

我个人认为，海归回国创业，是这一代留学生的特色，著名留学生创办或管理的企业如亚信、UT斯达康、搜狐、新浪、中星微电子、当当、携程、艺龙、百度、空中网、尚德集团、新东方、如家快捷、展讯等，这些企业大都成为中国新经济和高科技的主流。例如在美国纳斯达克上市的上百家中国企业中，大部分的企业都是由海归创办或管理。海归的动机兼有爱国和利益两方面，利益方面，在国家2001年多部委颁发的《关于鼓励海外留学人员以多种形式为国服务的若干意见》中，明确指出“多种形式为国服务”之一是创业活动，承认和保护海归的商业利益，而且在实际工作中，国家也为这种创业给予了支持。1984年胡晖以优秀的成绩考取李政道赴美留学物理奖学金，由著名的北京大学物理系到犹他大学继续深造，并在1989年取得博士学位。1989—1998年他在GE医疗系统部做到资深科学家，成为CT领域的专家。2000年胡晖利用风险投资创建了一家医疗信息技术公司，2002年6月，胡晖入驻中关村国际孵化园，成立了海纳维盛（北京）科技有限公司，研发远程医疗技术，由于纳斯达克崩盘，胡晖很难从美国融资，注册资金只有15万美元，中关村科技园

① 曹聪：《高水平华人科学家开始海归》，available at：http：//blog. sciencenet. cn/u/曹聪。

② Vivek Wadhwa，Sonali Jain，AnnaLee Saxenian，Gary Gereffi and Huiyao Wang，America's New Immigrant Entrepreneurs，Part VI，“The Grass is Indeed Greener in India and China for Returnee Entrepreneurs”.

③ The Brookings Institution，“Mobilizing Talent for Global Development”，Washington D. C.，April 2，2008，available at：www. brookings. edu/events/2008/04/02 - talent.

区管委会 8 万元人民币的创业扶持资金、中关村国际孵化园免收第一年的房租等条件解决了初创时的困难。2004 年 1 月胡晖以 1800 万美元将公司卖给了美国一家上市公司，该公司买下海纳维盛的公司所有权利，包括知识产权、专利权等。从 15 万美元到 1800 万美元，当时称为“胡晖现象”，胡晖的成功背后是政府的支持。

以上从海外归国人士对中国经济社会发展贡献的角度，客观分析了为国服务多种形式和动机，从制度环境上，分析了国家引智政策的确立和变化，但由于种种原因，我们引智的结果也有一定的局限性，如留学生回流率还是处于比较低的状态，尽管相对于前些年有所改善，2011 年回流率是 36.5%，低于国际平均水平，国际上人才回流率为 50%—60%，而且高层次人才回国数量更有限。中国教育部留学服务中心发布《2012 万名留学人员回国就业报告》调查显示，在年龄分布上，24 岁至 30 岁的留学回国人员已占回国人员总数的 80%；在学科分布上，管理学、经济学、理学和工学最热，这四个学科的回国就业人数也占留学回国就业总人数的近 80%，这些留学回国人员在境外留学时间平均为 1.9 年，其中硕士学位 1.5 年，博士学位 3.8 年。约一半为国外一年期硕士学位项目毕业生。即“回流率迅速增加，但获得博士学位又有相应研究或其他工作经历的高层次留学人才的回流率仍然处于较低水平”。此外，同是人才外流大国，印度的经验可以折射出我们的不足，印度海外人才总量也不少（也主要在美国），主要从事信息业和生物技术等，由于海归的促进，和政府适时调整产业结构，将信息业和生物技术作为优先发展产业，通过海归的跨国网络，内外合作，使得这两个行业迅速发展，取得世界瞩目的地位。与之相比，中国似乎没有出现这种效应。

五　小结

海外科技人才在中国崛起过程中正在起着重要的作用，由于在美的华裔科技人才是我们海外科技人才的主体，美国也是华裔高层次人才最集中的国家，他们的回流对于中国发展的作用是引人注目的。由于受多种因素制约，回流不是太理想，也没有完全制止人才外流的现象，但毕竟出现了回流，是个可喜的开端。

第五章

美国新华侨华人科技专业社团研究
——以中国旅美科技协会为例

一　传统华侨华人社团组织

（一）“淘金热”与传统侨团的创立

从19世纪50年代开始，华人从广东南部的三邑、四邑等地区向美国大量移民。根据美国移民统计局的数据，从1840年到1849年的十年间，有32名中国人移居美国，从1850年到1859年，则有35933名中国人移居美国。[①] 虽然华埠各会馆与中华会馆的相关统计数据与此不尽相同，但都说明了，在从1850年开始的自由移民时期，有成千上万的华人源源不断地涌向美国西海岸。“十九世纪的华人移民美国，实际上是因为美国西部大开发，有组织的契约劳工进口贸易。”[②] 更确切地说，是为了旧金山的黄金，为了发财致富。在珠三角曾经流传过这样一个故事，据说在1849年，有个叫张德明的华工凭借着精明与能干，在旧金山的淘金中发了大财。于是，他就给广州的家人写信，催促他们也来美国。一听说“金山”是个好地方，他的亲戚张仁也马上动身去了美国。这样，“金山”是个发财的好地方这个消息就逐渐传开了，传遍了珠三角。[③] “在淘金热的早期，一个勤快的人一个月就可获得400—600美元不等的黄金，而当时新英格兰地区的机械师的月工资仅为32美元，在农场工作的工人月工

---

① U. S. Department of Homeland Security, *2012 Yearbook of Immigration Statistics*, September 2013, available at: http://www.dhs.gov/yearbo-ok-immigration-statistics - 2012 - legal-permanent-residents.

② 周敏：《美国华人社会的变迁》，郭南译，上海三联书店2006年版，第116页。

③ 麦美玲、迟进之：《金山路漫漫》，崔树芝译，新华出版社1987年版，第15页。

资更少，只有16美元。”[①] 因此，除了华人，爱尔兰人、意大利人、德国人、英国人和美国其他地区的人对旧金山也是趋之若鹜。

除了旧金山的黄金，美国西部开发急需劳动力、国内生存环境恶劣等都是促使华人涌向美国西海岸的原因。广东台山地区移民最多，以台山为例，该地区荒芜多山，人口稠密，全部粮食只能养活大约1/3的人口。[②] 一方面是国内生活艰难，另一方面是旧金山的黄金梦，加上珠三角地区向来与国外有较多接触，遍布的招工机构也为人们提供中介服务，生活无着的农民，特别是年轻人便很自然地想到出洋谋生。前往旧金山谋生的华人中也不乏商人和有钱人，但大部分人都是农民出身，以华工的身份前往美国。中国人向来安土重迁，而且出洋谋生风险重重，很可能就客死他乡，这些农民出身的华工前往美国谋生也多是出于生活所迫。

华人刚到达加利福尼亚的时候，加利福尼亚州刚刚并入美国不久，社会秩序混乱。“（加利福尼亚）人口稀少，一切政制，完全未上轨道，差不多没有法庭，没有邮政局，只有一个半军事性质的属地政府。”[③] 在淘金热中，来自各个国家的人涌入旧金山，为了争夺财富，经常出现恃强凌弱、以众欺寡的事件，更严重的还会被杀害。而且，当时美国存在严重的种族歧视，白种人对黄种人的歧视和压迫屡屡发生。早期的华侨到达美国，举目无亲，没有依靠，在这种弱肉强食的丛林法则下，团结起来，依靠集体的力量维护利益是必然的选择。“在美国长期受歧视和排挤的情况下，华侨、华人之所以经受住种种天灾人祸的打击，生存下来，且在美国社会中取得一定地位，除了个人主观努力外，组织的存在和发展也是一个很重要的因素。”[④]

早期赴美的华人，大部分来自于广东的农村地区，有着极其浓厚的地方、家族和姓氏观念。而且，“家族、宗亲和乡亲关系对于早期赴美的华工意义重大。每个打算出国谋生的人，都要首先认识已经出国的乡亲或掮客，或跟跨国劳工招募机构有直接或间接的关系”。[⑤] 因此，他们带着家乡的地域、家族、姓氏观念在美国重新组织起来时，社团系统里也交织着

---

① 李春辉、杨生茂主编：《美洲华侨华人史》，东方出版社1990年版，第115页。

② 同上书，第114页。

③ 刘伯骥：《美国华侨史》，台北“行政院”侨务委员会1976年版，第149页。

④ 李春辉、杨生茂主编：《美洲华侨华人史》，东方出版社，1990年版，第177页。

⑤ 周敏：《美国华人社会的变迁》，郭南译，上海三联书店2006年版，第116页。

地缘、血缘、亲缘等关系。传统侨团的类型主要有会馆、宗亲会、商会和堂会。会馆是基于地缘关系组建起来的，通常以一县或者几县联合为单位。宗亲会基于血缘关系，实际上，只要是同姓氏的人便可加入，较小的姓氏则联合起来组成宗亲会。商会则是基于业缘关系，由华商联合组建以调节商家矛盾，维护华商利益的组织。堂会基于义气，只要通过结义仪式便可加入，没有地域、姓氏的要求，颇受底层华侨欢迎。但堂会往往放弃仁义宗旨，沦为经营烟赌妓院的黑社会组织。“华人分帮结派，虽有利于该帮派群体内的联络协调，但彼此畛域分明，种下华社内斗的种子。”[①]此外，在美国华侨社会中处于中心和领导位置的中华总会馆则是七大会馆联合组建起来，对内调节矛盾，对外代表全体华侨华人的联合组织。

（二）邑界、姓界和堂界

1. 七大会馆

旧金山最早的会馆名为冈州会馆，建于1849年，实际上是一座神庙。当时旧金山的华工人数很少，冈州神庙作为祈祷安康、联络乡情的场所，初具会馆的雏形。神庙与会馆，并无严格的分别，后来在旧金山设立的会馆中常供奉有关帝爷和先友牌位。1850年后，粤籍华工人数急剧增加，代表各县乡亲的会馆如雨后春笋纷纷建立。从1850年三邑、四邑会馆成立到1909年恩开会馆重回肇庆会馆，三邑、宁阳、阳和、人和、合和、冈州、肇庆七大会馆的格局最终确定下来[②]。在这50年里，由于地域、姓氏的分别，利益的纷争，来自广东家乡的宿怨以及义气之争，会馆系统经历了复杂的分裂与重组。简单叙述其演变的历史：1850年，来自广东南海、番禺、顺德（含三水、清远、花县）的华侨建立三邑会馆。同年末，新会、新宁（民国后称台山）、恩平、开平（含鹤山、四会人）组建四邑会馆。1852年，香山、东莞、增城人组建阳和会馆，同年，新安、归善、嘉应州人组建新安会馆，后改名为人和会馆，以客家人为主。1854年，新宁人因人数众多，而且与四邑其他县籍发生事端，首先脱离四邑会馆，另组宁阳会馆。新宁余姓人因姓氏原因开始未退出四邑会馆，到了

① 王望波、庄国土：《2009年海外华侨华人发展报告》，世界知识出版社2011年版，第48页。

② 花县于1951年脱离三邑会馆组花县会馆，但对整个会馆格局没有影响。

1862 年，与开平、恩平人另组合和会馆。至此，四邑会馆有名无实，1867 年，留下的新会与鹤山人将四邑会馆改名为冈州会馆。1876 年，合和会馆分裂，开平、恩平人脱离合和会馆另组肇庆会馆，但恩平郑姓人和开平胡、邓、谢等姓人不肯同时退出，遂与新宁余姓人留在合和会馆。此时，七大会馆已经基本成型。1890 年，肇庆会馆中一部分恩平和开平人因不满肇庆会馆而脱离，另组恩开会馆，但由于经费问题最终难以支撑而于 1909 年重归肇庆会馆。其他重要的重组还有，1901 年时，原附属于三邑会馆的六邑同善堂（花县、三水、清远、高明、高要、四会）脱离三邑会馆，除花县重归于三邑会馆外，其他加入肇庆会馆。

会馆的工作主要包括安顿新侨，资助老病贫残者回国，捡运先友遗骸回国安葬，对外维护同乡利益，对内协调矛盾等。会馆成立时为华侨互助组织，当其渐成规模、体系完善时，则成为华侨的管理组织。咸丰四年，阳和会馆颁布新章程，从中可以了解详细。摘录其主要内容如下："一、会员入会费十元，六个月内不缴纳者，则附加利息。凡证明有病或系过境者，例定无须缴纳。会员欲归国者，必须将情告知职员，检查账簿，如入会费或其他欠债尚未清结者，不得离境；二、不能劳动之病者，如贫苦而无亲故，由会馆资助其船费回唐；三、关于矿权之争执与纠纷，投诉于本会馆时，作适当之祥虑，倘任何人不肯遵从裁决，本会馆则仍助该受害者，免被虐待；四、会员被人杀害，由本会馆悬赏缉捕凶手，以备审判……"[①]章程中关于离境的规定，使得那些欠债和以赊票方式来美的华侨无法离境，因为没有会馆的出港票，华侨就无法购买船票。会馆对出港票的管理不仅可以增加收入，而且也能够维护商人债主的利益。

2. 宗亲会

宗亲会（血亲会）是以姓氏为基础、血缘为纽带的华侨组织。海外的宗亲会类似于中国传统的家族、宗族组织，但其基础是姓氏，不必完全同宗。以姓氏为主要标志的亲缘性社团是华侨华人社会中的一道独特风景，有着很强的凝聚力。[②] 宗亲会的基础单位叫房口，类似于一个团结互助的小团体或家庭，成员基本来自同村，拥有相同的姓氏。在弱肉强食的旧金山生存，同姓氏的房口便逐渐联合起来，组织起同姓宗亲会。宗亲会

---

① 刘伯骥：《美国华侨史》，台北"行政院"侨务委员会 1976 年版，第 157 页。

② 赵红英、宁一：《五缘性华侨华人社团研究》，同济大学出版社 2013 年版，第 29 页。

与房口提供的服务与会馆并无太大差别，“（宗亲会）对在矿区淘金或建筑铁路的昆仲，每接济救助，如受欺负，或生纠纷，则负责谈判处理，其互助和保卫的作用非常大……”[①] 但是，对于华侨来说，“靠中华会馆不及靠自己县份所属的会馆，靠自己地方性的会馆，又不及靠同乡同宗关系值密切……吉凶喜忧，生死患难，以同宗最能体贴，且堪寄托”[②]。因此，宗亲会的凝聚力很强，在华侨中的影响力很大。

房口产生的时间与会馆差不多，但对于宗亲会的产生历史却很难考证了。根据现有的资料，单姓制宗亲会最早大约出现在 19 世纪 70 年代，例如朱沛国堂创立于 1876 年。宗亲会的组织机构分为父老房和散仔组织，父老房一般称为堂，散仔组织一般称为公所。比较有名的单姓父老房有陈姓颍川堂、李姓陇西堂、黄姓江夏堂和余姓风采堂。一些姓氏的宗亲会由于人数较少，便联合其他几个姓氏宗亲会，例如刘关张赵龙岗公所、谈谭许谢昭伦公所和雷邝方溯源堂。联姓是为了更好地维护利益，其根据有历史故事，如刘关张赵龙岗公所源自三国时期桃园三结义的故事，也有根据异姓同源，如雷邝方三姓本是同姓。每个父老房下均设有散仔机构，听命于父老房，用以保卫和报复，因而备有武装。“大姓的宗族团体因有自卫的散仔房组织，配备武装，故堂号与宗族团体之间，及宗族团体与宗族团体之间，亦常有互斗。”[③] 这些宗亲组织的权力结构大多属于父权式和独裁式，缺少监督机制。虽然名义上那些领导成员通过民主选举推选出来，但实际上往往是有钱人才能成为候选人。一经选出，便可无限期地连任下去。[④]

3. 堂会

堂会（帮会）的创立源于中国民间的秘密组织洪门三合会，在美洲统称为致公堂。关于旧金山最早堂会的创立，据传闻，早在 1848 年，洪门的林迎大佬已经在旧金山“开山”。和会馆、宗亲会一样，堂会的繁盛也是在华侨人口的快速增加之后。梁启超在《新大陆游记》中记载了新大陆林立的堂会：秉公堂、瑞端堂、协英堂、保安堂、秉安堂等共 24 个堂会。这些堂会，有的是直接从洪门致公堂中分立出来，例如秉公堂于 1878 年脱离致公堂。有的则是由华侨直接创立，与洪门的关系疏远，例

① 刘伯骥：《美国华侨史》，台北“行政院”侨务委员会 1976 年版，第 222 页。

② 同上。

③ 同上书，第 235 页。

④ 周敏：《美国华人社会的变迁》，郭南译，上海三联书店 2006 年版，第 119 页。

如由三邑人创建的广德堂、四邑人创建的协义堂和香山人创建的丹山堂。这些堂会均采用洪门致公堂的结义方式，但他们之间并无任何隶属关系，各自为政，往往为了利益而发生堂斗。

堂会以义气为纽带，不论成员的籍贯、姓氏、地位如何，只要宣誓服从堂规，便可加入。这是堂会与会馆、宗亲会不同的地方。堂会创立和兴盛的原因是多方面的：第一，肇始于洪门，洪门结义方式为其发展和兴盛提供了规制，往往比会馆和宗亲会更为团结，也更有力量。然而，洪门反清复明的宗旨由于地域遥远等原因而逐渐不为重视；第二，堂会聚合了华侨社会的底层人，如较小的姓氏团体、小商人、工人以及地痞流氓。这些人遭到华社主流的排挤和压迫；第三，堂会通过经营工商业而有了稳定的经济来源。“早年的堂会具有双重性：体面的工商会和地下的黑社会。黑白两道，合法和非法的事都干。”① “堂会在唐人街中自划地盘，控制社区内部的经济事务。在某种意义上可以说，这是确保社区和成员安全，抵抗外部侵犯的一个强有力的自治机构。”②

（三）中华总商会

早在1852年，旧金山就有了客商会馆的组织，是最早的商会组织。1882年，旧金山华商为了调节商家间的纷争，统一价格以防止同业恶性竞争，成立了昭一公所。后来，由于四邑人不满三邑人对公所的控制，于1896年另立四邑客商公所。1908年，在清朝驻旧金山总领事孙士颐的倡导下，昭以与客商公所于第二年合并成立旧金山华商总会。

1929年旧金山中华总商会公布了其历年的工作情况，主要有交涉不平等事件、抗议苛例、排难解纷、挽回利权、联络感情、办理公益、振兴商务等。③ 总商会交涉的不平等事件有：与邮政局交涉，要求按时送达邮件；与轮船公司交涉，要求赔偿华商的货物损失；与美国报纸交涉，要求更正对华人的诽谤中伤。其抗议的不平等制度有：抗议美国移民局对华人入境的不人道审查，抗议税务局对华人征税过多，抗议海关禁止部分华商

① Peter Kwong, *The New Chinatown* (New York: Hill and Wang, 1996)，转引自周敏：《美国华人社会的变迁》，郭南译，上海三联书店2006年版，第120页。

② 周敏：《美国华人社会的变迁》，郭南译，上海三联书店2006年版，第120页。

③ 《中华总商会宣言》，《少年中国晨报》1929年8月6日至7日版。转引自刘伯骥《美国华侨史·续编》，台北黎明文化事业公司1981年版，第218页。

货物入境。其调节商业矛盾主要包括入会商家之间，入会商家与非入会商家之间以及入会商家与外国人之间的商业纠纷。其挽回利益的方面主要是对于华埠的电灯费、电话费、装修费以及垃圾运输费过多的交涉和抗议。在联络感情方面，总商会的活动内容包括与当地政府、各界人士联络，以方便遇事交涉，凡事均报告中国政府，以得到祖国支持，与其他社团联络感情，协调各方面。此外，对于赈灾捐款、兴办学校等公益活动，中华总商会都有积极参与。

（四）中华总会馆的领导地位

早在 1849 年，旧金山的华侨就组织起中华公所办理全加州华侨事务，当时还延聘了律师代表全体华侨与美国方面交涉。后来，由于各个县籍的会馆逐步建立，安置新侨的工作就逐渐由会馆代替。1853 年，四邑、阳和、三邑、新安（后称为人和）四会馆共同成立中华会所，由各会馆主席联合主持。“该会所可作寄宿舍以便会众之愿意寄宿者，亦可谓医院而由其自请医生诊治。有时筹款为救济贫病而不能赴矿区工作者，或协助其经营于其他事业者。主席俨如法官，执行收债及惩戒小罪犯，较严重者则送往州法院。”[①] 不久，宁阳会馆脱离于四邑会馆，五大会馆改组中华会所为中华公所，租赁新会址。开始时，三邑会馆不愿加入，后由于摩擦消除，遂于其他四会馆协同主持中华公所。到了 1862 年，中华会馆已经有了一定的实力和影响力。1862 年，合和会馆成立，会馆的数量变为六个。于是，中华公所便向加州政府注册为华人六大公司（Chinese Six Companies)。中华公所对外称六大公司，对内则改称为中华会馆。清廷直到 1878 年才在美国设立领事府，因而在这段时间内，中华会馆的职责还包括代行清朝官方的职责。1878 年，肇庆会馆成立，中华会馆的名称没有改变。但正值清朝在美国设立使馆，为了团结华侨以抵御排华风暴，也为加强对在美华侨的控制，清朝驻美使馆将中华会馆改称为总会馆，公使郑藻如定名为金山中华总会馆。1901 年，中华总会馆进行第一次会员登记，并重新向加州政府注册为华人联合慈善会（Chinese Consolidated Benevolent Association)，对内名称不变。1925 年，中华总会馆修订新章程（因 1906 年旧金山地震，章程遗失），改名为驻美中华总会馆。总体而

① 刘伯骥：《美国华侨史》，台北“行政院”侨务委员会 1976 年版，第 168 页。

言，从 1878 年开始，中华总会馆的名称基本保持。

中华总会馆的领导层称为主席团，由七大会馆的主席组成。七大会馆的主席多由国内考有功名的人前往美国担任，“各会馆中，以三邑人才最盛，计由一八八一至一九二七年十四任主席中，有进士三名，举人九名，贡生一名。广东法政学堂毕业一名”。[①] 到了 1926 年，由于各方面的原因，民国政府取消了会馆主席的官方护照。从此之后，各会馆的主席便在当地华侨中选举产生。1930 年，中华会馆修订章程，再次改组，决定新的领导机构由 55 名董事组成。七大会馆的主席组成主席团。主席团的主席称为总董，主席团内设书记、理财兼通事及核数各一名，以主持日常事务。[②]

中华总会馆成立的宗旨在于维持华人社会的团结，担当唐人街“政府”的角色，统一领导各会馆、宗亲会和堂会，管理华人社会的商业和社会活动，对内调解冲突和纷争，规范唐人街事务和个人行为，对外反抗美国主流社会的歧视，代表全体华侨华人与外部社会交涉。[③] 从 1930 年中华会馆修订的章程中有关会务的内容[④]，可以更为详尽地了解：

本总会馆担任办理之会务：

甲、凡华侨商号或个人横被非法苛虐，或意外奇冤，应据公理设法申雪事项。

乙、凡华侨男女出入美境，横被留难阻滞，应据约章设法抗争事项。

丙、凡华侨因事起争或款项纠葛，应设法处分排解事项。

丁、关于开设国文学校教育华侨男女幼童事项。

戊、关于开办华侨医院及其他各种慈善事业事项。

己、关于宣扬国光及振兴国货事项。

庚、关于华侨各等公益协助筹办事项。

辛、关于征收会费事项。

中华总会馆的经费主要来自华侨回国缴纳的出港票。这项收入极不稳定，常常无法支付律师费和其他费用，不足的地方由各会馆摊派。中华总会馆处理包括救济贫困、开办教育、诉讼维权、调解纷争、抗击种族歧视

① 刘伯骥：《美国华侨史》，台北“行政院”侨务委员会 1976 年版，第 174 页。

② 李春辉、杨生茂主编：《美洲华侨华人史》，东方出版社 1990 年版，第 184 页。

③ 周敏：《美国华人社会的变迁》，郭南译，上海三联书店 2006 年版，第 122 页。

④ 刘伯骥：《美国华侨史·续编》，台北黎明文化事业公司 1981 年版，第 164 页。

等全侨性质的事情。虽然没有充足的经费来源和实际的行政权力，但由于其处事认真公平，为在美华侨做了不少好事，在侨界拥有很高的威信。

二　“二战”后的华侨华人社团组织

（一）“二战”与排华法的废除

“二战”是美国华侨华人社会由封闭走向开放的转折点，华侨华人社团组织也随之发生改变。战时及战后颁布的一系列法案，废除了长达61年的排华法，允许华人入籍，华人退伍军人可以免费接受大学教育，其配偶和子女可移民美国等，整个华侨华人社会开始发生本质的变化，逐渐融入主流社会。这主要体现在：华侨华人，特别是土生华人身份观念上的改变；华侨华人从事职业的改变；总体受教育水平的提高；居住地扩大，不再局限于华埠。由于整个华人社会的基础发生改变，华侨华人对社团组织的要求和期望也在改变。在整个形势下，老的组织改变以适应要求，但很费劲，新的组织开始萌芽。

1943年，美国国会废除了《排华法案》（*Chinese Exclusion Act*，1882），新的《马格纳森法案》（*Maganuson Act*，1943）每年允许105名中国人移居美国，并且允许华人移民归化为美国公民。105名的定额实在微不足道，但新法废除了排华法案，并允许华人归化，为华人融入主流社会打开了机会之门。1943—1965年也被学术界称为限额移民时期。1945年，国会通过退伍军人配偶团聚法（《战争新娘法》），允许退伍军人的配偶和子女移民美国，而且这些人不计入配额内。自1948年到1953年，移居美国的华人中，有90%是分离多年后来美与丈夫团聚的妇女。[①] 作为对退伍军人的优待，美国法律还允许他们进入大学免费学习，很多华裔军人得以进入美国大学学习。

由于新的法律的颁布，整体社会氛围的改变，华侨华人在身份认同、就业、教育水平和居住地选择上也发生变化。身份认同的变化：由于长期与主流社会隔绝，生活在排华法案歧视下的老一辈华侨视自己为侨居在美国的中国人，但在美国成长起来的新一代华人却与父辈的观念不同。新一代华人成长在美国，接受美国的教育，与主流社会更亲近。哈罗德·吕在

① 麦美玲、迟进之：《金山路漫漫》，崔树芝译，新华出版社1987年版，第121页。

回忆“二战”给华人带来的影响时说：“到本世纪四十年代，华人才开始被美国人当做朋友对待，因为这时华人与美国人对付的是共同的敌人——日本和德国纳粹分子。转眼之间，华人也成了美国之梦的一部分，这完全是一个不同的时代了。”① 教育水平提高：由于华人家庭向来重视教育，土生华人的受教育水平高出美国平均水平；“二战”后，从大陆、台湾、香港赴美的留学生逐年增多，数量庞大。新中国成立之后，大陆没有派遣留学生，但台湾有大量赴美留学生。此外，战后华人退伍军人享受免费的大学教育，这些都提高了华侨华人的总体受教育水平。就业的变化：由于战争的需要，大批华人进入美国的造船厂、飞机场工作，战争结束后就留了下来；变化最主要的原因在于受教育水平的提高。根据 1940 年人口普查统计，担任专家、工程技术人员、管理人员、经理等职业的华人占到总体的 20%，到了 1950 年变为 40%，增加了一倍。② 居住地的变化：由于职业和受教育水平的改变，华侨华人的收入也在增加，很多人开始搬出拥挤的唐人街，住到其他社区和郊区。唐人街由一个以华人聚居为主的地区变成华人进行社交及商业活动为主的场所。③

在整个大的趋势下，唐人街的传统侨团组织开始顺应要求，改变原来的工作内容，为成员提供英文补习、安家落户等融入主流社会的服务。“但是一些规模较小的组织，却因会员逐渐减少以及领导人年迈而显得变动缓慢。”④ 总体而言，唐人街传统华侨华人社团在“二战”之后逐渐走向衰落。

（二）1965 年后的移民潮与新型侨团的兴起

从“二战”结束到新移民法颁布，美国华侨华人社会内部发生了根本的变化，但真正翻天覆地的改变发生在 1965 年之后。1965 年颁布的新移民法废除了以出生国为基础的配额移民制度，改为以家庭团聚和吸引高技术移民为主，规定每个国家的移民限制在两万人以内，但美国公民的配

---

① 麦美玲、迟进之：《金山路漫漫》，崔树芝译，新华出版社 1987 年版，第 120 页。

② 李春辉、杨生茂主编：《美洲华侨华人史》，东方出版社 1990 年版，第 270 页。

③ 麦礼谦：《从华侨到华人——二十世纪美国华人社会发展史》，三联书店香港分店 1992 年版，第 386 页。

④ Chia-ling Kuo, *Social and Political Change in New York's Chinatown: The role of voluntary associations* (New York: Praeger, 1977). 转引自周敏：《美国华人社会的变迁》，郭南译，上海三联书店 2006 年版，第 127 页。

偶和子女以及年满21岁美国公民的父母不受限制。随着1965年新移民法的实施，台湾和香港地区的大批新移民陆续来到美国。1950—1959年的十年间，台湾共有721人获得永久居留权，1960—1969年，则有15657人获得永久居留权，1970—1979年，人数增加到83155人。改革开放以来，大陆新移民后来居上，数量上远远超过台湾和香港。1970年到1979的十年间，从大陆移民美国的人数为17627人。进入80年代，十年间共有170897人获得永久居留权。前后两个十年是十倍的差距。80年代的十年，台湾总共有119051人移居美国，开始略少于大陆。进入90年代，十年间，大陆有34万多人移居美国，台湾有13万多人，已远远少于大陆。1960—2012年的50多年间，台湾共有46万多人获得美国的永久居留权。中国大陆从改革开放以后的30多年间，共有120多万人获得永久居留权。[①]

新移民在移民目的和方式、教育水平、工作职业上都与老移民有很大的不同。老移民的目的是"淘金梦"，希望能够在美国发财然后荣归故里，因而始终以侨居者为身份。新移民追求的是"美国梦"，想落地生根，融入美国主流社会。在这一点上，新移民与土生华人是相同的。老移民主要是劳工，由于美国开发西部急需劳动力，他们是通过自由移民的方式来到美国。新移民的移民方式主要有家庭团聚、工作移民和投资移民，也有一些非法移民。新移民总体教育水平远高于老移民，很多新移民实际是学生移民，在美国高校毕业后就留在了美国。老移民最早从事采矿业，后来加入铁路修建，有一部分从事农耕、捕鱼，也有到工场工作的。排华期间，华侨华人被排斥在主流社会之外，职业受限制，只能选择一些与白人竞争不大的服务行业，主要有洗衣业、餐饮业和杂货店，它们被称为华人经济的三大支柱。1949年，美国华人洗衣店还有1万多家。[②] 新移民由于教育和经济水平都比较高，从事的职业主要有专业人员、经营管理人员、办公室文员和公务人员等。此外，华人在美国创办企业的也越来越多，主要是一些投资移民和较成功的科技人才。

① U. S. Department of Homeland Security, "2012Yearbook of Immigration Statistics", September 2013, available at: http://www.dhs.gov/yearbo-ok-immigration-statistics - 2012 - legal-permanent-residents.

② 麦礼谦：《从华侨到华人——二十世纪美国华人社会发展史》，生活·读书·新知三联书店香港分店1992年版，第393页。

在这样的大环境下，美国华人社会一方面延续“二战”以来的变化趋势更加融入美国主流社会，另一方面不断有来自港台以及大陆的新移民涌入。内外同时在变的华侨华人社会里，为适合新移民和新形势的需要，新型华侨华人社团开始建立。这些新型侨团主要有校友会、专业人士协会、政治性团体和宗教团体。

1. 校友会

赴美留学的热潮首先兴起于台湾和香港地区。“由于台湾较严格的考试制度的限制和有限的高校教育机会，许多台湾的高中生和大学生选择留学，尤其是赴美留学。[①] 据台湾政府报告，1951 年到 1981 年间总共有 67，000名学生赴美留学。”[②] 1981 年以后，留美学生规模从每年 2 万逐步增长，1993—1994 学年达到历史最高的 37，581 人，之后逐渐减少，2012—2013 学年有 21，867 人[③]。台湾地区留学生建立的校友会主要有台湾大学校友会、成功大学校友会、国立政治大学校友会等。中国大陆的留美热潮始于 20 世纪 80 年代，1988—1989 学年，中国大陆的留美学生人数超过台湾，位居第一。从 1978 年到 2012 年年底，中国累计出国留学人数为 264 万，其中大约有一半左右留学美国[④]。以庞大的留学生群体为基础，各个学校的校友会纷纷创立。仅就硅谷地区而言，就有清华校友会、中科大校友会、上海交大校友会、东南大学校友会、天津大学校友会。

2. 专业人士协会

华侨华人专业人士最主要的来源是留学生，他们主要通过调整学生身份为工作身份，进而申请永久居留权成为留美专业人士。由于大陆和港台的留美学生主要学习的是科学和工程学，新成立的专业人士协会主要集中在科技领域，比较活跃的有：中国旅美科技协会、旅美中国科学家工程师专业人士协会、玉山科技协会、北美华人科技协会、美国新州华人电脑协会等。经济、金融、法律方面的社团相对少一些，但近些年发展很快，如

---

① 周敏：《美国华人社会的变迁》（郭南译），上海三联书店 2006 年版，第 135 页。

② 王灵智：《战后华人知识分子移民美国和美籍华人对科技领域的贡献》，载《南洋资料译丛》1989 年第 4 期，第 78 页。

③ Institute of International Education, “Open Doors: Report on International Educational Exchange 2013”, November 11, 2013, available at: http://www.iie.org/~/media/Files/Corporate/Open-Doors/Fact-Sheets-2013/Country/Taiwan-Open-Doors-Fact-Sheet-2013.ashx.

④ 根据笔者对王辉耀的采访记录，采访时间 2014 年 3 月 6 日，地点在北京汉威大厦中国与全球化智库。

中国旅美金融协会、全美华人金融协会、美中工商协会、留美华人企业家联合会。

3. 政治性团体

最早的政治性团体是由土生华人创立的金山土生子弟会，后来改称同源会。土生华人虽然生长于华埠，沿袭了传统文化，但毕竟是美国公民，在思维方式和利益诉求上与老移民不同。早期的政治性团体还有1918年成立的纽约崇正会，1933年成立的取消排华律公民委员会等。这些团体主要致力于废除《排华法案》，争取华人公民的基本权利。

“二战”期间排华法案的废除，20世纪60年代的民权运动和《民权法案》的颁布都为华人参政清除了政策障碍。1965年之后，随着新移民潮和入籍人数的增加，新的华人政治性团体也不断产生。其中比较活跃的华人参政组织有1973年成立的美华协会、1990年成立的百人会、1998年成立的80/20促进会、1996年成立的华人参政促进会等。这些协会的宗旨与早期的政治性团体不同，已不再局限于争取基本的公民权利，而是动员华人选民力量，鼓励华人参政，提高华人的政治地位。

4. 宗教团体

美国华侨华人的宗教信仰主要有基督新教、佛教和天主教。华侨华人本身有佛教信仰的传统，基督新教和天主教信仰主要是受到美国社会的影响。从宗教信仰来看，美国是一个宗教氛围浓厚的国家，比欧洲的基督教国家有过之而无不及。华人信仰基督教人数的增加也反映了融入主流社会的程度。最早的华人教会是由美国传教士创办的旧金山唐人街长老会，旨在向唐人街的华人传教。但由于排华环境和唐人街浓厚的传统信仰和文化，此后的教会数量并没有很快的增加，直到1965年新移民法颁布以后。改革开放以后，源源不断的大陆新移民使得华人基督教会数量迅速增加。据统计，从1853年到1952年的100年间，美国的华人基督教会从1所增加到66所，1979年快速增加到366所，1984年猛增到700所，2000年达到819所[①]。到21世纪初，有三分之一以上的美国华人信仰基督教，华人教会和福音组织有1800家以上。[②]

① Fenggang Yang, *Religious Diversity Among the Chinese in America*. Byong Gap Min ed., *Religions in Asian American: Building Faith Communities* (New York: Altamira Press, 2002), p. 88.

② 《全球华人教会现状报告书（1998—2003）》，世界华人事工联络中心（华福中心），2007年版。

（三）新华侨华人科技社团的出现与发展

“二战”之前，美国就有了华侨华人科技团体，但数量极少，不成气候。1917 年，一批留美工科生发起成立了中国工程师学会（Chinese Institute of Engineers），交流学术，团结互助，以期为中华振兴、祖国富强贡献力量。后来，该学会因与中国本土的工程师团体联合为中国工程师学会总会，因而又转变为总会的美洲分会。后经历多次兴衰，保留下来的旧金山分会于 1952 年改组为美洲华侨工程学会（Chinese-American Institute of Engineers）。[①] 中华会馆也曾在 1933 年组建过一个华人业余科技团体，叫旧金山中华无线电学会，四年后由于人气减退和经费无着落等问题而解散。[②]

20 世纪 50 年代，台湾开始向美国派遣留学生，其中大部分人留在了美国。大约十年之后，由台湾留美科技人士建立的社团组织开始产生，如 1962 年成立的华美工程师和科学家协会（Chinese-American Institute of Engineers and Scientists），1964 年成立的南加州中华科工学会（Chinese-American Engineers and Scientists Association of Southern California）。南加州中华科工学会至今还举办活动，由于历史悠久，在华人科技界也有一定的影响力。

大陆学生留美是改革开放以后的事，和台湾留美学生一样，专业集中在科学和工程学，而且有相当一部分人留在了美国。十年之后，大陆留美科技人才建立的社团开始兴起，本文称新华侨华人科技专业社团，以区别于台湾留美科技人士建立的社团。华人科技社团兴起在侨界和学术界广受关注，但至今也没有权威的数据统计。1999 年，中国华侨出版社出版了一套《华侨华人百科全书》，其中有一卷收录了全球的华侨华人社团。虽然该书统计不够完善，而且未收录 1994 年以后成立的社团，但可以看出一些趋势。笔者将《华侨华人百科全书・社团政党卷》中收录的美国地区华侨华人科技类社团整理成下表：

---

① 周南京、谢成佳：《华侨华人百科全书・社团政党卷》，中国华侨出版社 1999 年版，第 337 页。

② 同上书，第 215 页。

表 5—1　　1964—1994 年成立的部分华侨华人科技社团情况

成立时间	协会名称	相关情况
1964 年	南加州中华科工学会	协会宗旨为加强旅美台湾华人科技人士的联合，开展学术活动，促进华人科技事业的发展
1970 年	北美中华地球科学协会	凡是在北美洲从事地球科学的华人均可入会。1993 年有会员 200 余人，大多数是台湾大学地质系毕业生，也有来自大陆的专业人士。2000 年左右与北美华人地质科学家协会合并为海外华人地球科学技术学会
1979 年	美国华人科技中心	1977 年以来，南加州一些华人科技工作者与中国科技人员、工业部门和科研机构经常开展交流活动，后创立该协会。初期有会员 100 多人，多数毕业于台湾的大学，后赴美深造，曾积极参与保卫钓鱼岛运动。旨在团结在美华人协助中国实现现代化，促进中美科技交流
1980 年	美中科技进步协会	协会由“台湾北美事务协调委员会”联合台湾旅美科技人才共同筹建。成立初会员只有 80 人，1995 年增至 600 人，博士硕士各 45%。初期只与台湾开展活动，后来扩大为台湾、大陆和香港
1988 年	华美环境保护协会	协会与台湾环保界有较多的业务交流，也与大陆开展学术交流。会员来自环境保护的各个领域，旨在促进会员间、美国与环太平洋国家间的环保科技信息交流
1988 年	硅谷中华软件协会	1989 年时会员有 25 人，1995 年时达到 800 人。旨在为会员提供交流专业经验的园地，提倡创业精神。1990 年曾参加在台湾举办的台北电脑软件大赛
1989 年	硅谷中国工程师协会	协会由中国大陆来美的工程师在旧金山成立。会员中九成是中国大陆来美六七年的留学生，也有一成左右来自台湾
1990 年	华美半导体协会	协会由一批华人半导体工程师发起，成立于硅谷。1993 年有会员 296 人。常与中国大陆和台湾开展学术交流活动
1991 年	北美台湾工程师协会	协会由来自台湾任职于美国科技界人士发起，1997 年有会员 400 多人，分布于美国主要城市，以加州硅谷最多

续表

成立时间	协会名称	相关情况
1991 年	硅谷华美半导体协会	在“台湾北美事务协调委员会”旧金山办事处科学组协调下，硅谷半导体业的华人成立该组织。宗旨为促进会员友谊，推动硅谷台湾两地半导体工业合作
1991 年	硅谷中华信息网络协会	协会成立旨在联合各地信息网络界专业人士，促进从业人员相互成长
1992 年	中国旅美专家协会	协会成立于休斯敦，会员大多数为旅美科技人才，宗旨在于促进中国大陆旅美专业人士之间的信息交流与学术讨论
1992 年	旅美中国科学家工程师协会	1992 年由 11 名中国大陆留美的科技专业人士发起在中西部发起，成立于芝加哥。1995 年时与美中专业人士协会合并，改称为旅美中国科学家工程师专业人士协会
1992 年	中国旅美科技协会	协会由美东地区的旅美科技人士筹划组建，召集人为周华康。 协会成立的目的在于促进旅美华侨华人科技人士之间的交流，促进会员在美国和中国的事业发展，推动中美之间的科技、经济和文化交流。目前协会有会员八千多人，十余个分会和学会遍布全美，另外还在中国大陆的东莞、上海、大连和北京设立办事处
1992 年	美国上海经济科技交流协会	协会由桑修仁发起筹备，成立于纽约法拉盛，主要成员为上海籍华人。目的有：促进中美经商贸易、实业投资、房地产置业、技术转等方面的交流
1993 年	美中科技交流协会	协会由中国大陆、台湾旅美科技人员联合美国科技人员共同组成，总部设在洛杉矶。协会的宗旨是促进美中两国人民的相互了解，促进两国间科学技术的交流和进步，推动跨国公司双边科技合作等。1993 年 7 月与中国国务院外国专家局建立协作关系
1994 年	中国旅美化学家协会	协会由旅美化学、化工专业人士在芝加哥西北大学筹备成立。宗旨为加强与促进中美化工界的交流与往来，提供有益于中国化学、化工实业发展的信息和资料，为中美两国之间有意合作的科研与生产团体牵线搭桥
1994 年	中国旅美专家协会	协会成立于纽约，初期有 100 多名会员，下设医学、制药、化学化工等多个专业分会

资料来源：根据《华侨华人百科全书·社团政党卷》美国地区资料整理而成。

从表中可以看出，新华侨华人科技专业社团兴起于 20 世纪 80 年代末

90年代初，成立较早的有中国旅美工程师协会、中国旅美专家协会、中国旅美科技协会等。从类型上看，有以学科为基础的，如中国旅美化学家协会，也有不分学科的综合性科技社团，如旅美中国科学家工程师协会、中国旅美科技协会等。此外，也有地域性的科技团体，如美国上海经济科技交流会。从地域分布上看，主要分布在加利福尼亚、纽约、伊利诺伊和德克萨斯等州，其中以加州的硅谷地区最多。

20世纪90年代是新华侨华人科技社团繁荣发展时期，数量不断增加，涵盖的专业也越来越广，活动能量也越来越大。2000年之后，当台湾新移民科技社团开始走下坡路时，新华侨华人科技专业社团保持着发展势头。笔者在采访旅美科协原会长时，他表示："他们现在到我们这儿来挖会员，他们就是后继无人，他们那帮人至少是50岁以上的。我们现在洛杉矶分会的很多人被台湾科工会挖走，科工会过去三到四任的会长全是我们大陆人，基本参与的人也都是大陆人，台湾本土来的人很少，完全形不成气候。"[①] 除了以上提到的科技团体外，目前比较活跃的新华侨华人科技社团还有：美国华人生物医药科技协会、新州华人电脑协会、美国数据管理协会、中国旅美专家教授联合会、美西医药协会、美南中国专家协会联合会、华人科技企业协会、美中专业人士协会、芝加哥华人计算机协会、明州华人信息技术协会、硅谷科技协会、硅谷无线科技协会、大费城地区华人科技协会、美中生物医药协会，等等。目前还没有机构和学者统计过美国华人科技社团的数量，据王辉耀估计有上千家。[②]

新华侨华人科技人才群体的形成与壮大是科技社团兴起的根本原因。改革开放之后，大陆留学生的规模史无前例，目前已稳居留美学生来源国第一位，他们就读的专业虽稍有变化，但总体集中在科技方面，加上较高的滞留率，一个庞大的华人科技人才群体在美国逐渐形成，为新华侨华人科技专业社团的繁荣与发展提供了源源不断的动力。[③] 中国旅美科技协会正是在这样的大背景下成立发展起来的，本文选取其为研究案例，进一步分析新华侨华人科技专业社团的内部机制和在中国发展中起到的作用。

---

① 根据笔者对中国旅美科协原会长沈陆的采访记录，采访时间2014年4月3日，地点在国贸北京财富中心。

② 根据笔者对王辉耀的采访记录。

③ 有关中国大陆留美学生的规模、专业和滞留情况详见第四章。

三 个案研究——中国旅美科技协会

中国旅美科技协会是1992年夏成立于纽约的非政治性、非营利性的民间组织。经过20多年的发展，旅美科协成为一个跨越美国各州，包含各个行业的综合性科技团体。协会现有会员八千多人，来自科技、文教、工程、法律、金融、人文等各个领域。目前协会下属十多个分会和学会，会员分布于几十个州，并在中国大连、东莞、广州、北京设有联络处。旅美科协的宗旨为："促进中美之间文化、科技、教育、经贸等领域的合作和发展；弘扬中国传统文化，促进中美两国人民的相互了解；促进旅美学人、华人专业人士之间的团结、合作与交流。"[①] 协会成立以来的知名名誉顾问包括陈省身、宋健、杨振宁、朱光亚、陈香梅，田长霖、周光召、朱丽兰等。[②] 本文从旅美科协的协会定位、组织结构、社团活动、社团刊物和经费来源五个方面具体展开个案研究。

（一）协会定位

大部分的华人科技专业社团都将自己定位为非政治性、非营利性的民间团体，旅美科协也不例外。旅美科协不参与政治性活动，但不代表协会没有政治立场，就海外侨团普遍面对的政治问题而言，旅美科协支持祖国的统一。旅美科协的领导层和工作人员没有工资，属于自愿服务。协会的活动不以营利为目的，活动经费主要依靠会员和企业的捐款和赞助。从协会的名称中还可以看出另外两个属性，即族裔属性和专业属性。族裔属性体现在协会会员均是华侨华人，协会成立的目的在于促进旅美华侨华人科技人士之间的交流，促进会员在美国和中国的事业发展，推动中美之间的科技、经济和文化交流。传统侨团中的会馆、宗亲会等以地缘或者姓氏为基础，旅美科协则以专业为纽带。虽然旅美科协的会员职业分布很广，包括科技、文教、金融、法律和人文领域，但主要会员是科学和工程学领域的专业人士，更具体地说，集中在生物医药和信息技术领域。协会的族裔

① 中国旅美科技协会简介，available at：http：//isd. arizona. edu/castusa/org/introduction. html。

② 同上。

属性和专业属性决定了协会的活动内容、出版刊物和协会的经费来源。

（二）组织结构

1. 总会与分会

经历20多年的发展，旅美科协从一个纽约地区的科技团体发展成全国性的组织，拥有十多个分会。这些分会有：大纽约（纽约、新泽西）分会，亚利桑那分会、洛杉矶分会、圣地亚哥分会、硅谷分会、康州分会，宾州分会、北卡分会、德州分会、犹他分会、哥伦比亚特区分会、佛州分会。[①] 总会支持指导各分会的运作，但没有明确的权力关系。各分会有独立的领导机构，由各分会自行选举产生，不受总会领导。因而存在组织松散，部分分会缺乏与总会的联系等问题。[②] 为了加强总会与分会的联系，科协曾有过多次的领导机构调整，最终形成目前的格局。从目前总会的领导机构看，各分会的骨干成员都有机会进入总会领导层参与管理，总会会长由各分会会长轮流担任，还有专门负责分会工作的副会长，这些都对加强联系，保持协会的团结稳定起到很大作用。除了各分会之外，旅美科协还设有一个学术协调委员会，分为生物医药部和信息技术部。[③] 虽然旅美科协是一个跨专业的科技协会，但其核心成员还是有专业偏向性。核心成员的专业偏向性不仅可以从其学术协调委员会的情况看出，而且可以从协会会刊中了解到。

2. 总会领导机构

旅美科协总会的领导机构分为执行委员会、董事会和理事会，分别由现任会长、上任会长以及上上任会长主持。执行委员会负责协会的日常事务，董事会负责协会的人事，包括预备会长的选举和副会长提名的审核，理事会负责协会章程的修改和会长弹劾动议的表决。三个机构存在一定的制约和平衡关系。但是，协会的运行并非靠权力，成员全凭热情和自愿为科协服务，因而三个机构实际是一个整体，合作远大于制约。从人员构成上就可以看出，三个机构的人员组成多有重复，实际是一个群体。董事会在保证协会领导层稳定过渡中起到很大作用，也对协会的运行起到监督作

① CAST Chapters，available at：http：//isd. arizona. edu/castusa/chapters. html.

② 中国旅美科协第13界年会综述，载《海外学人》2005年第1期，available at：http：//isd. arizona. edu/castusa/mag/index-p. html。

③ 旅美科技协会全国学术委员会，available at：http：//isd. arizona. edu/castusa/nacc. html。

用。理事会主要负责修改章程，较少参与社团运行。笔者曾就旅美科协组织制度采访王辉耀，他曾应邀参加科协多次年会，他表示旅美科协的组织制度对该协会的发展起到很大作用，卸任会长可以继续留在协会工作，每个分会都有机会参与总会管理。①

执行委员会由现任会长、预备会长和各分管副会长组成，实行会长负责制。各个副会长需经会长提名，董事会批准方能上任。2000 年以前，旅美科协的会长都来自纽约分会，从 2001 年开始由各个地区分会会长轮流担任。旅美科协历任会长包括周华康、章球、徐震春、陆重庆、马启元、周孟初、谢家叶、肖水根、石宏、邹有所、林民跃、王飞跃、李百炼、左力、沈陆、陆强、曾大军、方彤、盛晓明、蔡逸强。② 由于实行会长负责制，副会长的人数和分管的内容都会随着换届和形势不同而改变，从中可以看出执行委员会工作内容和重心的改变。下表列出了 2005 年、2012 年和 2013 年执行委员会副会长情况：

表 5—2 旅美科协执行委员会副会长情况（2005 年、2012 年、2013 年）

2005 年度执行委员会副会长情况	
负责分会工作的副会长	负责筹款和协会预算、支出的副会长
负责商务交流活动和专业学会的副会长	负责年会与其他会议组织与协调的副会长
负责学术交流活动和科研学会的副会长	负责出版物和其他活动的副会长
负责长期发展策略的提供与制定的副会长	负责协助主席落实协会工作的副会长（兼秘书长）
2012 年度执行委员会副会长情况	
协助会长处理日常事务的副会长	负责学术活动的副会长
负责新闻通讯及杂志的副会长	负责组织学术会议的副会长
负责企业交流与活动的副会长	负责对外宣传的副会长
负责会员发展的副会长	负责战略规划的副会长
负责公共关系—美国事务的副会长	负责公共关系—中国事务的副会长
负责东部各分会工作协调的副会长	负责中西部各分会工作协调的副会长

① 根据记者对王辉耀的采访记录。

② 中国旅美科技协会简介，available at：http：//isd. arizona. edu/castusa/org/introduction. html。

续表

2012 年度执行委员会副会长情况	
负责总会东部赞助事宜的副会长	负责总会中西部赞助事宜的副会长
负责总会在国内发展与活动的副会长	负责财务的副会长
《海外学人》主编，顾问委员会主席	总会法律顾问
2013 年度执行委员会副会长情况	
协助会长工作的副会长	负责学术活动及出版的副会长（协调人兼财务）
负责学术活动及出版，负责新闻通讯及杂志的副会长	负责学术活动及出版的副会长
负责中美学术交流的副会长（兼 NACC 协调人）	负责中美学术交流的副会长
负责中美企业交流的副会长（兼协调人）	负责中美企业交流的副会长
负责中美企业交流的副会长	负责中美企业交流的副会长
负责协会及会员发展的副会长（兼协调人）	负责中国南方地区会员发展的副会长
负责中国北方地区会员发展的副会长	负责美国西部地区会员发展的副会长
负责美国东部地区会员发展的副会长	法律顾问
《海外学人》主编	

资料来源：根据历年旅美科协会刊《海外学人》整理而成，available at：http：//isd.arizona.edu/castusa/mag/index.html。

2005—2013 年，随着协会的发展壮大，会员人数的增多，副会长的人数从 8 人上升为 17 人，分管工作的内容也不断细化。以商务交流为例，2005 年时有一位副会长分管商务交流活动，到了 2013 年，有四位副会长负责中美企业交流，管理人数增加的同时，内容也更为明确。执委会的工作重心也发生改变，更加重视中美之间的学术和商务活动，以及会员发展工作。2013 年度执行委员会第一次设立四位副会长分别负责中国南北地区和美国东西地区会员发展工作。执行委员会作出的调整与中美的形势有关：中美之间科技商务交流日益密切，中国大力实施海外人才战略，吸引华人科技人才为国服务，以及中国企业试图“走出去”等。执行委员会顺应形势作出调整，构建中美之间科技经济交流的平台，同时也抓住机遇发展壮大自身。协会的社团活动在这种形势下也不断变化。

董事会由现任会长、上任会长、上上任会长、预备会长、分管副会长以及各分会主席组成，上任会长主持工作。董事会成员任期为一年，但可以再次被提名和连任。董事会的主要权力包括选举预备会长，弹劾现任会长。董事会以多数票的方式选举预备会长，弹劾现任会长的动议需要董事会三分之二以上票数，并经理事会做最后表决才能通过。笔者采访的沈陆先生参与了社团章程的制定，他表示设立董事会的目的就是选举会长，由于董事会的成员都是总会和各分会的现任领导者，参加活动比较积极，因而较少出现选举缺席的情况。从具体选举来看，沈陆表示目前还没有出现过两个针锋相对的竞争者，当某一个人选逐渐脱颖而出时，其他人就会自动地退出，因此较早声明竞选者有一定优势。①

理事会成员由各个分会经全体大会提名产生，由上上任会长主持工作。理事会成员的任期为三年，可以一直连任。理事会的权责包括协会总章程的修改，对董事会弹劾会长的动议进行表决，并需三分之二以上有效票通过。理事会较少参与协会的日常运转。由于协会章程相对比较完善，也没有大的问题，理事会无须修改章程。相对执行委员会和董事会来说，理事会比较沉寂。

（三）社团活动

旅美科协的社团活动从内容上可以分为学术交流研讨、中美企业交流、跨国事业发展和文化娱乐四个部分。四个部分密切联系，并无严格界限。协会的很多活动既有学术交流也有企业参与，对会员在美国的事业发展和回国发展事业都有影响。学术交流有助于会员之间交换信息，提升专业水平；会员的学术成果转化为经济利益需要企业的力量，同时，与中国企业建立联系有助于回国创业就业；文化娱乐活动则可以增进会员之间的感情，对于协会团结和发展都有潜移默化的作用。

学术交流研讨是所有科技专业社团的常规活动。通过举办学术交流会，协会成员能够交流专业前沿信息和学术成果，对提升专业水平大有好处。对于初入专业的年轻会员来说，通过参与交流活动可以学习前辈经验，认识本领域的资深人员。从族裔发展的角度来说，学术交流还能提升华裔专业水平，依靠集体的力量打破美国社会的隐形歧视（“玻璃天花板”）。虽然每个社团都有学术交流活动，但由于各自的专业偏向性，交

① 根据笔者对沈陆的采访记录。

流内容各有特色。旅美科协虽然汇聚了各个专业的人员，但在学术交流活动上仍然有专业偏向性，这与其核心成员集中在生物医药和信息技术领域有密切关系。下表摘录了2005年和2006年部分有特点的学术交流活动：

表5—3　　旅美科协部分学术交流研讨活动

年份	举办单位	举办类型	活动名称与内容
2005	旅美科协华盛顿分会与旅美科协网络协会联合举办	内部联合	系列讲座：一、谈影响中年人健康的隐形杀手；二、西部大开发、东北振兴还是中部崛起；三、数据仓库和智能商务发展的概况；四、实用计算机网络知识讲座
2005	美洲中国工程师学会、中国旅美科技协会、美东华人学术联谊会、玉山科技协会、中华光电学会联合主办	同业联合	第十四届无线与光电通信研讨会。参会人员有来自大陆、台湾、香港、新加坡和北美华人科技人才
2006	中科院自动化研究所、亚利桑大学、南加州大学主办 中国旅美科协协办	跨国联合	首届中美数字政府研究与实践国际论坛。论坛就如何利用计算机技术提高政府工作效率进行了探讨
2006	旅美科协德州分会	独立举办	展望新一代网络技术研讨会
2006	旅美科协大纽约分会	独立举办	年会分技术讨论会和家庭生活两部分。技术讨论会包括信息新技术和服务，机器人发展的过程进展，能源发展和战略，全球临床进展和外包的机遇，企业和项目，企业发展。家庭生活会有烧烤和会餐
2006	旅美科协亚利桑那分会	独立举办	年会中教授会员分享了在美国学术界成长的经验

资料来源：根据历年旅美科协会刊《海外学人》整理，available at：http：//isd. arizona. edu/castusa/mag/index. html。

从活动内容可以看出，旅美科协学术研讨活动的主题围绕着信息技术和生物医药展开，以及与此相关的政府和企业项目。从举办单位来看，既有独立举办也有联合举办，联合举办中包括内部联合、同业联合以及跨国联合三种形式。联合举办活动有助于旅美科协与同类社团和国内组织建立联系，密切关系。

旅美科协借助族裔特点和专业优势举办中美企业交流活动，既可以密切社企关系，将成果通过企业投入市场，也可以促进中美企业的交流合作，推动中国企业"走出去"，还为协会成员回国发展事业创造机会。实际上，科协的主要负责人往往身兼数职，担任相关领域企业的管理和研发人员。这种交织的人事关系为社企合作打开了方便之门。和学术交流活动一样，科协举办的中美企业交流活动也主要集中在高新技术行业。从举办方式来看，有跨国联合举办，例如 2005 年中美软件外包高峰论坛就是联合中国科技部和美国国际经理人协会共同举办的；也有国内联合，例如 2006 年旅美科协大纽约分会和美国国际经理人协会、美国信息管理协会共同主办了中国信息技术高峰论坛。表 5—4 列出了旅美科协举办的部分中美企业交流活动。

表 5—4　　旅美科协部分中美企业交流活动

时间	举办单位	举办方式	活动名称与内容
2005 年	旅美科协得州分会协办。分会会长，同时担任 Unview 公司技术总裁的白强牵头组织	独立举办	第三届 RFID 全球年会中国专题广场活动。中国代表团与德州仪器、毕博、Sun 微系统以及多家美国 IT 企业交流
2005 年	美国国际经理人协会、大纽约旅美科技协会、中国科技部火炬中心共同主办	跨国联合	中美软件外包高峰会议，主题有：美国 IT 企业向中国发布最新软件外包项目；中国高科技企业"走出去"，参与国际市场竞争
2005 年	北京大学继续教育部、中国青年报社、中国旅美科协、泛太平洋风险投资集团共同举办	跨国联合	中美企业发展高峰论坛：提高中国企业的核心竞争力，推动中国企业"走出去"
2006 年	旅美科协大纽约分会、美国国际经理人协会、美国信息管理协会共同主办	国内联合	2006 中国信息技术高峰论坛。论坛为中美 IT 企业提供了交流与合作的平台，推动中国高科技企业进军欧美市场

资料来源：根据历年旅美科协会刊《海外学人》整理，available at：http：//isd. arizona. edu/castusa/mag/index. html。

随着中国海外人才战略的实施，越来越多的海外科技人才回国发展事业，有的则跨国发展事业，两头兼顾，即“海归”和“海鸥”现象。国家需要海外人才，旅美华侨华人也希望为国服务，协助会员发展跨国事业日益成为旅美科协的主导活动。相关的社团活动包括：发布信息，介绍国内最新就业创业信息；举办讲座，介绍国内就业创业环境；会晤国内代表团，讨论项目合作和职业发展问题；组团参加国内各地区引智引才活动，考察就业创业环境。

旅美科协重视与国内负责海外人才工作的政府机构和企事业单位建立联系。2004 年，中国科协发起“海外智力为国服务行动计划”，旅美科协是最早的海外联系社团之一。旅美科协 2004 年年会召开前夕、时任中科院院长路甬祥、中国科学技术协会主席周光召、驻美大使杨洁篪以及国务院侨办都发送贺电。[①] 2005 年 7 月 8 日，就在海外华侨华人专业人士协（学）会会长联席会召开前夕，国务院侨办经济科技司谭天星副司长等接待了旅美科技协会代表团。2013 年 6 月，旅美科协领导团队拜会了国务院侨办新任主任裘援平。2014 年年初，旅美科协邀请中国科协代表团参观访问，讨论进一步加强科技合作问题。为了更全面地参与中国吸引海外人才为国服务计划，旅美科协还在广东东莞、上海、大连和北京设立联络处。新华侨华人科技专业社团在中国海外人才战略中起到越来越重要的作用，下文将对此问题作进一步讨论。

除此之外，每逢中国传统节日，旅美科协各个分会都会举办各色文化娱乐活动。以 2013 年科协举办的文化娱乐活动为例，旅美科协犹他分会和当地一些华人社团 9 月末举办了“犹他华人中秋暨国庆联欢会”，犹他华人聚居一堂，气氛热烈。春节是华人最重视的节日，年末，科协十几个分会都举办了春节联欢活动。在美国的节日里，部分分会也有举办活动，例如 2013 年 11 月，佛罗里达分会在会长家中举办了感恩节聚会。除了特定节日，一些分会也会在平日里举办活动，例如 2013 年 10 月，大纽约分会和其他当地协会举办了夏季烧烤野餐会，11 月，费城分会举办了登山活动。此外，科协很多学术和企业活动中都会穿插着会餐、烧烤等娱乐活动，这些文化娱乐活动对于密切会员关系，加强团结，增进友谊都有着很

---

① 旅美科协 2004 年年会专题报道，载《海外学人》2005 年第 1 期，第 3—6 页。Available at：http：//isd. arizona. edu/castusa/mag/index-p. html。

大的作用。

（四）社团刊物

旅美科协早期的会刊叫《海风》，2005 年与美国竺可桢教育基金会联合创办新会刊《海外学人》，后独立负责《海外学人》的编辑出版。旅美科协前主席王飞跃在创刊词中阐述了《海外学人》的宗旨："服务于广大会员，使中国旅美科技协会不断发展壮大，真正成为一个有活力凝聚旅美学人的组织。《海外学人》的目标就是成为会员学习交流的园地，施展才能的舞台；成为海外絮儿了解祖国现状，祖国亲人了解海外民情的一个渠道，最终使旅美科协真正起到'科技交流的使者，中美友谊的桥梁'的作用。"①

前几期《海外学人》的内容较杂，既有社团活动的介绍，也有关于读书研究的感悟，题材也多种多样。近几年，《海外学人》往专业化方向发展，更加重视将会刊发展成为专业交流的平台。2010 年出了《生物医学专刊》，2012 年出了《绿色专刊》，2013 年出了《生物医药专刊》《中美企业专刊》和《大数据专刊》。前会长蔡逸强在科协 2013 年新年寄语中比较分析了这个转变及其意义："科协出版的杂志《海外学人》《通讯》月刊及《海外学人》的《绿色技术专刊》《信息技术专刊》及《生物医学专刊》等专业综述类刊物的渐次出版，则从另一个侧面反映出旅美科协成员组成的专业构成和特点，也为旅美科协的专业化交流和发展提供了一个重要的新载体和平台。"②

（五）经费来源

根据笔者对沈陆先生的采访，旅美科协没有固定的经费来源，经费来源方式主要有捐款和赞助。旅美科协的大部分成员在美国公司工作，他们会捐给协会一些钱，美国的一些大公司也鼓励成员捐款，公司也会跟着捐。科协举办或参与活动能够得到一些收入，例如帮助国内的代表团举办活动会，参加一些当地的公益活动。旅美科协每年举办的年会会筹集到一

① 《海外学人》"创刊词"，载《海外学人》2005 年第 1 期，available at：http：//isd. arizona. edu/castusa/mag/index-p. html.

② 时任旅美科协总会会长蔡逸强：旅美科协 2013 年新年寄语，at http：//isd. arizona. edu/castusa/index. html。

些赞助和捐款，这是协会经费来源较大的一块。例如2013年10月举办的第21届年会，赞助机构有“美丽中国之城”项目机构、纽约商务出版社、旅美科协洛杉矶分会、华盛顿分会以及美国和国内的一些公司。作为回报，科协会与这些公司签订互利协议或者在年会宣传册插入宣传广告或者播放宣传视频。此外，由于协会成员的学历都比较高，也有相当的经济能力，美国的一些猎头公司、房地产经纪人和保险经纪人会给协会一些赞助，作为回报，协会允许他们举办活动宣传自己的产品。

旅美科协各个分会有自己独立的账户，总会没有账户，总会的账户一般设在会长所在分会的账户内。分会由于有自己的账户，逐年累月能够积累一定的资金，但总会会长上台时经费为零，需要想方设法筹集资金。除了依靠捐款和赞助，会长也会争取所在分会和其他资金较多的分会的支持，但分会没有义务提供资金支持。

四　新华侨华人科技专业社团的作用

（一）美国华人科技人才的“人才库”

美国新华侨华人科技专业社团将在美华人科技人才联系起来，形成一张遍布全美的人才网络。每个科技社团相当于一个科技人才的“人才库”，加起来几乎汇聚了在美所有华侨华人科技人才。沈陆在采访中表示，通过华侨华人科技社团基本上可以找到国内需要的科技人才。[①] 以旅美科协为例，目前会员总数超过八千人，主要是科技领域的专业人士，也有来自文教、工程、法律等领域的专业人士。许多会员在美国高等院校、科研机构、美国知名大公司和世界500强跨国企业从事科技开发和研究工作。[②] 随着中国海外人才战略的大规模实施，借助于科技专业社团的桥梁作用，“人才库”与国内科技经济发展快速对接起来。海外人才为国服务主要有“海归”和“海鸥”。旅美科协前会长蔡逸强表示，近年来旅美科协部分会员作为中国引进的重要专业人才如“千人计划”人才、特聘教授、专家或创业者等也已成功“海归”于中国的各个新的工作岗位上而

① 根据笔者对沈陆的采访记录。

② 中国旅美科技协会简介，载《海外学人——中美企业专刊》2013年专刊，available at：http：//isd. arizona. edu/castusa/mag/index-p. html。

开创新的事业。[①] “海鸥”指的是在中美两国同时发展事业的专业人才，他们定期来往于两国之间。旅美科协理事会主席沈陆说，“海鸥”现象在该协会已经非常普遍，国际人才的流动、智力的输出引进早已不是单一的“海归”模式。[②] 王辉耀最早提出“海鸥”这一比喻，他在《中国海归发展报告（2013）》中表示：“对于部分领域，‘海鸥’能够发挥更大的作用。某些领域的人才如果回国，一时缺乏发挥作用的平台，留在海外掌握最新技术与经验，将其传递回国内作用更大，自己也更有发挥空间。”[③] 需要指出的是，“海归”与“海鸥”并非截然分开，很多“海归”原先是“海鸥”，随着时间和精力倾斜到中国，遂放弃海外的事业，全身心回国发展事业。一方面是全球人才争夺战愈发激烈，另一方面是国际人才环流。中国从号召海外学子“回国服务”到“为国服务”正是顺应了这个形势。

（二）沟通交流的平台

华侨华人科技社团不仅是个“人才库”，也发挥着强大的沟通交流作用。中国海外人才战略、引智引才的项目信息通过社团组织发布出去；海外人才则通过社团组织了解这些信息，进而参与国内活动。科技社团作为沟通交流的平台与国内实现“平台对接”，回国就业、创业的信息得以迅速、有效地传递。以旅美科协为例，通过在社团网页和刊物发布信息，通过举办论坛、讲座和会议等发挥平台的作用。为了更好地实现与国内的“平台对接”，旅美科协连续在东莞、上海、大连和北京设立联络处。除了参与中国引才引智，旅美科协还协助中国企业“走出去”战略的实施。旅美科协通过与美国相关团体共同举办活动，搭建中美企业之间互动交流的平台。

（三）参与中国引智引才活动

美国拥有最大规模的海外华人科技人才，是国家引智引才活动的重点

① 时任旅美科协总会会长蔡逸强：《旅美科协 2013 年新年寄语》，at http://isd.arizona.edu/castusa/index.html.

② 《海归变身为“海鸥”国际人才交流呈现环流趋势》，载《深圳特区报》2009 年 11 月 9 日。

③ 王辉耀、苗绿主编：《国际人才蓝皮书：中国海归发展报告 2013》，社会科学文献出版社 2013 年版。

国家。从国内就业、创业信息的宣传到组织海外人才回国考察交流，美国新华侨华人科技社团在其中起到了重要作用。2004 年，中国科协开展“海外智力为国服务行动计划”，共有 88 个海外科技专业社团与之建立联系，其中来自美国的有 42 个，约占一半[①]。2013 年 6 月在湖北召开的“华创会”共有 612 位海外人士报名参会，其中来自美国的有 260 人，约占总人数的 40%。[②]

以旅美科协为例，从协会内部的信息宣传，到组团参加国内大小引才会，再到共同主办引智引才大会，旅美科协广泛参与中国引智引才活动，而且参与度不断增大，其作用已不再是简单的“平台”，而是主动参与者，起到“枢纽”的作用。[③] 参与中国引智引才和中美经济科技交流已成为科协的主导活动。以 2013 年为例，下表列出了其组团参会情况：

表 5—5　　2013 年旅美科协参与中国引智引才活动情况

时间	活动名称	具体情况
2013 年 6 月	第 13 届“华创会”	旅美科协携带项目组团参会。大会聚集了全球海外专业人士和国内科技企业和留学生创业基地
2013 年 6 月	2013“海创周”	旅美科协组团参会，还组织举办了生物医药科技微型论坛。高校研究人员，企业界产品开发专家，企业界管理者和金融界人士等近百人参加了微论坛
2013 年 9 月	中国（江苏）国际科技交流与人才智力合作大会	大会主题为国际科技交流与海外人才智力引进。此次大会的不同之处在于，旅美科协第一次以共同主办者的身份参与大会。这是旅美科协首次在国内举办高水平、高层次、高规格的国际科技交流大会
2013 年 11 月	2013 浙江·杭州国际人才交流与合作大会	总会董事长盛晓明博士、前任会长陆重庆博士、前任会长沈陆先生、总会副会长陈志雄博士、郭光博士、沈琦博士等十几人携带项目参加了这次大会，项目覆盖新能源环保技术、电子信息、城市建筑规划、教育、生物医药、新材料、金融财务等领域

① 中国科协海外智力为国服务行动计划，available at：http：//hzb. cast. org. cn/n11131980/n11132085/n11132115/n11132145/11135332. html。

② 华创会：《2013 年海外专业人士报名汇总表》，available at：http：//www. hch. org. cn/website/index. jsf。

③ 笔者在采访王辉耀时，他用“枢纽”来形容科技社团在引智引才中的作用。

续表

时间	活动名称	具体情况
2013 年 11 月	2013 年“百名海外博士江苏行”活动	旅美科协组团参加。“百名海外博士江苏行”活动邀请 100 名海外博士在江苏境内进行一周的考察活动，参观相关企业、工业科技园区，就合作和项目进行洽谈

资料来源：根据旅美科协网站资料汇总而成，available at：http：//isd. arizona. edu/castusa/index. html。

2013 年 6 月，旅美科协组团参加第 13 届“华创会”。“华创会”是“华侨华人专业人士创业发展洽谈会”的简称，该会由国务院侨办、湖北省政府和武汉市政府共同主办，旨在引进海外高层次人才、高新技术和海外华资。[①] 在这次“华创会”上，旅美科协共携带 7 个项目参会，这些项目集中在生物医药领域和信息技术在生物医药中的运用，这与代表团成员的专业和职业有关。这也反映了科技社团成员的专业偏向性对其社团活动的影响。表 5—6 列出了科协参会成员及其参会项目情况。

表 5—6　　第 13 届“华创会”旅美科协参会人员与项目情况

社团成员	专业	公司（单位）及职务	项目名称
旅美科协现任总会会长	分子生物、遗传学	耶鲁大学医学院副研究员	BAC－转基因技术 肾损伤程度检查技术
旅美科协成员	计算机数据管理	昂建生物制药公司工程师	医药化工实验室信息化
旅美科协成员	计算机数据管理	美国勃林格英格翰研究主任	医药化工实验室信息化
旅美科协洛杉矶理事	MPA	美国加州 NSA 国际有限公司副总裁	
旅美科协成员	生物化学	美国加州 NSA 国际有限公司总经理	
旅美科协 2014 年候任会长	计算机数据管理	昂建生物制药公司高级副研究员	医药化工实验室信息化

① 华侨华人创业发展洽谈会，available at：http：//www. jzwsqwj. gov. cn/qiaowu/list. asp? id = 1919。

续表

社团成员	专业	公司（单位）及职务	项目名称
旅美科协副会长	遗传学和基因组学	美国爱姆斯坦生物技术有限公司董事、首席科学家	单细胞基因组学技术及其应用
旅美科协成员	工商管理	美国万代公司财务经理	国际房地产投资和公司企业合并项目
康州分会副理事长	植物生理学	耶鲁大学副研究员	抗银屑病药物研发
哥伦比亚大学亚太发展协会主席旅美科协副会长	电气工程/计算机	哥伦比亚大学副研究科学家	可持续建筑、工程研发技术

资料来源：华侨华人创业洽谈会《2013 年海外专业人士报名汇总表》，available at：http：//www. hch. org. cn/doc/2013db. xls。

除了参与中国各地举办的引智引才大会，旅美科协比其他科技社团走得更远，直接参与大会的举办。2013 年 9 月在张家港召开的“中国（江苏）国际科技交流与人才智力合作大会”，就是旅美科协第一次在国内参与举办的高水平、高层次、高规格的大会。[①] 旅美科协成员对这次活动的意义也有较高的评价：“张家港大会有别于一般的招才引智专门活动，充分发挥了科协的桥梁纽带作用，调动了国内国外、民间政府等多方积极因素，强化了与海外科技团体及海外科技工作者信息沟通和需求的联系，搭建国际科技交流与人才智力合作的柔性服务平台。”[②] 此次大会在吸引人才和项目成果上并不十分突出，但开创了一种新的办会模式。海外科技社团不再仅仅是应邀参会的对象，而是共同办会的合作伙伴。旅美科协也一改原来“大会客人”的身份而成为“办会主人”，这极大地调动了科协上下的积极性。这种新的办会模式预示着未来的方向，对完善我国引智引才工作有一定的借鉴价值。

此外，中国各地区也积极组织代表团赴海外招才引智。例如，2010 年北京市侨办等部门就组织了代表团赴美宣传“海外人才聚集工程”，吸

---

① 2013 年中国（江苏）国际科技交流与人才智力合作大会，available at：http：//www. castdc. org/cast_ web_ 2006/events. htm。

② 同上。

引高水平、高技术的海外人才到北京发展事业。大纽约地区多个科技专业团体参加这次活动，包括中国旅美科技协会、美华专业人士协会、美中药协、新泽西华人电脑协会、美洲中国工程师学会大纽约分会等。[①]

（四）协助中国企业“走出去”

海外华侨华人社团因同时了解中美的情况，在协助中国企业“走出去”方面有天然的优势。科技专业社团同时可凭借专业优势为中国企业在科技领域实现“走出去”发挥积极作用。例如，2005 年 8 月，旅美科协与美国国际经理人协会和中国科技部火炬中心共同举办了“中美软件外包高峰会议”，就美国 IT 企业向中国发布软件外包情况，中国高科技企业“走出去”，参与国际竞争问题进行了讨论。第二年 11 月，旅美科协再次与美国国际经理人协会合作，外加美国信息管理协会共同举办“2006 年中国信息技术高峰论坛”。论坛为中美 IT 企业提供了交流与合作的平台，推动中国高科技企业进军欧美市场。与参与中国引智引才相比，华侨华人科技专业社团在协助中国企业“走出去”方面发挥的作用依然有限。对此，王辉耀在采访中表示中国企业“走出去”的本身也不多，这是其作用有限的原因之一[②]。沈陆在采访中表示，目前不是以旅美科协的名义帮助中国企业“走出去”，一般是会员借着协会这个平台为国内企业和美国企业牵线搭桥[③]。

五　小结

中国从清末动荡、民国初建到国民党败退台湾和新中国的建立，美国从需要华工、立法排华到废除排华法、制定新移民法，在这个跨越太平洋的历史变换中，美国华侨华人书写了他们一百六十多年的生存发展史，而这段历史又浓缩为华侨华人社团的历史。无论是老侨们依靠的中华会馆，还是新移民们建立的各种新型社团，都是时代的产物，都反映了华侨华人的需求，也都为维护并增进全体华侨华人的利益发挥了不可忽视的作用。

① 《北京赴美举办引才座谈会——多个华人社团响应》，中国新闻网，2010 年 5 月 18 日，available at：http：//www. chinanews. com/lxsh/news/2010/05 - 18/2288274. shtml。

② 根据笔者对王辉耀的采访记录。

③ 根据笔者对沈陆的采访记录。

一直以来，美国的华侨华人不断努力实现“美国梦”，融入主流社会，同时关心着中国的发展，为中国的建设添砖加瓦。因此，他们建立社团的目的不仅在于增进自身的利益，还在于更好地与国内保持联系，推动中国的发展，加强中美之间的交流与合作。

第六章

美国新华侨华人的跨国行为

新华侨华人是相对于老华侨华人的一个名词，它具有强烈的时间概念。一般来讲，新华侨华人是指中国改革开放以来出国或者定居海外的中国人。我们在著名侨乡福建省福清市的田野调查中，多次就新华侨华人这个词询问当地的侨务干部、华侨和华侨家庭，他们几乎一致认为：新华侨华人就是指中国改革开放以来出国或者定居海外的中国人。[①] 他们的回答与海外华侨华人社会有所不同，在海外华侨华人中，新华侨华人一般是指自中华人民共和国成立以来出国或者定居海外的中国人，尤其是老华侨华人的这种看法更为明显。研究者对以上两种看法都有提及和认可，并没有摒弃任何一个。[②]

中国社会科学院美国研究所姬虹研究员认为，1965 年以后移民美国的人是美国的新移民，以 1965 年美国通过《1965 年移民和国籍法修正案》与其他时期移民美国的人区别开来[③]。她的专著《美国新移民研究（1965 至今）》是一部专门研究美国新移民的重要著作，也是研究美国新华侨华人新移民的重要参考著作。

就中国的实际情况来看，改革开放的确是中国人出国或者定居海外的一个高峰时间节点，虽然中华人民共和国成立前后也是中国人出国或者定居海外的一个高峰时间节点，但是两者不论从数量上还是从出国动机等诸

---

① 2012 年 9 月下旬，“美国新华侨华人”课题组在姬虹研究员带领下，在福建省福清市海口镇牛宅村进行了实地田野调查。在福建省、福清市和牛宅村有关领导的帮助下，入户访问了多个新华侨华人家庭，获取了丰富的田野调查资料。

② 丘进主编：《华侨华人研究报告》（2011），社会科学文献出版社 2011 年第 1 版，第 58 页。

③ 姬虹：《美国新移民研究（1965 年至今）》，知识产权出版社 2008 年第 1 版，第 1 页。

多方面看，差别是十分明显的。从某种意义上讲，中华人民共和国成立前后出国定居海外的中国人，更应该被看作新老华侨华人的过渡代。从中国社会发展和人口流动的角度来看，把中国改革开放以来出国定居海外的中国人定义为新华侨华人是比较客观的。

“新”“老”就时间而言似乎差别不大，前前后后也就不过30多年，但是新华侨华人与老华侨华人差别却是很大的。美国老华侨华人创造了美国华侨华人社会，形成了与美国主流社会不同的社会特征：家庭或家族为社会资本的经济模式，孝亲道德哲学为核心的社会文化，勤劳节俭的社会生存方式，重视教育的社会竞争方式。这种社会特征具有浓重的中国传统社会色彩，与美国社会的区别十分明显。研究新华侨华人当然不可能脱离海外华侨华人社会的这些基本特点，同时我们更注重的是其中的变化、发展和原因。时代在变化和发展，中国社会也在变化和发展，海外华侨华人社会也在变化和发展，其中的变化之一就是美国新华侨华人的跨国行为。

在全球化的背景下大量出现的美国新华侨华人的跨国行为，日益成为他们生活的一种模式，一种经常性的生活状态。在世界移民的浪潮中，跨国行为本是一种普遍现象，但是美国新华侨华人的跨国行为，又有中国、美国两个国家在社会发展上所处的不同的阶段的原因。中国是目前世界上最大的发展中国家，美国是世界上最大的发达国家，因此美国的新华侨华人的跨国行为必然会刻印上自己的特点。美国的很多新华侨华人，他们去美国是为了学习美国先进的科学技术和管理经验，是为了让自己的子女受到美国先进的教育，或者是为了得到更好的投资机会和工作机会，虽然他们已经取得了美国的永久居留证或者美国国籍，但他们实际上在中国生活和工作的时间也很多，他们资产和文化心理的重心在中国和美国两国之间不断地摆动。推动这种不断摆动的力量就是存在于美国新华侨华人之中的跨国联系，这种他们与中国文化、社会和经济扯不断的跨国联系。

在美国新华侨华人的跨国行为的研究题目下，并不排除美国本土出生的华侨华人的跨国行为。只是相对来说，美国新华侨华人的跨国行为是一种更加明显的社会行为，包括发生这种行为的人群数量和行为频次。

跨国行为有爱国爱家传统的道德意义，但不仅仅如此；跨国行为有文化或者情感补偿意义，但不仅仅如此；跨国行为是社会生活信息充分的交流，但也不仅仅完全如此。跨国行为引发的是美国新华侨华人一种新的生活方式，一种实际已经发生并且不断丰富的社会性行为。美国新华侨华人的这种生活方式可以给他们带来他们所期许的利益，推动美国华侨华人社会发展，促进中美两国和谐相处。

一 美国华侨华人传统社会的基本特点

家庭或家族为社会资本的经济模式，孝亲思想为核心的社会文化，勤劳节俭的社会生存方式，重视教育的竞争方式，是美国华侨华人社会的基本特点和社会基础。它包含着稳定和丰富的经济关系和文化关系，是美国华侨华人传统社会的核心，也是美国华侨华人构建社会经济模式和文化模式的起点。

家庭或家族为社会资本的经济模式源于既有的家庭和家族关系，维系着华侨华人社会家庭和家族关系长期存在。19 世纪中期在美国成立的几个有代表性的华侨华人会馆，如三邑会馆和四邑会馆，其中一项工作是把死亡的华侨华人的骨灰捡运后送回国内，并且明确规定了捡运费收取的标准①，让这些死在异域的人们回到自己故土故里，葬入祖坟，叶落归根，回归自己的家庭和家族。

厦门大学潘宏立教授认为，菲律宾华侨华人社会组织、宗亲组织与祖籍地的同姓组织联系十分密切，闽南同姓组织实为宗族和宗亲两大组织合成，潘宏立教授专门撰文《菲律宾华人社会与闽南侨乡的同姓组织》，揭示“海外华人同姓组织与闽南侨乡同姓组织的结构及互动状况，阐明其社会原因及作用”②。潘教授的这个判断对美国传统华侨华人社会同样也是适用的。

华侨华人社会家庭和家族关系的存续，主要源自家庭和家族的绵延不绝，随之而来缔结的家庭和家族成员间的关系也是绵延不绝的，并在每一个家庭和家族的不同辈分之间，织就了复杂关系。这种关系与生俱来，可以准确地给出每一个人在家庭和家族中的位置，一直传承后代。从人生哲学的角度看，它解决了一个“我是谁”和“我从哪里来”的问题，从社会学的角度看，它确定了一个人在家庭和家族关系中起码的位置，使得任

① 李春晖、杨生茂主编：《美洲华侨华人史》，东方出版社 1990 年第 1 版，第 179—181 页。

② 庄国土、清水纯、潘宏立：《近 30 年来东亚华人社团的新变化》，厦门大学出版社 2010 年第 1 版，第 373—392 页。

何一个人变得不是孤立的一个人，而是一个有社会意义的人，这个人就成为华侨华人社会基本社会关系中的一个节点，一个有着社会“身份”的人。他或者她一出生，就被这种基本社会关系所笼罩、所包庇和护佑，由于他或者她的出生而不是别的什么原因就自然地获取了一个人社会生存的必需的社会资本。

在中国传统社会，家庭不但是社会最基本的组织细胞，也是社会最基本的经济细胞。家庭经济衍生出中国丰富的传统政治、经济和文化传统。但对于家庭经济的经济模式而言，在中国传统社会里，主要是满足家庭成员的物质需求，很少用于商品交换，难以滋生出以家庭经济为基础的商品生产。

在以工业化为主要标志的商品社会背景下，自给自足的家庭经济是很难实现和发展的。大量华侨华人移居海外，是以出卖自己劳动力为前提的，华侨华人用于商品交换的就是自己的劳动力。在商品经济迅速发展乃至像美国这样的商品经济发达的社会背景下，华侨华人与其他国家的移居者在初始之时看来并无二致。因为他们都缺乏必要的原始资本，丧失了自给自足家庭经济起码的条件，都是资本主义国家社会中廉价劳动力的提供者。尤其是19世纪中期到19世纪末期出国的华侨华人，他们一旦出国，就等于告别了传统的家庭经济生活，走上了一条充满艰辛的生活道路，廉价的劳动力变成了他们生存的唯一资本。

此种情形在20世纪初期开始发生了变化。在菲律宾20世纪初的十多年间，“华侨华人经营的菜仔店、叫卖商铺……商店和批发店，几乎掌控了菲律宾的零售业，且在批发和进口业也占有重要地位”。“1912年华侨华人零售店有8，455家，从业者约45，000人。”“这些店铺，或雇工一二，或夫妻自理，终日营业。”① 可以明显地看出，此时的华侨华人社会的家庭经济在东南亚各国开始形成，在欧美等国情况也大致如此。这个时期华侨华人社会凭借家庭和家族为主要构成的社会资本，以家庭和家族经济为主要发展模式，适应商品社会经济环境，改变了自己的生存状况，提升了华侨华人社会整体的经济水平。华侨华人家庭经济开始以商品生产和商品经济的形式，融入了当地社会商品经济大潮，为华侨华人社会的发展奠定了基本的经济基础。

① 庄国土、刘文正：《东亚华人社会形成和发展》，厦门大学出版社2009年版，第117页。

这种经济上适应或者改变的意义十分重要。背负着千年传统文化的华侨华人，在一个自己陌生的文化环境里，终于找到了源于自己文化传统，又能融入所在国主流经济发展模式的生存方式。从我们现在研究的角度看，他们无疑是用自己艰苦的努力，给了我们一个重要的启示：中国传统的以家庭或者血缘关系为基本纽带的社会资本，在商品社会仍然具有它无限的魅力和巨大的发展空间。

华侨华人社会家庭经济进一步的发展形式是华侨华人家族公司或者华侨华人控股公司的出现和发展，这种情形在华侨华人聚集的东南亚国家和地区尤为显现。20 世纪 70 年代至 90 年代，是这个地区华侨华人家族公司迅速扩张发展的黄金时期。资料表明，在马来西亚资本规模 2 亿美元的华人企业集团有 40 家，其中有 17 家在 4 亿美元以上。印度尼西亚国内最大的 200 家私人公司中，有 167 家属于华人公司。在菲律宾和泰国，华人公司也是颇具规模。1996 年股票市值在 1. 85 亿美元以上的 500 家全世界华人企业中，马来西亚有 98 家，菲律宾有 15 家，泰国有 30 家，印度尼西亚有 31 家。[①] 这些东南亚国家和地区的华人公司，已经成为当地华侨华人社会中的领导型企业，成为所在国重要的经济成分，相当多的这类家族公司成为区域性跨国公司。

美国的情形与此有所不同，不论从资产规模还是从公司历史上看，美国华侨华人企业目前还达不到这样的高度。但是华侨华人企业成功的秘诀却是相同的。这些成功企业原始资本的积累时期多为家族式企业。从一般的公司治理研究上看，家族式企业起步较为容易，成本很低，往往依赖家族成员不计成本的智力和体力的投入。家族式企业初期融资还可以依靠家庭和家族成员，其融资规模也不一定比其他合作公司小。在公司治理上，不论是公司决策力还是公司执行力，家族公司可以根据市场变化，迅速作出判断和改变。一旦市场风险来临，家族式公司的抵御能力一般比较强，因为抵抗市场风险的不仅仅是几个股东，而是来自整个家庭和家族成员。在这个时候，凝聚股东的不仅仅是商业利益，还有源自血缘关系的家庭和家族成员的亲情，这种凝聚的力量十分强大。

这些公司在他们的快速发展时期同样依靠华人社会的巨大网络形成的

---

① 庄国土、刘文正：《东亚华人社会的形成和发展》，厦门大学出版社 2009 年版，第 317—319 页。

社会资本迅速扩张，很多研究者都发现，这个时期他们公司的主要业务范围是华人世界，或者是依靠华人世界做买卖，社会资本的作用尤为明显。因为这样做，首先有一种文化上的亲近感，具体表现为思维方式的相通性，可以准确地表达彼此的意愿，增强彼此间的信任，容易形成商业合作，使双方乃至多方同时受益，实现商业利益的最佳效果。从其他文化的研究者的角度看，就是华侨华人公司守信、诚实，具有商业合作的最基本条件。

如果对比其他美国少数族裔的数字，更能看出美国华侨华人社会经济发展的特点。在美国，每 11 个华侨华人就有一个属于自己的企业，而其他少数族裔情况就不一样，每 29 个拉美裔有一个自己的企业，每 44 个非洲裔有一个自己的企业。另外华侨华人在美国的企业不论在雇佣人数还是在盈利水平都远远高于其他少数族裔的企业。①

经济上的成就，并不能掩盖华侨华人社会的另一个方面。美国华侨华人中，贫困人口高于美国全国人口平均值。1999 年华裔人口的贫困率为 13.5%，而美国全国贫困率为 12.4%，同时也高于亚裔人口平均贫困率。分析表明，在华侨华人贫困人群中，相当一部分是由于语言问题和自身缺乏技能，还有很多是非法移民或者是非法居留者。这些人长期处于华侨华人社会的底层，很难依靠自身的力量改变自己的生存状况。

孝亲思想是我国儒家思想的重要组成部分，是中国传统文化的核心之一，在中国古典文献《论语》《孝经》《礼记》中多有论述。"孝"之起始要义，是人们对祖先的敬畏和一种生殖崇拜，具有自然原始宗教的色彩，祈求先祖对现世家族和未来子孙繁衍的护佑。儒家先哲将"孝"发展成为孝亲思想，贯穿在儒家学说之中，用以规范社会人伦关系，特别是在"仁爱"学说中得到最集中的体现。儒家思想被统治阶级接受后，变成"仁义礼智信"之五常，与"三纲"一起，是一种治世之道，上升为中国传统社会千年以来最重要的社会政治思想，也是中国传统社会人们的行为规范。中国传统社会崇尚的孝亲思想，唯孝唯亲，认为孝亲是绝对的，因为人们的血亲关系是绝对的。基于血亲关系的基本人伦关系应该是孝亲，要求家庭成员对上辈和祖辈要孝顺，要孝敬，对自己的同辈人要亲，要礼，对他人要有大爱，对社会要有博爱。孝亲思想规范中国人最基

① 周敏：《美国华人社会的变迁》，上海三联书店 2006 年版，第 346—347 页。

本的思想和行为，使得家庭和谐、社会稳定和社会进步，具有很明显的人伦关系协调功能、强烈的感情因素和永久的社会意义。

孝亲思想维系着中国传统家庭和家族，也是中国传统社会最重要的社会文化思想，并且是中国传统社会与其他民族社会在社会文化思想上的重要区别。孝亲思想虽然是中国传统社会的重要特征，却与其他民族社会思想并不冲突，身居异域的华侨华人，克己奉祖、克己奉人，传承并保留这种中国传统社会的核心思想，并把这种思想变成了具体的行为，使华侨华人社会具有强大的道德力量，折射出华侨华人社会保持的中华文明孝亲思想的光芒，反映了华侨华人社会优良的社会文化。

由于美国华侨华人社会研究，特别是华侨华人家庭和家族成员赡养关系、亲情关系、家庭教育等方面研究较少，关于华侨华人家庭、核心家庭研究较少，关于华侨华人家庭田野调查样本较少，存在于华侨华人社会丰富的孝亲行为和思想还有待进一步的发掘。

孝亲思想的另外一种形式是大爱和博爱，在传统思想中，孝亲思想具有由己推人的大爱和博爱的精神，是一种广博的仁爱思想。美国华侨华人离开祖国多年，他们与祖国仍然有着千丝万缕的联系，时刻关注祖国每一时刻发生的变化，19 世纪末期中国民族主义萌生和发展，美国华侨华人社会中对祖国的民族认同逐步增强，大爱博爱精神表现为对祖国发展的关心和支持，尤其是当中华民族面临重大历史变革的关键时刻，美国华侨华人顺应历史潮流，对中国社会的历史性巨变发挥过积极的推动作用。

尤其是在抗日战争时期，美国华侨华人演绎出大爱和大孝，具有十分典型的族群社会文化特征，是美国华侨华人社会孝亲思想的一场精彩演绎。其一，它具有普遍性和一致性，抗日救国运动波及美国各地华侨华人社会，是美国华侨华人社会各个层面一致的政治主张和道德情感趋向。其二，这种孝亲思想通过具体的社会行为表达得十分清楚。华侨华人在抗日战争时期提供的大量人力支持和物资捐助，对全国抗战的胜利起到重要作用。其三，作为华侨华人社会核心的社会文化思想，对祖国的这种大爱和大孝，有利于美国华侨华人社会的发展。抗日战争时期华侨华人的抗日救亡运动，极大地促进了美国华侨华人社会的团结，许多华侨华人社团在这个时候联合起来，组成统一的抗日组织，迅速凝聚了美国各地华侨华人各个社会层面的社会力量和社会精神，缓解和部分消除了不同华侨华人之间的矛盾和误解。这个时期美国华侨华人社会达成了抗日救国的共识，对于华侨华人社会力量的集聚和表达有着重要的社会意义。对祖国这种大爱和大孝的社会文化，发源于对家庭和家族的孝亲思想，成为华侨华人社会道德文化的标志。

美国华侨华人勤劳节俭的社会生存方式是由多种原因造成的，其中最主要的原因来自对中国传统文化的传承。华侨华人在众多的中国传统文化中选择了最利于自身在异域社会发展的勤劳节俭传统思想，并以此作为华侨华人社会在异域生存的基本方式，为华侨华人社会的发展和兴旺铺就了一条光明大道。

勤劳和节俭是美国华侨华人社会立足异域的根基，早期美国华侨华人出国不是一种海外投资行为，没有多少钱财，他们把移居海外或者在海外工作看成是一个机会，一个可以实现自己梦想的机会。所有的一切，只能依靠自己的勤劳和节俭。这种将自身作为唯一资本的生存方式，以自身的劳动换取自身的生活资料的生存方式，源于中国传统社会的“克己”思想，它将自己的生存和自己的劳动结合在一起，而不是通过对他人他物的占有获得自己的生存权利和资本，闪耀着中国古老文化文明的光芒，与其他移民社会有着显著的区别。在世界范围内，华侨华人是所有移民族群最大的一支，这固然有中国人口众多的原因，但是就华侨华人移居国外后的生存方式而言，是依靠自己的勤劳和节俭，并不会对当地人的生存造成威胁，所以中国人移居海外并不会引起移居社会的社会性反对。这种情况起码在中国人移居海外的初始时期是这样的。1882 年，美国通过了第一个排华法案，1892 年通过了《吉里法案》，并在以后通过了八个补充法案，直至 1943 年被废除。在 1882 年以前，美国虽然也有排华的种族主义思潮和活动，但是很多美国公司招募华人去做工，主要理由就是看到华工勤奋、吃苦耐劳。就是在美国排华最严重的时期，在美国最严厉的排华法案中，他们也没有把华侨华人勤劳的品质作为排华的一个理由。恰恰相反，很多同情在美华侨华人，在为华侨华人质证时，都对华侨华人的勤劳精神作出了客观的评价和公允的说明。美国印第安纳州参议员奥利佛·P. 摩顿（Senator Oliver P. Morton）的《摩顿报告》中就重点提到，“他们（指华侨华人）通常在行为上是勤劳、温和和诚实的”。①

李其荣博士在他的著作《移民与近代美国》中，对中国移民在美国

① 李春晖、杨生茂主编：《美洲华侨华人史》，第 216 页。

近代发展历史中作出的贡献，作出了颇为精到论述。他认为“中国移民具有勤劳的素质”，他引用了多位美国历史学家关于中国移民在美国中央太平洋铁路建设中的客观记述，运用很多具体的实例，认为“华工最能吃苦耐劳，经常担负着繁重而危险的工作”，“中国移民在海外异地谋生，更须勤劳工作”。[①] 李春晖、杨生茂教授主编的《美洲华侨华人史》中对这段历史中的华侨华人事迹着重记述，其中引用了当时美国政府官员、法官和记者等诸多人士的客观描述，他们很多人都谈到华侨华人“忠诚勤奋，表现卓著”[②]。1889 年 5 月 10 日，连接美国中央太平洋铁路和联合太平洋铁路的两颗金色道钉，由华工和白人工人一同钉进枕木，把勤劳的华工对美国铁路建设的历史功绩钉进了美国近代发展的历史。

华侨华人如此勤劳，除了继承了中华民族的优良品质的原因以外，还与早期华侨华人出国以后低微的社会地位和歧视性的工资待遇有着直接的关系。在美国中央太平洋铁路修建过程中，华工的工资只有白人工人的三分之一左右。在农业工人中，华人只有白人工人的一半左右。香烟制造工厂，华人工资只有白人工资的一半多一点。在罐头工厂，华人的工资比印第安人的工资还要低，只有他们的三分之二。[③] 华侨华人的低微的社会地位和在许多国家遇到的歧视性工资待遇，一直延续了很久，直到现在还时有发生。

勤劳并不是在美国从事某种职业的华侨华人特有的品质，而是全部美国华侨华人社会的共同特征。华侨华人在商业、洗衣业、零售业、手工业等等行业中，总是比其他族裔的同行勤劳，他们的工作时间普遍比同行更长，工作的强度也要比同行高出很多，他们用自己更多的汗水换取了比同行更多的财富。

节俭不仅是中国传统文化对待自然资源和自身消费的基本态度，也是社会财富积累和传承的基本条件。中国人在自己启蒙时期就会接受“谁知盘中餐，粒粒皆辛苦”的教育，形成了一整套节俭的观念和世代相传的生活习惯，节俭在中国传统文化中被看作一种美德。这并不是简单的餐桌礼仪、衣着文化或者消费文化，而是一种社会性的普遍心理特征，一种

① 李其荣：《移民与近代美国》，中国华侨出版公司 1991 年版，第 181—182 页。

② 李春晖、杨生茂主编：《美洲华侨华人史》，第 123—126 页。

③ 李其荣：《移民与近代美国》，第 193—194 页。

可以在生活各个方面表现出来的跨国行为，对于中华民族的繁衍和兴盛具有积极意义。

美国华侨华人社会的节俭大多表现为长期性和普遍性的储蓄习惯，关于华侨华人的储蓄虽然没有确切的统计数字，但是有人估计，美国华侨华人用于储蓄的部分一般占到自己收入的40%左右。在美国，现代银行业一般都比较发达，更加有利于华侨华人的储蓄习惯的形成。他们把节俭下来的财富用于储蓄，用于接济自己家庭和国内亲属的生活，用于自己子女的教育补贴和自己老年的养老金。即便是消费而言，华侨华人的消费也多是以购置固定资产为主，例如购买住房等，所以华侨华人住房多以自己购买为主，很少租赁住房。

当然，现在华侨华人社会勤劳节俭的习惯也有改变的趋势，主要表现在华侨华人中的年轻一代，特别是第二代或者第三代华侨华人的消费习惯和就业观念的转变。他们更多地融入了他们所在的社会，及时享受他们的劳动所得，而不是像他们的祖辈那样辛劳操持。但新华侨华人由于初到海外，还将依靠自己的勤劳节俭，积累自己在海外社会生存的资本。

重视教育是一种美国华侨华人社会的社会性行为选择和社会性尊崇行为，它明显受到中国传统文化中“学而优则仕”的社会竞争传统影响，带有强烈的“万般皆下品，唯有读书高”的社会分工崇拜色彩。美国华侨华人相信，知识可以改变世界，读书可以改变自己的命运，这种信念深藏于每一个华侨华人心中，成为他们改变自己命运，提高自己社会竞争能力的跨国行为。

美国的华侨华人中也有不少人接受过中文教育，但是这种教育基本上不是学历性质的教育。早在1867年美国华侨华人就有私塾出现，教授中国传统文化。1888年设在旧金山的“大清书院”开始招生，到了1930年，美国华侨华人兴办的中文学校中学6所，小学50多所，私塾20多所。[①] 虽然如此，华侨华人兴办的中文学校也没有成为华侨华人或者美国社会认可的学历教育，更没有高等中文大学出现。

美国华侨华人重视教育，通过提高自己的文化素质和学历水平取得社会竞争优势，并为此付出了巨大的努力。早期华侨华人把进入美国公

① 李春晖、杨生茂主编：《美洲华侨华人史》，第238—240页。

立大学的机会作为自己民族平等、反对种族歧视的一项主要内容。1943年美国废除《排华法案》以后，美国华侨华人的孩子得以进入到美国的公立学校学习，这无疑使得他们看到了希望，自己和自己的下一代可以通过教育，改变在美国卑微的社会地位。美国华侨华人社会涌现出很多杰出的科学家、工程师等社会精英人物，就是长期以来华侨华人重视教育的直接结果。美国华侨华人得益于教育，提高了自己在美国社会中的竞争能力。

通过重视教育提高社会文化素质，提升社会竞争能力并且取得成功，是华侨华人社会的伟大创造。对于沐浴着21世纪曙光的人们来讲，它或许可以告诉人们，未来社会竞争将会有一种崭新的更加文明的方式。

二　美国新华侨华人的时空转变行为

每当人们看到北京首都国际机场飞往美国的航班出发时，长长的排队旅客中，总会有一些人显得不慌不忙，他们闲适地喝着咖啡，在最后的时刻才带着简单的行李办理登机手续。飞机抵达美国以后，他们气定神闲地走下飞机，不必等候自己的行李，娴熟地办理入关手续。对于他们，到达的美国这个城市，不像是异国他乡，而是自己生活的第二个城市，如此而已。

波音747巨型洲际飞机，已经把中国飞往美国的时间压缩到15个小时之内，而在10年前这是北京到上海火车旅行的时间。现在中国飞往美国，尤其是在中国的一线城市，北京、上海和广州，甚至在少数几个二线城市，每天都有数个直接飞往美国的航班，这些航班每天可以提供数百甚至上千个座位。这意味在过去并不久远的时代里，15个小时的旅行时间，还不能把一个人带到另外一个陌生的社会文化环境，而现在完全做到了。便捷的交通使得美国新华侨华人可以实现时空变化，消匿了中美两种不同社会文化间的时空阻隔，实现了他们在中美不同社会文化间的时空穿梭。15个小时之前，他在中国，吃着中餐，喝着中国茶叶；15个小时之后，他就抵达了美国，过着美国式的生活，他的周围的社会文化氛围发生了极大的变化，此即所谓跨国行为。

实现这种时空变化的跨国行为的美国新华侨华人，已经具有足够的人群聚合基数，人口数量达到一个足以证明成为一个社会人群级别的水平。

《华侨华人研究报告》（2011）估计，1970年至2007年，到达美国的新华侨华人约有200万人，新华侨华人占全部在美国华侨华人总数的2/3①，从法律意义上，他们具有了从美国到中国、从中国到美国自由旅行的签证资格，他们不论从社会人口数量还是从个人旅行签证方面都具备了跨国行为的基本条件。

跨国行为的时空变化，其实只是一种最物质和最表象的变化，这种时空变化投射在人们心里的是不同社会文化的差异，只有了解和适应这种巨大的社会文化差异的人群才是跨国行为的人群。中美两国曾经在相当长的一段时间内是相互敌对的，但是恰恰是因为彼此敌对，才有可能相互了解，起码是了解彼此不同的社会制度、社会意识等基本的社会知识，按照中国的话讲就是“知己知彼”。中美两国正式建立外交关系以后，两国社会都曾有一股“热”，即“中国热”和“美国热”。在中国，1972年前后，中国各地广播电台开始播出“广播英语”节目，通过这种可以自学的英语广播节目，很多中国青年开始了解西方，了解美国。他们知道了，Party这个英语单词，除了可以翻译成“政党”，还可以翻译成“聚会”等，他们甚至通过这个单词了解到一般美国人的周末生活。几年之后，中国开始实行改革开放政策，放宽了中国公民出国旅行、学习和定居的政策，大批中国大陆的新移民前往美国。这些人文化程度远远高于他们上辈，他们开始进入美国时的英语水平或者学习英语的能力也绝不是上辈美国华侨华人可以相比的，很快他们就可以用英语交谈，用英语工作，可以按照中英文两种不同的语言逻辑表达自己的意愿，适应美国社会的英语环境。

去美国留学或各种访学的人也对美国华侨华人总体教育程度变化起到了推动作用。美国华侨华人人口调查显示，在美国出生的华侨华人的普遍受教育程度比例较高，有70.2%获得大学及以上学历，高中及以下的比例仅为12.3%，而且呈现出明显的代际区别，25岁及以下的美国华侨华人与这个年龄组以上的华侨华人不同。虽然在2010年发表的这个调查统计认为，美国华人获得的较高学历和得到的就业机会，与他们的实际收入

① 丘进主编：《华侨华人研究报告》（2011），社会科学文献出版社2011年第1版，第25页。

和在教育上的投入有些不相符合，[①] 但是这些并不会减少华侨华人对自己和自己的后代教育的投入，让他们忽视教育，采取其他手段和方式取得竞争优势。美国华侨华人家庭收入的实际水平，比美国一般家庭的收入要高一些，这种情况已经是多年以来存在的事实。这其中一个主要原因就是华侨华人社会的教育水平高于美国的一般水平，美国的华侨华人有一半以上（约53.4%）就业于管理和专业性工作岗位，有五分之一（约20.8%）的人从事销售和办公室工作，有15.4%的美国华侨华人从事服务型工作。[②] 可以看出，美国华侨华人从事的工作，很多都必须具有相当的文化知识和专业技巧。

据统计，2006年，美国华侨华人中，25岁及以上的人中，拥有大学及大学以上学历的占到了51.7%，美国华侨华人中不论是男性还是女性，平均受教育程度均高于美国男性和女性的平均受教育程度。[③] 美国华侨华人的学历教育基本上是在美国的大学里面完成的，这也成为美国本地华侨华人更有实现跨国行为的条件，如美国新华侨华人一样，他们也成为跨国行为的一部分人群。

美国新华侨华人对中美两种差异巨大的社会生活的适应能力十分重要。他们可以吃中国的馅饼，也很欣赏美国的汉堡包；可以喝中国绿茶，也可以喝美国的凉水。他们可以理解和适应中美两国的社会文化差异。

关于这一点，一个美国新华侨华人的个案可以说的更加明白：

小汪，1989年刚到美国，第一次去超市买东西，他哭了。原因是他看到偌大的一个超市，购物者寥寥，商品如此丰富，到了只有你想不到的，没有你买不到的地步。他回想到当时的中国，当时的北京，人们还在为买一辆自行车这种再平常不过的交通工具而采取抓阄的办法，他哭了。

他1998年回中国探亲时到自己曾经学习的中学参观，当时他看到一个班的初中学生80%以上佩戴眼镜，他第二次哭了，他说这个比例和美国初中生恰恰相反。意思是说在美国可能只有20%的初中生佩戴眼镜。

小汪现在已经彻底适应了美国的生活和工作，与他的美国同事相处得

---

① Larry Hajime Shinagawa and Dae Young Kim, *A Portrait of Chinese Americans*, *A National Demographic and Social Profile of Chinese Americans* (University of Maryland: OCA and the Asian American Studies Program), p. 59.

② Ibid., p. 25.

③ Ibid., p. 4.

很好。周末在修剪自家草皮的时候也会和他的美国邻居打招呼。[①]

小汪的两次哭的起因都是中美两国社会生活中最常见的事情，但都是不同时间中美两国差异性最大的事情，一个是商品丰富的社会，一个是当时商品匮乏的社会；一个是学习压力、课业负担没有造成初中生视力下降很多的社会，一个是学习压力、课业负担很大的社会。能够看到巨大差异并且使他动容哭泣，反映出美国新华侨华人的社会认知水平。

能够体味社会文化的差异，就有可能适应不同社会文化，这从小汪的周末修剪自家草皮中的生活状态中可以看出来。这种可以在差异巨大的社会文化中自由地变化自己适应社会文化的能力，才是美国新华侨华人在跨国行为时空变化中最根本的保证。

三　美国新华侨华人跨国行为的社会身份变化

在现实的社会生活中，一部分美国新华侨华人的社会身份是随着他们的跨国行为不断变化的。这些美国新华侨华人多是个体经营者、科技人员或者是中国和美国跨国公司的中高级职员。他们在美国、中国都有属于自己的工作，都有属于自己的社会职业，社会职业是他们跨国行为社会身份变化的主要原因。

根据2007年统计，美国华侨华人中，约有6.1%是个体经营者；[②] 从1978年到2006年，中国大陆有106.7万人出国留学，其中有21万人回到中国；[③] 美国跨国公司雇用的新华侨华人数字虽无统计，但应有不少。以上三类人中，确实有一部分在美国、在中国都有自己的社会职业，或者基于社会职业的工作联系。即便是在中国，有统计表明，“海归”在国内等高科技企业、高等院校、高新技术开发区高管等任职者超过了50%。[④]“海鸥”是一个新的名词，而相当一部分“海鸥”仍旧保留着国外合法的永久居留签证。

---

① 汪，1956年出生在中国安徽省合肥市，1987年硕士毕业，1989年年底随夫人移民美国。现在在美国一所大学做会计工作。

② *A Portrait of Chinese Americans, A National Demographic and Social Profile of Chinese Americans*, p. 27.

③ 丘进主编：《华侨华人研究报告》（2011），社会科学文献出版社2011年版，第81页。

④ 同上。

对比1870年的数字，美国华人中男女性别比大致为20∶1，华人社会男女比例严重失衡。由于当时在美国的华人多数是通过契约进入美国的劳工，这些劳工年龄较轻，已婚者也多是只身前往美国，并没有在美国安家落户长期生活的打算，当时的华人社会女性很少，华人社会被称为“单身社会”。他们与在中国的家庭保持着多种联系，其中也包括了美国华侨华人长时间的寄钱奉养家人的关系。在第一次世界大战和第二次世界大战期间，美国华人社会中女性比例开始上升，美国华人社会家庭个数同时增加。到2006年美国华人社会，男女性别比为47.9∶52.1，[1] 美国华人社会的女性人口已经超过了男性人口，说明就男女性别比而言，美国华侨华人社会的家庭生活基本和正常社会相差无几，他们的跨国行为并不只是探望家庭直系亲属，而是他们在中国、美国都有自己的社会职业。

美国新华侨华人的社会职业使得他们的社会身份变化成为一种常态。他们销售的商品从中国进口，在中国他就是一个买家；在美国要把进口的中国商品销售给美国的消费者，他们就变成了一个卖家。在美国的大学里他们可能是教授，在中国的大学里他们同样是教授，所不同的是在美国讲课要用英语，在中国讲课用的是中文。在中国的美国跨国公司上班，他们面对的客户是中国人；在美国他们上班面对的客户就是美国人。

美国新华侨华人因社会职业带来的社会身份变化的跨国行为，既是一种常态化的社会行为，也是一种固定化的社会行为。从事中美跨国贸易活动的美国新华侨华人，他们总是在重复着商品进口、销售、回笼资金的资本周转，在每一次的资本周转过程中，很难区分出他们到底在中美哪一国的时间更长一些。实际上他们的商品进出口贸易是一种多重叠加的商业活动，这也是商品进出口贸易的一个基本法则，遵循这种商业活动的基本法则，美国新华侨华人社会身份的变化也同时决定了他们跨国行为的常态化和固定化。

常态化和固定化的社会职业，不但决定了美国新华侨华人在中国和美国社会身份变化，同时也影响了自己经常性和固定化的跨国行为的生活方式。其中一个标志就是跨国行为的新华侨华人，在中国和美国同时购买和拥有地产，同时使用自己在中国和美国的房产。这些在中国和美国同时使

① *A Portrait of Chinese Americans, A National Demographic and Social Profile of Chinese Americans*, p. 18.

用自己房产的美国新华侨华人，已经不是华侨华人社会中的“背包客”，而是中国和美国两国社会中的永久居留者。可惜的是我们现在并没有这方面的详细统计数据，但是我们知道，在北京的中关村地区、朝阳公园地区、国贸商圈地区以及西城金融街商圈地区，美国新华侨华人购置和使用房产的的确为数不少，北京市为此还专门制定了关于海外华侨华人购买北京市商品住宅的政策办法。不仅是北京市如此，在中国一线城市和很多华侨华人聚集的侨乡，类似的海外华侨华人购买中国商品住宅的管理办法一时间出台了很多。这些林林总总的政策法规，都表达着一个总的原则精神，就是鼓励海外华侨华人在中国购买和使用房产，并且为海外华侨华人提供房产登记、房产购买贷款和房产抵押等诸多业务的方便。

美国新华侨华人在中美两国置业并同时使用自己的两地房产，与传统美国华侨华人社会有很大不同。中国人民大学李春晖、南开大学杨生茂在其主编的《美洲华侨华人史》中指出，“侨汇是华侨同国内亲友保持联系的重要纽带”[①]，并在书中详细列举了华侨华人从1864年至1948年历年汇至国内的款项表格，前后84年，共计35.1亿美元。侨汇中的大部分是华侨华人直接汇寄给国内亲人们，用于国内家庭和家族的基本生活费用，是他们在国内家庭和家族成员生活的基本来源或者必要的补充。[②] 侨汇的界定比较宽泛，一些用于投资的“侨汇”也在其中，但是其中大部分是用于国内家庭和家族成员的基本生活消费。新中国成立以来到20世纪90年代一直存在的“侨汇券”和“外汇券”，也是各种外币汇兑而来的一种特种人民币，开始时相当一部分是侨汇汇兑，后来也有国内人们通过各种方式得到外币以后汇兑而来的。侨眷家属在得到国外华侨华人的外币以后，到政府指定的外汇结算银行按照即时的外汇比价，兑现成一定数量的“侨汇券”或者“外汇券”，变成了一种可以在特定场合使用的货币。在当时物资短缺的情况下，使用“侨汇券”和“外汇券”可以购买到很多紧缺的商品，“侨汇券”“外汇券”被赋予了一种特殊的购买权利。

侨汇和侨资投资有所不同。侨资投资单笔数额较大，满足实业项目的投资需求，而侨汇单笔数额并不是很多，是众多单笔侨汇集合而来的，涉及广泛的华侨华人社会。侨资投资目的除了支援祖国建设的社会意义外，

① 李春晖、杨生茂主编：《美洲华侨华人史》，第722页。

② 同上书，第723—724页。

取得商业利益也是重要的目的，而侨汇很少具有商业利益目的，相当一部分是用于侨眷家庭和家族成员的日常生活消费。侨资投资出现的时间也比较晚，一般是华侨华人已经在国外取得了一定的商业成绩以后才开始的。侨汇时间延续的时间长，是华侨华人家庭或者个体在国外有了基本的生活来源就开始的。有统计的文献数据就有近150年，记载了侨汇大量出现的历史事实，基本与华侨华人社会形成的时间相符。可以看出，侨汇是华侨华人社会广泛的、习惯性和长时间的社会行为，侨汇的目的并不是美国华侨华人自身生活或者工作所需，侨汇的目的是为了他们国内亲属的生活。而跨国置业，多数是为了自己生活和工作需要，这种差别是十分明显的。

美国新华侨华人在美国置业的情况发生的时间要早一些。周敏博士考察了美国两个很有代表性的新华侨华人社区，纽约市的法拉盛社区和洛杉矶的蒙特利尔公园市，她在《美国华人社会的变迁》一书中，描述了出现在以上两个城市的“白人逃离，华人购房”景象：

> 台湾人拎着一大袋美钞，在蒙特利尔公园到处敲门问房主卖不卖房。随着越来越多的台湾移民的到来，20世纪80年代，无论是住宅或是商业楼宇都向上急升。全新的豪华别墅与翻新的较为拥挤的公寓楼并排而立……房地产的市场价格在2000年后更是成倍增长。
>
> 1990年以后从中国大陆来的“暴发户”“大款”和投资者也不甘落后，纷纷挤入房地产业。除了房地产业市场的兴旺，蒙特利尔公园的商业发展也非常迅速。这些富有的移民和投资者对振兴当地曾经一蹶不振的经济起到了关键作用。①

美国新华侨华人不论是在中国还是在美国购置房产，其中有一部分人并不仅仅是为了自己的居住使用，也有为了实现其他目的的。在美国拥有不动产，更容易获得在美国的永久居留签证。在中国拥有房产可能成为一种地产投机行为，是为了获取稳定的资产收益。但是在中国、在美国购置房产主要是因为“安家”因素。因为他们在中国和在美国拥有自己的社会职业，需要不断在中国和美国之间变化自己的社会身份，在中国、在美国拥有房产是他们跨国行为的生活必需品。

① 周敏：《美国华人社会的变迁》，上海三联书店2006年版，第58页。

四 美国新华侨华人虚拟空间的跨国行为

以互联网为标志的电子信息交流空间现在通常被人们称之为一种虚拟空间。这个所谓的“虚拟空间”定义其实很不科学，因为它从哲学的角度否定了互联网本身和使用的物质属性，是一个流传在现今世界上最大的谎言。我们现在要看到的是，随着互联网技术的发展和互联网使用的普及，它已经是美国新华侨华人的跨国行为发展的一种方式。

互联网技术发轫于美国，20 世纪 70 年代以后，开始在全世界蔓延。美国提出建设信息高速公路，现在已经像一个人类社会的神经网络，把人类社会连接在一起。从理论上讲，互联网可以连接世界任何一个角落的任何人。特别是近些年进一步发展的移动互联网技术，把人们随时随地的连接在一起。光纤通信技术几何数量级地改善了互联网传播速度和传播容量，可以满足人们数字化的文字、语音和动态画面的即时交互传播。智能手机作为这种互联网的一种终端接收设备，以其小型化、智能化的特点，低廉的价格，足以让一般的人群喜爱，并且消费得起。在这个时代，运用电子信息互联网平台，人们几乎可以随时随地完成大部分社会活动。

互联网的浪潮还未退去，近几年物联网技术又开始进入人们社会生活中。二维码在几乎可以穷尽人世间所有的物品标识的同时，三维码又以它更为简洁的使用价值已经启动了它进入物联网的脚步。现在中国，投送的任何一件快递邮件，都可以通过手机或者其他通信工具查询到其在任何时间的准确位置，现代物流业在信息技术强大支持下，正在以空前迅猛的速度发展。

信息技术的空前发展，对美国新华侨华人跨国行为产生极大影响。现在从中国发送一件 UPS 邮政快件到美国，开始以小时作为计时单位。电子合同书则可以瞬间发送，所需要的邮寄时间几乎可以忽略不计。B2B、B2C 等电商交易方式，可以完成小到几十美元，大到几百万美元的商品交易。美国新华侨华人的商业活动，与中国客户的联系、谈判、合同协商、签订一直到商品和货款的交接，可以并且已经在这个所谓的虚拟空间完成，极大地促进了美国新华侨华人与中国、其他国家和地区之间的商业活动。

在福建省福清市海口镇牛宅村的田野调查中我们了解到，这个沿海村庄距离最近的福清市有20多公里，有一条双向六车道公路与福清市相连。3000多人的村子里基本普及了固定电话和手机。一户林姓村民在调查中讲到，在西半球做生意的儿子儿媳妇每个星期会与家里电话联系两三次，还在镇上读初中的孙女几乎可以天天在固定的时间与万里之遥的父母亲通过视频连接通话。在北京一位梁姓的母亲，甚至可以通过微信叫醒远在美国读书的女儿起床上课。

互联网的时代把大多数美国新华侨华人带进了虚拟的跨国行为，密切了他们与中国家庭和家族的跨国关系。美国华侨华人社会中的家庭和家族存在的社会关系，从早期移民开始，直到现在还在继续。美国新华侨华人这种家庭和家族社会关系，与老华侨华人相比，显得更加紧密，是一种变化了的家庭和家族社会关系。美国新华侨华人在出国之时，要么是利用美国家庭和家族关系，要么是在国内家庭和家族关系的支持下来到了美国，他们在刚刚踏上美国国土的第一时间，就把家庭和家族关系带进了美国。据统计，2009年在美国获得绿卡的中华人民共和国公民共有64238人，其中通过家庭担保或者美国公民直系亲属申请获得绿卡的占到53.3%，这个比例远远高于其他获得绿卡者的比例。其他获得绿卡者的比例分别为：工作迁移17.6%，难民申请28.8%，其他0.3%[①]，现在，通过利用互联网，他们全方位地知晓了彼此社会生活信息和情感变化，消除了地理的阻隔，他们之间不会因为彼此地理的远离而变得生疏。

现在电子信息技术的发展同样对华侨华人社会中林立的同乡会产生了积极作用，主要表现为以各种同乡会名义在互联网上建立的“群组织”。同乡会是华侨华人社会中某个地域的，或者某个姓氏的多个家庭和家族的，彼此具有一定血缘关系或者共同区域文化特点的集合体，它包含了多个家庭和家族，放大了家庭和家族关系，铺就了一张更大更广泛的社会关系网络。在这个网络中，每个家庭和家族变成了一个联系的节点，一个具有活力的单元，延续和扩大了家庭和家族的关系，家庭和家族成员可以从中获取更大更多的社会资本，在密如织网的社会关系中延伸自己利益的触

---

① 美国移民统计局（Office of Immigration Statistics）：《2009年移民统计年鉴》（*2009 Yearbook of Immigration Statistics*），美国国土安全局（U. S Department of Homeland Security），2010年8月。转引自丘进主编：《华侨华人研究报告》（2011），社会科学文献出版社2011年版，第19页。

角，并且同众多家庭和家族一起，造就了华侨华人社会丰富的社会资本。长期存在于华侨华人社会中的家庭和家族关系以及它的发展形式——同乡会，是华侨华人社会对中国传统社会关系的保持和传承，也是华侨华人社会对传统社会资本的保持和传承。更为重要的是，这种以家族和家庭为主要特征的社会资本，所带动的是华侨华人社会主要的经济模式——以家族和家庭为主要经济形态的社会经济模式，成为华侨华人社会发展的主要经济方式的基石。互联网“群组织”的建立，更加有利于成员间的交流和沟通，更加有利于同乡会活动的开展。

五　美国新华侨华人跨国行为的社会方向

美国新华侨华人的跨国行为是在世界全球化的背景下产生的一种社会行为，是美国华侨华人社会的一种新的变化，这种变化逐步呈现一种常态化，可能成为今后美国华侨华人社会的一个发展方向。我们观察到了这种变化，但不能同意有些对这种变化的社会方向的理论推测。有的学者认为，选择跨国行为的新华侨华人是在积极融入当地主流社会，发展自己在海外的事业，同时也选择了向外发展，尤其是回祖（籍）国发展。其实决定新华侨华人跨国行为的最主要的原因和他们当年出国时候的原因类似的，即利益使然，没有利益的选择在任何时候是任何人都不会长期坚守的。

回顾美国华侨华人社会经济发展的历史我们不难看出，移民本身，就一个人群的社会行为选择动机而言首先就是利益。据美国人口统计资料，华侨华人在美国兴办的私人企业数量众多。1977 年为 23270 家，1987 年为 89717 家，1997 年为 252，577 家，20 年间华侨华人在美国的企业数字增长了十倍，增长幅度之大居美国各个少数族裔之首。很多研究者都发现，美国华侨华人公司不论是在他们创业之初还是在他们公司高速发展时期，公司的主要业务范围是华人世界，所谓做“华人的买卖”，或者是依靠华人世界做买卖，做中国的买卖。从上面数字我们不难看到，美国华侨华人私人企业不论从数量上还是从企业资本规模上，高速发展的阶段与中国改革开放的时间段高度吻合。中国从 20 世纪 70 年代末期开始的改革开放，释放出中国人伟大的创造力，中国进入以商品经济为主要特征的社会经济快速发展阶段，形成了巨大的商业需求。加上中国政府对外资（包括海外华人资本）的种种优惠政策，使这些公司可以很快进入中国市场。

事实上，在中国改革开放初期，投资中国最多的首先是华侨华人资本。这一方面满足了中国市场的资金需求，另一方面也使这些公司实现了资本扩张和跨国经营。在获取巨大利润的同时，这些公司的经营者更是得到了政治上的肯定，被认为是一种支持祖国建设的行为，获得了一种道德上的满足感。

美国新华侨华人看到的是中国巨大的市场和中国经济的快速发展，他们知道在中国没有卖不掉的东西。他们也看到，美国在社会经济、科技和教育等诸多领域的领先发展。他们看到和实际体会到了中国、美国在社会经济、社会发展和文化教育等方面的差异，他们希望不论是自己还是他们的家庭和家族，通过跨国行为可以获得实际的利益。这种利益对一个社会群体而言是极为宽泛的概念，既是经济利益也可能是文化的利益。

关于"融入主流社会"的这个说法，一直是美国主流社会对非主流社会人群的社会训导，逐渐也变成了一些非主流人群追逐的终极目标。从社会学理论看，假定"融入主流社会"一旦实现，这个社会无疑就会变成一种同一文化形态的社会，或者是单一文化形态的社会。对于一个多种族组成的国家，那将会是一种怎样的结果呢？再者，所谓"融入主流社会"到底有着怎样的标准也是一个问题。奥巴马当选为美国总统，此事是不是可以算做美国黑人"融入主流社会"的一条标准？美国社会其实是一个多元化的社会，是一个对美国主流社会认可的多元化社会，这是美国社会的客观存在，一个长期的历史存在。

我们多年观察的事实是，美国新华侨华人跨国行为更多的社会方向是选择了利益，而不是为了"融入"哪个"主流社会"，更不是为了改造哪个"主流社会"。因为他们当年可以说就是中国的"主流社会"，虽然他们可能并不是身居这个"主流社会"的顶部。但是他们为了实现自己的社会利益，离开了他们已在的"主流社会"。从世界移民的角度看，同样也有一些美国的"主流社会"人群离开了美国，前往他们认为生活更好的地方。总之我们认为，新移民选择跨国行为就是为了实现自己的利益。可能我们更应该要思考的是改造我们的社会学理论体系，根据事实解释这些业已发生的社会现象。①

---

① 周敏博士认为要重新定义"同化"和"社会适应"的内涵和过程。参见周敏《美国华人社会的变迁》，上海三联书店2006年版，第71页。

美国新华侨华人在中国、美国之间的跨国行为，在其他文化背景下生活的人们是很难理解的。2001 年，美国“百人会”的一项调查表明，有约 87% 的美国人认为，华裔对中国的忠诚大于对美国的忠诚。① 特别要说明的是，这个结果是对美国华侨华人社会的一个很负面的看法。造成这种情况的因素很多也很复杂，有不同文化对于祖国的态度的不同影响，甚至掺杂着一些政治的因素，但不可否认的是，确实有美国主流社会对美国新华侨华人社会的中国、美国跨国行为难以理解的因素。传统的美国人观点可能认为，既然美国新华侨华人已经加入了美国国籍或者获得了在美国的长期居留权，就应该把美国视作自己的祖国，把自己的投资重点和社会生活重心放在美国，就应该忠诚美国，“融入”美国主流社会。这种看法其实是一种美国式的一厢情愿的道德判断，和利益驱使下人们生动的社会行为相比，这种一厢情愿的道德判断显得十分苍白，缺乏色彩。

跨国行为与人类社会的发展方向是一致的，以信息技术为代表的科学技术发展为全球化提供了支持和保证，信息、资本和人力资源等诸多社会生产和生活元素通过互联网和物联网在世界范围流动，哪里有可能获得更大利益的机会，人们就可能向哪里流动，人们就可能选择跨国行为。

2006 年美国一般中等家庭年收入为 48，451 美元，美国华侨华人中等家庭年收入平均为 62，705 美元。② 华侨华人家庭的平均生活水平不仅仅远远高于中国的平均水平，即便与美国相比，美国华侨华人家庭的生活平均水平普遍也居于美国家庭的平均水平之上。在美国的这组统计数字中间，很难区别出其中有多少是美国新华侨华人的家庭，但是我们可以肯定地知道，美国新华侨华人家庭是被统计在内的。

当然这只是问题的一方面，从另外一方面看，问题同样不少。全球化毕竟是西方发达国家首先掀起的浪潮。跨国行为是不是会使得穷的更穷、富的更富也是一种担心。从以往的历史观察来看，任何一次产业浪潮发生、发展的过程，总是信息、资本和人力资源的再集中的过程，其中往往是那些经济和文化领先发展的国家获利最多。

时下我们看到的是，美国新华侨华人的跨国行为已经对传统意义的美

① The Committee of 100, “American Attitude toward Chinese Americans and Asian Americans”, 2001, available at: http: //www. committee100. org.

② *A Portrait of Chinese Americans*, *A National Demographic and Social Profile of Chinese Americans*, p. 28.

国华侨华人社会产生了一定的影响。他们的居住地不一定就在传统的唐人街，而是选择在传统白人的近郊区；他们的职业也是多种多样，不一定局限在传统的餐饮业和手工业；他们兴办的中文学校不一定是为了教育华人子弟，而是为了给当地人教授中文和传授中国文化。美国华侨华人社会随着新华侨华人的到来，已经进入一种多元化的社会阶段。

在中国，随着社会不断地开放，社会的各个层面将会更多地融入国际社会，中国人会有多种方式在国外工作、居住或者生活，华侨华人也会有更多的人回国工作、居住或者生活。对美国新华侨华人在中美之间的跨国行为，我们应该秉持客观和科学的态度分析对待，顺应这种变化，为华侨华人的社会发展提供更好的社会环境，促进华侨华人事业发展，促进中国社会的发展。

六　比较分析

姬虹研究员在她的《美国新移民研究（1965至今）》① 一书中，较为详细的分析了美国多米尼加移民、墨西哥移民、印度移民和新韩国移民的跨国行为问题，同时比照其他东南欧和欧洲移民情况，列举了很多翔实的数据。这些分析和数据，也对深入研究美国新华侨华人的跨国行为有着十分重要的作用。通过比较研究，可以发现美国新华侨华人的跨国行为与其他少数族裔的跨国行为有所差别，具有一些不同的特点。

美国拉美少数族裔的数量巨大，由于地理上的接近性，美国拉美裔的跨国行为，尤其是美国新拉美移民的跨国行为是一种较为普遍的行为。姬虹研究员的分析表明，美国移民的跨国行为在经济领域的表现有三种主要方式：侨汇、投资祖（籍）国企业和促进祖（籍）国地区社会发展。

但就目前的状况而言，美国新华侨华人跨国行为在经济方面的重心明显的侧重在投资企业方面，也就是在中国投资建立企业，而不是侨汇，侨汇大量寄回国内是几十年前的事情。这种投资行为大量出现在中国改革开放之后，集中在中国东南沿海的侨乡地区，是推动中国东南沿海地区经济和社会发展的重要力量。

① 姬虹：《美国新移民研究（1965年至今）》，知识产权出版社2008年版，第148—174页。

与其他美国新移民有所不同的是，美国新华侨华人中间有相当一些高学历者选择跨国行为作为一种新的生活和工作方式，出国留学和回国发展是他们一生中最宝贵的时光中两个交相呼应的主旋律。这一情况可以从中国国内的统计数字中得到佐证。1998 年全国回国留学人员不足 4 万人，到了 2012 年这个数字达到了 49 万人。这些回国人员有的从事高新技术的研究和开发，有的回国创办企业，仅在广东省的回国留学人员就有 4.5 万人，创办企业超过了 3，000 家。[①] 还有的是在中国设立分公司的国外跨国企业工作。

以上两点是美国新华侨华人跨国行为相对于在美国的拉美裔新移民跨国行为在经济领域的主要区别。造成这种情况的主要原因是中国 30 多年来的改革开放，社会生活和经济发生了巨大变化，这种巨大变化其他国家很难相比。美国新华侨华人的跨国行为与美国的韩国、印度等亚裔新移民的情况比较接近，可能是与中国社会、经济和地理原因等有类似的地方。

由于中国不承认双重国籍和多重国籍等原因，现在美国新华侨华人跨国行为在政治上的表现没有美国拉美裔新移民那么突出。比较明显的情况是，持有美国绿卡的人可以当选多米尼加共和国的总统，总统任期结束后还可以当选为美国的国会议员；具有美国国籍的墨西哥人可以回到墨西哥参加大选。

但是在辛亥革命时期，中国华侨华人参与中国革命的热情很高。1894 年在美国檀香山，孙中山先生创办了中国第一个资产阶级革命组织兴中会，1905 年在日本东京成立了同盟会。他多次往返美国、加拿大、日本和东南亚国家，宣传自己的革命主张，筹集活动经费，发展革命组织。“从兴中会成立至辛亥革命爆发，孙中山先生曾直接领导发动了十次武装起义，共耗资 62 万元，80% 为各地华侨资助。”[②] 一些华侨华人还是辛亥革命的生力军。1916 年，夏重民在加拿大组织“华侨敢死先锋队”，反对帝制，维护共和，有数百名华侨华人参加，他们立志回国参加武装讨袁护国运动。

辛亥革命时期的美国华侨华人，参与国内政治的热情极高，他们并不

① 王辉耀、路江涌：《中国海归创业发展报告》（2012），社会科学文献出版社 2012 年版，第 314 页。

② 李春晖、杨生茂主编：《美洲华侨华人史》，东方出版社 1990 年版，第 702 页。

把自己看成中国社会变革的局外人，认为自己就是这种变革的一种强大力量，美国华侨华人的身份在这个时期根本不能阻碍他们参与国内政治斗争，他们没有放弃自己的一份义务和责任。其实对革命派是这样，对保皇派也是如此。革命党孙中山，改良派康有为、梁启超等都十分看重美国和其他国家华侨华人的作用，他们都曾充分利用了华侨华人社会关注祖国命运的心理，在华侨华人社会中宣传自己的政治主张，建立自己的政党组织，筹集必要的活动经费，并为争取华侨华人社会展开政治斗争。

抗日战争时期，美国华侨华人中间出现了许多抗日救亡组织，这些组织很多是原来多个美国华侨华人社团的联合体，抗日救亡是华侨华人组织的一致思想。1935 年至 1937 年 7 月 7 日前后，美国华侨华人组织了三个大型以抗日救亡运动为宗旨的总会，联合在美国的 200 多个华侨华人社团，发表抗日救亡运动声明，号召华侨华人通过各种方式支援国内的抗日战争。

在社会文化方面，美国新华侨华人跨国行为表现为大量的文学和影视作品的传播。从 20 世纪 90 年代热播的《北京人在纽约》到几年前一度创造年度票房之首的《不见不散》，故事描写的就是美国新华侨华人生活，他们的经历和挫折，他们的生活和爱情。巨大的文化差异、强烈的生活对比和穿插其中跌宕起伏情感变化，刺激着中国大众的感官神经，冲荡着中国亿万人的心灵。就如同当年美国人发现新大陆一样，中国大众似乎在这类文学和影视作品中，发现了一个新的审美对象。在某种意义上讲，这类影视作品，不但改变甚至是替代了中国大众此前单一的欣赏俄国文化的心理，产生了对美国文化作为一种积极向上、乐观开放的文化认同。如果对比几十年间中国大众对美国文化的认识，我们就不得不承认，这种认识的变化是颠覆性的。如果对比美国其他族裔新移民的跨国行为的社会文化表现，我们不得不承认，美国新华侨华人的跨国行为的文化表现，是美国其他族裔新移民中最为突出的。

由于对华侨华人社会认识不同，进而对华侨华人社会的跨国行为的意义认识也会有所不同。新加坡国立大学特级教授王赓武先生认为，“他们觉得（华侨华人），比起对过去的古老文明的荣耀和伤感，学习什么是现代文明显得更为重要。这种态度已经充斥于年轻一代，特别是那些在海外出生并在那里受教育的一代”。王赓武教授同时认为：“在中国之外，这种文明（指中国古代文明）似乎让人们觉得棱角太硬——人们觉得这是一种展示财富和力量的文明。对于别国来说，它没有太多让人效仿的地方，除了朝鲜和越南之外，在一定程度上也包括日本，没有别的国民选择去直接学习中华文明的核心价值观。"[①] 王赓武教授提出的无疑是一个重要意义的话题，直接考量着中华文明核心价值观在这个世界存在的意义。很明显，当今世界是一个被美国价值观念主导的世界，不但在海外华侨华人社会，就是在中国国内，由于美国文化的浸润，中华文明的核心价值观百年来一直受到各种外来文化思想的冲击。但是，这个毕竟只是问题的一个方面。如果我们变换一个视角也会发现，美国文明在世界的风行也不是一帆风顺的，否则就不会有所谓"文明的战争"话题在世界上被广泛提及。客观地看，美国文明无疑在主导着我们这个世界，影响着我们生活的方方面面。但是包括中华文明在内的其他文明，也会随同美国新华侨华人的跨国行为，对美国社会、经济科技和文化产生一定的影响，因为美国社会文化本身就是多样性的。中国文化是一种胸襟宽广的文明，有着良好和积极的自我调适能力。它既不要虚化，也不要夸大，没有过度自信和膨胀。美国新华侨华人的跨国行为就是在这样一种文明的光辉照耀下，为中美两国人民和世界造福。

① 褚国飞：《中华文明与海外华人——访新加坡国立大学特级教授王赓武》，载《中国社会科学报》2010年12月16日第5版。

第七章

移民对中国国家形象的影响研究

——以美国华裔新移民为例

国家形象是国内外公众对一个国家在世界体系中的总体认知与态度，它是软实力的重要标志，也是一种重要的软实力资源，关系到一个国家在国际社会的声誉。在建构国家形象的过程中，有多种途径和载体，华侨华人便是其中一种重要的载体，它为外部世界提供的是直接的中国印象，同时也是建构国家形象的重要因素。本文主要解决的问题是华侨华人与国家形象之间的关联性，之所以以美国新华侨华人为例，主要是考虑到与以往老侨相比，新侨在影响力以及力度方面，都是不可同日而语的。另外，美国是中国改革开放以后中国人移居海外最重要的目的地，在美的华侨华人的举止行为更是引人注目，以他们为例，也更有说服力。

一　历史考察

在历史上，华侨华人在美国建构或者说是对中国形象的传播方面作用有限，主要是受语言、文化习俗等影响，他们生活在相对封闭的社会里，而美国民众对中国形象的认知主要来自媒体，在信息不对称的情况下，有相当的主观性和片面性。

（一）早期华侨华人向美国民众传递的形象是与美国主流社会格格不入的“异教徒”，成为被排斥的对象。

华裔是最早来美国的亚裔移民群体，在美国已经生活了150多年，1850年前在美国的华裔只有43人，随着淘金热的出现，华裔移民人数越来越多，1882年《排华法案》颁布后，限制华人来美，华裔人数剧减，

1943 年《排华法案》被废除，移民人数开始回升，但真正回暖是 1965 年移民法改革以及中国大陆改革开放以后（见表 7—1）。

表 7—1　在美华裔人数（1900—2010 年）

年度	华裔人数
1900	118，746
1910	94，414
1920	85，202
1930	102，156
1940	106，334
1950	150，005
1960	237，292
1970	435，062
1980	812，178
1990	1，645，472
2000	2，858，291
2010	4，010，114

资料来源：Mary C. Waters & Reed Ueda，eds.，*The New Americans*，*A Guide to Immigration since 1965*（Harvard University Press，2007），p. 341. U. S. Census Bureau，"The Asian Population：2010"，2010 Census Briefs，March 2012，available at：http：//www. census. gov/prod/cen2010/briefs/c2010br - 11. pdf。

初到美国的华裔移民，由于语言、生活习惯、着装等方面有独特之处，受到主流社会的排斥，华裔遭受了虐待、驱除、抢劫和残害，人身受到攻击，财产遭受损失，1882 年《排华法案》通过后，开始了长达半个多世纪的禁止华人移民美国的历史。在这段时间里，美国媒体对华裔的描述基本上是丑化和负面的，这些丑化的华裔形象也从这个方面折射了当时中国的形象。例如《纽约时报》19 世纪末对纽约唐人街破烂不堪的描述："这里只有半幅窗扇大小的一面小窗子，窗框上覆盖着厚厚的灰尘和其他肮脏的东西！几乎让任何光线都无法进入。房间里昏昏暗暗的，热浪、烟雾和恶臭扑面而来。过了好长一段时间，我们的眼睛才适应了这里昏暗和模糊的光线，才看到房子里有一个面貌憔悴和苍老的清国人。他嘴里叼着一只烟斗，斜靠在一只火红的炉子旁。他在用一口铁锅煮着什么，或许是一只耗子。”[①] 当时美国社会对于华侨普遍认为是“劣等民族”，由于华裔移民进入，把传染病带进了美国，对公共卫生形成威胁等，疾病缠身的鸦片鬼成为中国人的代名词，媒体的鼓噪和描述将这种印象更加强化，形成定式。与此同时，美国文学作品中华人形象也使这种形象恶化，1870 年 9 月新闻记者、诗人布雷特·哈特（Bret Harte）在《陆上月刊》发表诗歌《异教徒中国佬》（*The Heathen Chinee*），这首诗讲述两个白人在牌局中作弊，试图打败“中国佬”阿新，不料阿新以其人之道还治其人之身的故事。在诗中，对华工阿新的描写是穿着中式长衫，踏着布鞋，脑后垂着一根辫子，个头矮小，尖尖的指甲“涂满了蜡”，说着洋泾浜英语，诡计多端。诗中还借爱尔兰工人之口喊出了“我们被中国便宜劳力给毁了”这样煽动性口号，道出了华裔与其他族裔之间的竞争而紧张的关系，一时间“异教徒中国佬”成了中国人的代称。

在晚清时期，美国对中国的认识非常有限，除了来华传教士的著作（他们的观点往往是负面的），赴美华工对这种认识也产生了影响，主要是华裔移民生活在封闭的圈子里，与世隔绝，在社会上没有自己的声音，他们的形象主要靠美国媒体或其他作品来传递，媒体的负面渲染形成了华裔不良的形象，也成了中国形象的象征，传递给美国社会的是“负能量”。

（二）“模范少数族裔”具有极大的片面性，但开始肯定华裔的勤奋好学，注重家庭等优点，在冷战背景下，中美两国处于敌对状态，华裔移民形象的转变有利于中美两国之间坚冰的融化。

1966 年 12 月《美国新闻与世界报道》杂志发表了加州大学伯克利分校社会学家威廉姆·彼得森（William Peterson）的文章《一个少数族裔在美国的成功》（*Success Story of One Minority Group in the U. S.*），“30 万华裔通过辛勤工作赢得了财富和尊重，从旧金山到纽约的唐人街，你可以看到年轻人都在努力学习，唐人街是犯罪率最低的社区，那里传递着一个古老的信念，即依靠自己的能力，而不是福利，才能到达幸福的彼岸”[②]，通篇文章都在赞扬华裔移民的刻苦勤奋、尊重传统观念、节俭、遵纪守法、谦和礼让、注重家庭。与 19 世纪末美国媒体对华工形象的描述相反，

---

① 郑曦原、李方惠等编译：《帝国的回忆：〈纽约时报〉晚清观察记》，生活·读书·新知三联书店 2001 年版，第 426 页。

② William Peterson, “Success Story of One Minority Group in the U. S.”, *U. S. News and World Report*, Dec. 26, 1966.

将华裔定位为"模范少数族裔"，中国移民的形象有了极大的转变，这种转变得力于两个因素，第一是排华法案的废除。《排华法案》是美国国会通过的有史以来第一个明文排斥单一种族移民的歧视性条文，该条文禁止华工入境，拒绝华人取得美国国籍。这项法案 1943 年才被废除。由于该法案，1940 年美国的华裔只有十万人左右，废除排华法后，给予中国移民配额每年是 105 名，一直到 1965 年新移民法颁布。第二是美国 20 世纪 60 年代民权运动时期有关种族的政策。民权运动无疑是美国历史上一次意义深刻的运动，在此期间通过的一系列法案如《1964 年民权法》《1965 年选举权法》及《1968 年民权法》，对黑人参与政治，社会地位的提高起到了积极的作用，黑人的胜利成果也大大地鼓励了其他少数族裔集团，他们也开始为自己的权利而奋斗。相对宽松的社会环境、多元文化的提倡、肯定性行动的实施，使得华裔在经济和学术领域，取得了惊人的成就，经济上得到翻身，学术上佼佼者层出不穷，一改过去"苦力"形象，2003 年 PBS 电视台播出了多集纪录片《成为美国人，华裔的经历》（*Becoming American*，*Chinese Experience*），该片运用大量历史资料，比较客观地叙述了华人在美国的奋斗史，著名的电视人比尔·莫耶斯在片中还进行了大量面对面采访，如著名华人杨致远、丁肇中、何大一、林瓔等，展现了新一代华裔的风采。新一代华人相对他们的先辈而言，出生在美国，没有语言障碍，受过良好教育，而且不再像前人那样局限于唐人街，眼界更加开阔，熟悉美国人情世故，自身素质的提高，也为他们进军政坛打下了基础。

从"苦力""鸦片鬼"到"模范少数族裔"，华裔移民形象的转变，也从一个方面逐步扭转了美国对中国形象的认识，尽管"模范少数族裔"从某种意义上看也是一种刻板认识，它忽略了亚裔（华裔）群体中的穷人，也忽略了亚裔依旧遭受着种族歧视的现实，但毕竟肯定了华裔勤奋向上的品质，也反映了华裔形象的提升，这与中美关系发生的变化是相关联的。

二　华裔新移民对中国国家形象的影响

1965 年美国国会通过《1965 年移民和国籍法修正案》，该法废除了民族配额，代之以国籍分配原则，规定东半球国家每年的移民总数为 17

万，每个国家不得超过 2 万。西半球每年的移民总数是 12 万。该法颁布之初，中国这 2 万名移民名额绝大多数是来自中国台湾地区的移民使用的，大陆移民很少，直到 1972 年尼克松访华，中国改革开放，1979 年中美建交，大陆移民才开始进入美国。几经变化，目前中国每年移民美国额度是 6.5 万人，其中中国大陆 2 万人，台湾 2 万人，香港 2 万人，澳门 5000 人。这种政策上的变化以及中国国内形势的转变，直接导致了在美国华人人数的上升，1943 年废除《排华法案》时在美华裔仅 10 万人，而根据 2010 年人口普查的资料，华裔（在普查中认为自己种族是中国人或台湾人的），而且是单一种族，人口有 334 万人，如果算上混血人群，总数超过 400 万人。[①] 之所以强调华裔人口的稳步增长，主要是考虑到移民作为特殊的人群，在与居住国社会的不断接触中，传播着其祖国的形象，人数多，传播的力度就大，更多的华侨华人在美国身体力行介绍中国，可以让美国人更近、更客观地认识中国。

此外，新移民中专业人士比重增多，他们工作、居住已经不在唐人街，社会融合度加强，他们本身的形象也成为中国形象的缩影。与以往华工来美，或以亲属关系赴美不同，20 世纪 80 年代以后华裔新移民很多人经历了留学—工作—移民这样的方式留在海外。1978 年 12 月 26 日第一批前往美国的 52 名访问学者启程。中国改革开放，1979 年中美建交，改革开放以后有多少人去美国留学？中国国内没有数据说明确切人数，借用美国数据，人数超过一百万了。[②]

这些人中的很大一部分在学成之后留在了美国，依照一位美国学者的研究，2002 年毕业的中国学生（博士）五年后的滞留率是 92%。这对于中国而言，是智力流失，但从另一方面看，他们在美国展现了一种新的华裔移民形象，英语流利、熟悉美国文化风土人情，工作居住也不局限在唐人街，甚至婚姻也出现了跨族而婚的状况，他们用自己的行动，从各个方面传递着移民新形象。

第一，积极参政，一改“沉默的少数族裔”的形象。尽管华裔在经济领域和学术界取得了不俗的成就，但华裔的参政之路却充满坎坷。华人

---

① U. S. Census Bureau, “The Asian Population: 2010,” 2010 Census Briefs, March 2012, available at: http://www.census.gov/prod/cen2010/briefs/c2010br-11.pdf.

② Institute of International Education, “Open Doors Fact Sheet: China”, available at: http://www.iie.org/Research-and-Publications/Open-Doors/Data/Fact-Sheets-by-Country/2010.

在美国长期受种族歧视的困扰，没有政治地位，即便是在社会经济地位提高后，对政治还是漠不关心，与政坛绝缘。但残酷事实教育了华裔，他们越来越感到，为了保护自身利益，必须在政府中有自己的声音，李文和案就是一例。随着华裔政治上的觉醒，华人参政意识不断提高，华人政治地位不断被刷新。尽管目前而言，出任公职的华裔还主要是在美国出生的华裔，如骆家辉、赵美心等，但新华裔也开始加强政治意识，保护自己的权益。如在推动《排华法案》废除过程中，华美社起了很重要的作用。华美社（Chinese American Society）是由在硅谷的华裔专业人士成立的，华美社的第一个行动就是研究 1882 年《排华法案》，并推动美国国会就此法案向华裔社区道歉。他们撰写了中英文版的《通往自由的坎坷之路》（*The Rocky Road to Liberty*：*A Documented History of Chinese Immigration and Exclusion*），内容包括华裔移民历史简介、19 世纪美国政府对华工政策的演变、《1882 年排华法案》、数宗暴力排华及反华案件的法庭案例等，美国大部分联邦参议员和国会众议员都收到了这本书。

第二，职业也突破了华裔“三把刀”的陈旧形象，为美国经济社会发展作出了贡献。以下的数据从一个方面说明了当今华裔受教育程度和职业分布。在拥有学士学位方面，华人移民是 23.1%，在美出生的华裔是 38.3%，研究生及以上学历方面华人移民是 26.3%，在美出生华人是 24.8%，美国总人口中有 10.3% 具有研究生及以上学位。[①] 在就业方面，美国华人移民更多地从事自然和应用科学等“专业工作”，这与中国留学生赴美多就读于科学和工程学专业有关，2001 年至 2011 年，中国留学生共计获得了 39，165 个博士学位，其中科学和工程学科 36，213 个，其他 2，952 个。[②] 不同于以往的老移民，新华侨华人多进入美国教育、科技界和商界。依据最新数据，2010 年以出生在中国大陆的华裔 16 岁及以上男性移民职业构成为例，其中从事管理、商业、金融的比例是 14.4%，IT 行业 11.1%，其他科学工程学位 13.7%[③]，同期美国 16 岁及以上男性职业构成，管理、商业和金融的比例总体是 16.5%，白人是 17.6%，IT 总

① 丘进主编：《华侨华人蓝皮书》（2012 年），社会科学文献出版社 2012 年版，第 62 页。

② National Science Foundation，*Science and Engineering Doctorates*：*2011*，available at：http：//www. nsf. gov/statistics/sed/digest/2011/theme1. cfm#3.

③ Kristen McCabe，“Chinese Immigrants in the United States”，January 18，2012，available at：http：//http：//migrationinformation. org/USFocus/display. cfm？ ID = 876.

体是 3.6%，白人 3.3%，其他科学工程学位总体 7.7%，白人 7.5%。[①] 改革开放以来我国留美人员中当选美国国家科学院院士第一人的是得克萨斯大学西南医学中心教授王晓东，美国艺术与科学院院士张首晟、美国两院院士施一公等都是 20 世纪 80 年代后留学美国的大陆留学生，是新华裔科学家中的佼佼者。根据美国学者的研究，新移民创办的公司，为美国提供了 56 万个工作岗位，2012 年营业额达 630 亿美元，其中华裔企业占 8.1%，主要集中在计算机、通信、软件和与创新相关的企业，地区多集中在加州和马里兰。[②] 华裔日益提高的社会经济地位，有助于华裔形象的改变，而随着中国的崛起，经济的繁荣，跨国主义的出现，美国朝野开始担心华裔高素质的人才的回流，这在美国历史上还是第一次，也从一个侧面反映了华裔形象的转变，从遭受驱除的"苦力"变为不可或缺的科技精英、栋梁之材了。

第三，居住上的融合，为华裔展现了一个广阔的天地。在美国，居住环境在生活中有着举足轻重的地位，关系到教育、就业、服务设施、邻里、投资等各个方面。传统的移民往往是聚族而居，主要是看重语言、居住生活的便利，以及提供工作机会，一旦站稳脚，社会经济地位有所改善，跻身中产阶级，就会搬离族裔聚居区，进入白人为主的中产阶级郊区。美国历史上欧洲裔移民如犹太裔、爱尔兰裔、意大利裔等就是循着这样的模式，逐步融入主流社会的。由于前面所提及的特殊遭遇，华裔更是蜗居在族裔聚居区唐人街，直至 1999 年纽约 20% 华裔依旧住在曼哈顿老唐人街里。居住在唐人街里的华裔基本与主流社会隔绝，只关心本社区切实利益或与祖（籍）国相关的事件，与外界联系较少，也没有政治参与，融合度差。

新一代华裔移民在居住模式上有了很大的变化，他们中的一部分人跳过了唐人街这种过渡跳板，而是直接进入了郊区中产阶级社区。这种居住模式的变化主要有两个原因，一是新移民中很大一部分人在美国接受高等教育，英语熟练，从事专业工作，收入颇丰，与白人中产阶级在价值观念、生活习惯等方面别无二致，于是在洛杉矶、波士顿、休斯敦、旧金山

① U. S. Bureau of Labor Statistics, *Labor Force Characteristics by Race and Ethnicity, 2011*, August 2012, available at: http://www.bls.gov/cps/cpsrace2011.pdf.

② Vivek Wadhwa, AnnaLee Saxenian and F. Daniel Siciliano, "America's New Immigrant Entrepreneurs: Then and Now", Oct. 2012, available at: http://www.kauffman.org/uploadedFiles/Then_and_now_americas_new_immigrant_entrepreneurs.pdf.

和西雅图，在城市郊区或者城外不断出现了新型的“卫星唐人街”，正在渐渐夺取传统唐人街的地位，根据2010年人口普查数据，曼哈顿的老唐人街已经不是全纽约华裔人口最多的地区了，老唐人街在萎缩，如华盛顿，中国城逐渐“缩水”，从“中国城”变身“中国街区”，再变身为“中国角”。华裔居住模式从唐人街向这种新型族裔郊区社区（ethnoburbs）转变，标志着其社会经济地位的改善，主动地融入当地社会，拓展自己的社交领域，提高自己的社会地位。他们更加自信和从容。从这个角度看，华人走出唐人街，是华人大胆地走出自己的小圈子，开创新生活的开始。第二个原因就是与美国全国居住模式的变化有着相关性，有研究说明，近30年来，美国居住区的种族隔离指数在降低，在居住区中阶级因素在上升。[①] 这也是华裔移民能够走出唐人街的社会大背景。

第四，华裔媒体形象也有了极大的改善，这种改善也扩展到中国整体形象的变化。如前所述，华裔遭受排斥的历史上，华裔不论在报纸，还是文学作品、电影中是负面形象，而美国一般民众也就是通过这种扭曲的形象认识了中国，这种情况在近年来有了很大的改善。前文提及的2003年PBS电视台出品了多集纪录片《成为美国人，华裔的经历》，该片的撰稿人和执行导演比尔·莫耶斯在节目中认为，长期以来华裔和华人历史被忽视，华裔经历是美国历史重要组成部分，我们确实没有公正对待华裔，现在是该还其本来面目的时候了。[②] 该片引起了一定反响，《纽约时报》《旧金山纪事报》《波士顿环球报》等做了推介和评论，如《纽约时报》认为该剧在短短几个小时里将华裔在美国近两个世纪历史浓缩展现给观众，有利于扭转华裔在社会上的形象。[③] 对于此部纪录片，华裔社区的反响不一，有人认为尽管以前也有类似的影片，但只有这部真正汇集了大量资料。但也有华人对篇名有异议，为什么我们是变成美国人？我们就是美国

① John R. Logan, “Racial and Ethnic Diversity Goes Local: Charting Change in American Communities Over Three Decade”, US 2010 Project, Sept. 2012, available at: http://www.s4.brown.edu/us2010/Data/Report/report08292012.pdf.

② Peter Hartlaub, “Series Explores Saga of Chinese Americans-PBS Sheds Light on Immigrants' Struggles”, *San Francisco Chronicle*, March 25, 2003.

③ Dwight Garner, “Television Review-From China to the American Dream”, *New York Times*, March 25, 2003.

人。[①] 有华裔学者认为，莫耶斯过于乐观，尽管片中讲述了华裔受迫害，遭歧视经历，但最后还是成了“模范少数族裔”，有了一个光明的结尾。[②]

对于华人的正面报道，还可以以姚明为例。姚明 2002 年被休斯敦火箭队选中，加入 NBA，成为美国家喻户晓的体坛明星。以《纽约时报》2002—2008 年（5 月以前）对姚明报道为例，利用“世界各国报纸全文库”（*Access World News*）[③] 进行检索，以关键词“yao ming” + “时间”（2002—2008）检索，如果以“yao ming”在“全文”中出现，共有 623 篇，如果在“第一段落”中出现，有 147 篇，如果在“标题”中出现，共有 75 篇。《纽约时报》对姚明的报道基本是客观正面的。如 2002 年 12 月一篇文章中，称赞姚明亲和、温文尔雅、慷慨，认为他吸引了美国一般民众，而且由于姚明的成功，使得 NBA 将眼光转向中国这个“世界上最大的消费者市场和经济发展最快的国家”。[④] 2004 年另一篇文章，则把姚明描绘成与其他 NBA 球员大不同的人——没有刺青，不去参加赛后的狂欢胡闹，而是喜欢一个人躲在屋里看录像。[⑤]

除了《纽约时报》外，美国其他主流媒体，如 ESPN、CNN 以及国家地理频道等，都可以看到姚明的身影。媒体之所以关注姚明，主要出于市场需要，篮球深受美国民众喜爱，姚明是来自异国的球星，2002 年因 NBA 状元秀加盟休斯敦火箭队，有卖点，可以吸引民众的眼球。但另一方面，可以说是来自姚明本身，他在篮球运动上出色的才能和人格魅力，得到了美国民众的喜欢，成为真正进入了大众层面的华人形象，扭转了美国人心目中“傅满州”“陈查理”的华裔形象。

综上所述，在美国的新华裔移民向美国社会展示的自身形象和传递的中国形象是正面的，但美国社会对华裔的误解和猜忌，“永远的外国人”的形象也不可避免地影响到中国的国家形象。目前美国社会对华裔最负面的看法就是对美国的忠诚度不够，根据 2001 年“百人会”的调查，发现

---

① Terry Hong, “The Struggle and Triumph of Chinese-American are an Integral Part of US History”, *The Christian Science Monitor*, May 8, 2003.

② Cheryl Lu-Lien Tan, “Helping Us All Understand”, *Baltimore Sun*, May 6, 2003.

③ 世界各国报纸全文库（*Access World News*）是美国 NewsBank 公司最具代表性的数据库之一，提供 1，800 余种世界各地主要报纸，涵盖各个领域。

④ Jere Longman, “Yao's Success Speeds NBA.'s Plans for China”, *The New York Times*, December 15, 2002.

⑤ Julia Chaplin, “Early to Bed”, *The New York Times*, October 10, 2004.

总体上美国社会对华裔看法是积极的，如 90% 的人认为华裔有强烈的家庭观念，77% 的人认为华裔做生意诚实，67% 的人认为华裔注重教育，56% 的人认为华裔对美国的文化生活有所贡献，47% 的人认为华裔比其他族裔群体工作勤奋，35% 的人认为华裔比其他族裔群体犯罪少等。[①] 对华裔的负面看法包括，87% 的人认为华裔忠于中国多于忠于美国，82% 的人认为华人对美国高科技影响太大，46% 人认为华裔给中国提供情报是个问题，68% 的人认为中国是威胁。此外中国非法移民问题、唐人街黑帮问题也一定程度上影响了华裔的形象，进而影响到中国国家形象——移民在居住国的行为在一定程度上关联到祖（籍）国形象的建立和变化。

三　移民在中国软实力建设中的作用

尽管目前学术界对软实力的内涵外延在认识上还存在分歧，但软实力变得越来越重要，以及它体现出的一个国家精神的力量是毋庸质疑的。移民这个特殊的群体，由于其移居他国，用走出去的方式，彰显了祖籍国的文化、传统美德、价值观念等，实际上有形无形地对提升祖籍国软实力地位起了重要作用。在这一点上，应该有三个方面事情值得注意。

第一，移民对祖（籍）国的认同在构建软实力方面起了基础作用。以美国的华裔移民为例，尽管新移民观念上已经从过去的“落叶归根”发展到现在的“落地生根”，没有了以往“暂居者”的心态，但对祖（籍）国中国的感情没有变，这主要指的第一代移民。移民对祖籍国的认同主要体现在族裔认同和文化认同上，美国华裔移民的中国情结体现在多方面，如重视孩子的中文教育，希望下一代能够传承中国文化和传统。此外唐人街在春节等中国传统节日依旧保持中国的传统习俗如游行、舞狮等，纽约将中国春节定为公假日，也是华裔多年争取的结果。这种族裔和文化上的认同，还表现在祖（籍）国有困难时，积极援手支援，从抗震救灾的捐赠到申奥的支持，从招商引资到回国效力，涉及方方面面。1995 年美国向李登辉发放赴美签证，引起中美关系紧张，40 位来自中国大陆的学生、学者、专业人士联名致信克林顿总统，抗议李登辉正式访问。这

---

① The Committee of 100, American Attitude toward Chinese Americans and Asian Americans, 2001, available at: http://www.committee100.org.

种族裔和文化上的认同是华裔移民保持传统价值观、文化的前提和基础。

第二，华文学校、华人媒体、华人社团“华人三宝”将中华文化传遍了全球。以美国的华文报纸为例，除了知名的《侨报》《世界日报》《星岛日报》和《国际日报》外，目前美国华文报纸近百家，其中三分之一以上为中国大陆新移民所办，有大量的读者群，对于华裔融入主流社会、凝聚华人文化、维护合法权益、宣传大陆政策、加强与各族群沟通互动、介绍祖国进步和繁荣、促进国内外华人商业活动等都具有非常重要的作用。

第三，软实力不仅是文化的感召力，而且还表现在其价值观念的影响力、吸引力等，这些因素只有借助人的载体，表现出来，而移民就是最好最直观的载体。前文所述美国华人公众形象的历史演变折射了近现代中国的历史巨变与今日中国的崛起、中美关系的变化。在美新移民通过自己行为，展现了中国形象，如勤劳向上，善良、开放、谦虚、包容等中华民族的优秀品格，也展现了国文化的博大精深等。但另一方面，由于以下的制约因素，使得美国华裔移民在提升中国软实力方面，还是受到限制。

首先，受到所在国美国的社会环境限制。尽管相对民权运动以前，美国目前种族环境宽松了很多，但对少数族裔的歧视还存在。对于华裔而言，“永远的外国人”的认识在美国社会根深蒂固，并不因华裔社会地位的提高、经济实力的增强而有所变化。从“百人会”2001 年和 2008 年两次有关如何看待华裔的民意调查就可以看出，2008 年依旧有 34% 的受访者认为，华裔忠于中国甚于美国，2001 年相应数字为 87%。鉴于这种情况，相对于其他少数族裔群体，如犹太人，华裔在中美关系中的作用还没有充分发挥。

其次，受到本群体自身限制。华裔中有的来自中国大陆，也有的来自港澳、台湾和东南亚等地，政治倾向不同，影响凝聚力。华裔老一代的移民倾向共和党，年轻一代倾向于民主党。另外，居住过于集中，60% 的华裔生活在以纽约、旧金山、洛杉矶、芝加哥、费城、华盛顿特区、波士顿和达拉斯为首的少数城市，华文报纸、社团等也都集中在此，就全美国而言，华裔的声音还是有限。

四　小结

综上所述，中国国力的持续增长和国际地位的稳步提升，改善了华人在美国的社会、经济甚至是政治地位和声望。华侨华人通过维护/树立自身的形象，树立了良好的中国的国家形象，这是提高中国软实力，提升国家形象的战略途径。但需要说明的是，华侨华人所起到的作用是国家形象的载体和重要力量，构建国家形象的关键，还在于国家这个主体本身。

参考书目

中文专著：

1. 邓蜀生：《世代悲欢“美国梦”——美国的移民历程及种族矛盾（1607—2000）》，中国社会科学出版社 2001 年版。
2. 邓蜀生：《美国与移民》，重庆出版社 1990 年版。
3. 梁茂信：《美国移民政策研究》，东北师范大学出版社 1996 年版。
4. 戴超武：《美国移民政策与亚洲移民（1849—1990 年）》，中国社会科学出版社 1999 年版。
5. 傅义强：《欧盟移民政策与中国大陆新移民》，暨南大学出版社 2008 年版。
6. 宋全成：《欧洲移民研究》，山东大学出版社 2007 年版。
7. 麦礼谦：《从华侨到华人——二十世纪美国华人社会发展史》，三联书店（香港）有限公司 1992 年版。
8. 姬虹：《美国新移民研究（1965 年至今）》，知识产权出版社 2008 年版。
9. 李明欢：《国际移民政策研究》，厦门大学出版社 2011 年版。
10. 蒋相泽、吴机鹏：《简明中美关系史》，中山大学出版社 1989 年版。
11. 杨国标、刘汉标、杨安尧：《美国华侨史》，广东高等教育出版社 1989 年版。
12. 吴剑雄：《海外移民与华人社会》，台北允晨文化实业有限公司 1993 年版。
13. 刘平、刘军：《移民美国》，中国经济出版社 2008 年版。
14. 周敏：《美国华人社会的变迁》，上海三联出版社 2006 年版。
15. 张青松：《美国排华百年内幕》，上海人民出版社 1998 年版。

16. 潮龙起：《美国华人史 1848—1949 年》，山东画报出版社 2010 年版。
17. 陈匡民：《美洲华侨通鉴》，华侨文化出版社 1950 年版。
18. 陈依范：《美国华人》，郁怡民、郁苓译，工人出版社 1984 年版。
19. 陈依范：《美国华人史》，韩有毅、何勇、鲍川运译，世界知识出版社 1987 年版。
20. 李春辉、杨生茂主编：《美洲华侨华人史》，东方出版社 1990 年版。
21. 李明欢：《当代海外华人社团研究》，厦门大学出版社 1995 年版。
22. 刘伯骥：《美国华侨史》，行政院侨务委员会出版 1976 年版。
23. 刘伯骥：《美国华侨史·续编》，黎明文化出版社 1981 年版。
24. 刘令：《华侨人物志》，东西文化出版社 1949 年版。
25. 麦礼谦：《从华侨到华人——二十世纪美国华人社会发展史》，三联书店（香港）有限公司 1992 年版。
26. 麦美玲、迟进之：《金山路漫漫》，崔树芝译，新华出版社 1987 年版。
27. 宋李瑞芳：《美国华人的历史和现状》，朱永涛译，商务印书馆 1984 年版。
28. 王辉耀、苗绿主编：《国际人才蓝皮书：中国海归发展报告 2013》，社会科学文献出版社 2013 年版。
29. 王辉耀主编：《国际人才蓝皮书：中国留学发展报告 2013》，社会科学文献出版社 2013 年版。
30. 王辉耀主编：《中国留学发展报告 2012》，社会科学文献出版社 2012 年版。
31. 王辉耀主编：《中国留学人才发展报告 2009》，机械工业出版社 2009 年版。
32. 王望波、庄国土：《2009 年海外华侨华人发展报告》，世界知识出版社 2011 年版。
33. 周南京、谢成佳主编：《华侨华人百科全书·社团政党卷》，中国华侨出版社 1999 年版。
34. 赵红英、宁一：《五缘性华侨华人社团研究》，同济大学出版社 2013 年版。
35. 朱夏：《美国华侨概史》，中国时报社 1975 年版。
36. 陈翰生：《华工出国史料汇编》第七辑，中华书局 1894 年版。
37. 王铁崖：《中外旧约章汇编》第一册，生活·读书·新知三联书店

1957 年版。
38. 颜清湟：《海外华人的社会变革与商业成长》，厦门大学出版社 2005 年版。
39. 丘进主编：《华侨华人蓝皮书》，社会科学文献出版社 2011 年版。
40. 张赛群：《中国侨务政策研究》，知识产权出版社 2010 年版。
41. 任贵祥主编：《海外华侨华人与中国改革开放》，中共党史出版社 2009 年版。
42. 周琪主编：《美国外交决策过程》，中国社会科学出版社 2011 年版。
43. 朱世达主编：《美国市民社会研究》，中国社会科学出版社 2005 年版。
44. 李明欢：《国际移民政策研究》，厦门大学出版社 2011 年版。
45. 孙逊：《美国华侨华人与台湾当局侨务政策》，九州出版社 2012 年版。
46. 丘进主编：《华侨华人研究报告（2011）》，社会科学文献出版社 2011 年版。
47. 丘进主编：《华侨华人研究报告（2012）》，社会科学文献出版社 2012 年版。
48. ［美］孔秉德、尹晓煌主编：《美籍华人与中美关系》，新华出版社 2004 年版。
49. 刘泽彭主编：《世界华侨华人研究》（第三辑），广西师范大学出版社 2010 年版。

中文论文：

1. 曹聪：《中国的“人才流失”、“人才回归”和“人才循环”》，载《科学文化评论》2009 年第 1 期。
2. 陈文寿：《论现代华人移民》，载《华侨华人历史研究》1993 年第 1 期。
3. 程希：《中国大陆新老华人移民浅析》，载《华侨华人历史研究》1993 年第 4 期。
4. 程希：《中国人留学美国的历史回顾》，载《八桂侨史》1996 年第 2 期。
5. 古华民：《浅论海外华侨华人社团的变化和发展趋势》，载《八桂侨刊》2003 年第 5 期。
6. 贾浩：《对当前我国留学人员状况的分析和几点建议》，载《社会科学》1997 年第 6 期。
7. 李明欢：《当代海外华人社团领导层剖析》，载《华侨华人历史研究》1994 年第 2 期。
8. 李明欢：《构筑华人群族与当地国大社会沟通的桥梁——试论当代海外华人社团的社会功能》，载《华侨华人历史研究》1995 年第 2 期。
9. 刘宏：《海外华人社团的国际化：动力·作用·前景》，载《华侨华人历史研究》1998 年第 1 期。
10. 麦礼谦：《二次大战以来额美国华人侨团》，载《八桂侨史》1993 年第 3 期。
11. 麦礼谦：《美国华人历史与社会的研究在第二次世界大战后的发展》，载《华侨华人历史研究》1993 年第 2 期。
12. 苗丹国、程希：《1949—2009：中国留学政策的发展、现在和趋势》，载《徐州师范大学学报》2010 年第 2 期。
13. 彭家礼：《十九世纪开发西方殖民地的华工》，载《世界历史》1980 年第 1 期。
14. 饶志明：《美国华人科技界崛起背景分析及我国有关策略思考》，载《华侨大学学报》1989 年第 2 期。
15. 王灵智：《战后华人知识分子移民美国和美籍华人对科技领域的贡献》，载《南洋资料译丛》1989 年第 4 期。
16. 谢成佳：《对华侨华人社团的几点认识》，载《华侨华人历史研究》2002 年第 3 期。
17. 杨刚、王志章：《美国硅谷华人群体与中国国家软实力构建研究》，载《中国软科学》2010 年第 2 期。
18. 周继红：《试论战后美国华人社团发展的特点及其在中美关系中的作用》，载《国际关系学院学报》2008 年第 6 期。
19. 朱杰勤：《十九世纪后期中国人在美国开放中的作用及处境》，载《历史研究》1980 年第 1 期。
20. 王子昌：《华人移民与美国政治的发展》，载《世界民族》2005 年第 1 期。
21. 庄国土：《从移民到选民：1965 年以来美国华人社会的发展变化》，载《世界历史》2004 年第 2 期。
22. 李其荣：《1965 年以来美国华人新移民的特点》，载《华中师范大学学报》（哲学社会科学版）1997 年第 5 期。
23. 郭玉聪：《美国华侨华人在中美关系中的重要作用》，载《世界历史》2004 年第 3 期。
24. 娄亚萍：《美国华侨华人与中国对美公共外交：作用机制与政策思路》，载《美国问题研究》2011 年第 2 期。
25. 李爱慧：《美国华人基督教会的族裔特性探析》，载《暨南学报》（哲学社会科学版）2009 年第 5 期。
26. 张云：《北美华人基督徒影响力分析：基于“软权力”的视角》，载《暨南学报》（哲学社会科学版）2012 年第 5 期。
27. 万晓宏：《美国华人基督教会研究：以大波士顿地区为例》，载《世界宗教研究》2010 年第 3 期。
28. 王希：《多元文化主义的起源、实践与局限性》，载《美国研究》2000 年第 2 期。
29. 黄锦明：《美国的中国新移民》，载《当代亚太》1998 年第 1 期。
30. 宋全成：《欧洲的中国新移民》，载《山东大学学报》2011 年第 2 期。
31. 梁茂信：《1940—1990 年美国移民政策的变化和影响》，载《美国研究》1997 年第 1 期。
32. 戴超武：《美国 1965 年移民法对亚洲移民和亚裔集团的影响》，载《美国研究》1997 年第 1 期。
33. 丁则民：《百年来美国移民政策的变迁》，载《东北师大学报》（哲学社会科学版）1986 年第 3 期。
34. 周敏：《美国华裔人口发展趋势和多元化》，载《人口与经济》2004 年第 3 期。
35. 张晓涛：《美国对华移民政策的演变及其影响》，载《世界民族》2007 年第 5 期。
36. 翁里：《国际移民法初探》，载《浙江社会科学》1995 年第 3 期。
37. 翁里：《论美国新移民法的国际影响》，载《浙江大学学报》（人文社会科学版）2001 年第 4 期。
38. 姬虹：《“9·11 事件”与美国移民政策》，载《国际论坛》2002 年 9 月第 4 卷第 5 期。
39. 阎琨：《中国留学生在美国状况探析：跨文化适应和挑战》，载《清华大学教育研究》2011 年 4 月第 32 卷第 2 期。

40. 孟令明:《九十年代美国华人参政剖析》, 载《八桂侨刊》1997 年第 3 期。
41. 令狐萍:《金山谣: 美国华裔妇女简史及主要有关史料评述》, 载《美国研究》1997 年第 1 期。
42. 姬虹:《透视美国移民战略》, 载《财经国家周刊》2011 年第 24 期。

英文原始资料:

1. George Bush, "Executive Order 12711 – Policy Implementation With Respect to Nationals of the People's Republic of China," April 11, 1990, available at: http://www.presidency.ucsb.edu/ws/index.php?pid=23556#axzz1sZRTTX5h.
2. House of Representatives, *Chinese Student Protection Act of 1992*, August 10, 1992, available at: http://www.eric.ed.gov/PDFS/ED351414.pdf.
3. Institute of International Education, *Open Door Data: International Students: Leading Place of Origin*, available at: http://www.iie.org/Research-and-Publications/Open-Doors/Data/International-Students/Leading-Places-of-Origin/2009 – 11.
4. Institute of International Education, *Open Door Data: International Students: Academic Level and Place of Origin*, available at: http://www.iie.org/Research-and-Publications/Open-Doors/Data/International-Students/By-Academic-Level-and-Place-of-Origin/2010 – 11.
5. Institute of International Education, *Open Door Data: International Students: Fields of Study by Place of Origin*, available at: http://www.iie.org/Research-and-Publications/Open-Doors/Data/International-Students/By-Academic-Level-and-Place-of-Origin/2010 – 11.
6. Institute of International Education, *Open Doors: Report on International Educational Exchange 2013*, November 11, 2013, available at: http://www.iie.org/Who-We-Are/News-and-Events/Press-Center/Pre-ss-Releases/2013/2013 – 11 – 11 – Open-Doors-Data.
7. National Science Foundation, *Science and Engineering Indicators 1995* (Washington D.C.: National Academy Press, 1996), available at:

http: //www. nsf. gov/statistics/doctorates/pdf/sed1995. pdf.

8. National Science Foundation, *Doctorate Recipients from United States Universities: Summary Report 2003*, Revised March 8, 2005, available at: http: //www. nsf. gov/statistics/doctorates/pdf/sed2003. pdf.

9. National Science Foundation, *Science and Engineering Indicators 2010*, January 15, 2010, available at: http: //www. nsf. gov/st-atistics/seind10/pdfstart. htm.

10. National Science Foundation, *Science and Engineering Indicators 2014*, February 14, 2014, available at: http: //www. nsf. gov/statistics/seind14/ind-ex. cfm/etc/pdf. htm.

11. OCA & the Asian American Studies Program (AAST, University of Maryland), *A Portrait of Chinese American* (College Park: OCA and the AAST of University of Maryland, 2008).

12. Office of Immigration, *2010 Yearbook of Immigration Statistics*, August, 2011, available at: http: //www. dhs. gov/xlibrary/assets/statistics/yearbook/2010/ois_ yb_ 2010. pdf.

13. U. S. Census Bureau, "Asian and Pacific Islanders in the United States", 1980 Census of Population, August, 1983, available at: http: //www2. census. gov/prod2/decennial/documents/1980/1980censusofpopu8021e_ s1_ bw. pdf.

14. U. S. Census Bureau, "Asian and Pacific Islanders in the United States", 1990 Census of Population, August, 1993, available at: http: //www. census. gov/prod/cen1990/cp3/cp – 3 – 5. pdf.

15. U. S. Census Bureau, *U. S. Summary: 2000*, July, 2002, available at: http: //www. census. gov/prod/2002pubs/c2kprof00 – us. pdf.

16. U. S. Census Bureau, *The Asian Population: 2010*, March, 2012, available at: http: //www. census. gov/prod/cen2010/briefs/c2010br – 11. pdf.

17. U. S. 89th Congress, 1st Sess., *Congressional Record*, Proceeding and Debates, vol. 3, pp. 20958.

18. U. S. Department of State, *Classes of Immigrants Issued Visas at Foreign Service Posts (1992 – 2010)*, available at: http: //www. travel.

state. gov/pdf/MultiYearTableII. pdf.

19. U. S. Department of Justice, *2000 Statistical Yearbook of the Immigration and Naturalization Serice*, September 2002, available at: http://www. dhs. gov/xlibrary/assets/statistics/yearbook/2000/Yearbook2000. pdf.
20. U. S. Department of Homeland Security, *2012 Yearbook of Immigration Statistics*, September 2013, available at: http://www. dhs. gov/yearbook-immigration-statistics – 2012 – legal-permanent-residents.
21. U. S. Department of Homeland Security, *2010 Yearbook of Immigration Statistics*, September 2011, available at: http://www. gov/xlibrary/assets/statistics/yearbook/2010/ois_ yb_ 2010. pdf.
22. U. S. Department of State, *Nonimmigrant Visa Issuances by Visa Class and by Nationality*, available at: http://travel. state. gov/content/visas/english/law-and-policy/statistics/non-immigrant-visas. html.
23. U. S. Department of Commerce, *Statistical Abstract of the United States* (Washington D. C.: Government Printing Office, 1992).
24. U. S. Department of Commerce, *Statistical Abstract of the United States* (Washington D. C.: Government Printing Office, 1994).
25. U. S. Immigration and Naturalization Service, *Statistical Yearbook of the Immigration and Naturalization Service, 1960 – 1990* (Washington D. C.: The Service).
26. Vivek Wadhwa, "Statement of Vivek Wadhwa", Committee on the Judiciary of the United States House of Representatives, Subcommittee on Immigration Policy and Enforcement, October. 5, 2011, available at: http://judiciary. house. gov/hearings/pdf/wadhwa%2010052011. pdf.

英文专著:

1. Ronald H. Bayor, *Race and Ethnicity in America: A Concise History* (New York: Columbia University Press, 2003).
2. Marion Bennet, *American Immigration Policies: A History* (Washington, D. C.: Public Affairs Press, 1963).
3. Zinzius Birgit, *Chinese America: Stereotype and Reality: History, Present, and Future of the Chinese Americans* (New York: P. Lang, 2005).

4. Susie Lan Cassel, ed., *The Chinese in America: A History From Golden Mountain to the New Millennium* (CA: Altamira Press, 2002).

5. Tris Chang, *The Chinese in America, A Narrative History* (New York: Penguin, 2004).

6. AllanJ. Cigler and Burdett A. Loomis, eds., *Interest Group Politics* (Washington, D. C.: CQ Press, 2012).

7. Christian Collet and Pei-te Lien, eds., *The Transnational Politics of Asian Americans* (Phladephia: Temple University Press, 2009).

8. Mary R. Coolidge, *Chinese Immigration* (New York: Henry Holt and Co., 1969).

9. Roger Daniels, *Coming to America: A History of Immigration and Ethnicity in American Life* (New Jersey: Harper Collins Publishers, Inc., 1990).

10. Joe R. Feagin, Clairece B. Feagin, *Racial and Ethnic Relations* (New Jersey: Prentice Hall, 1996).

11. Nancy Foner, *From Ellis Island to JFK: New York's Two Great Waves of Immigration* (New Haven and London: Yale University Press, 2000).

12. Kichiro Fukasuku and David Wall, *China's Long March to an Open Economy* (Paris: OECD, 1994).

13. Richard Hollstetter, *American Immigration Policy* (North Carolina: Duke University Press, 1984).

14. Samuel P. Huntington, *Who are we? The Challenges to America's National Identity* (Simon & Schuster, 2005).

15. Peter H. Koehn and Xiao-huang Yin, eds., *The Expanding Roles of Chinese Americans in U. S. -China Relations* (Armonk, New York: M. E. Sharpe, 2002).

16. Chia-ling Kuo, *Social and Political Change in New York's Chinatown: The Role of Voluntary Associations* (New York: Praeger, 1977).

17. Peter Kwong and Dušanka Miščević, *Chinese Americans: The Untold Story of America's Oldest New Community* (New York: New press, 2005).

18. David Lampton, *A Relationship Restored: Trends in U. S. -China Educational Exchanges, 1978 - 1984* (Washington D. C.: National Academies Press, 1986).

19. Nicholas R. Lardy, *Foreign Trade and Economic Reform in China, 1978 - 1990* (Cambridge: Cambridge University Press, 1992).

20. Burdett A. Loomis, ed., *Interest Groups and Lobbying in the United States* (Washington D. C.: CQ Press, 2012).

21. Michael Le May, *From the Open Door to the Dutch Door: An Analysis of American Immigration Policy* (New York: Praeger Publisher, 1987).

22. Byong Gap Min, Jung Ha Kim, eds., *Religions in Asian American: Building Faith Communities* (New York: Altamira Press, 2002).

23. David M. Reimers, *Still the Golden Door: The Third World Comes To America* (New York: Columbia University Press, 1992).

24. AnnaLee Saxenian, *Brain Circulation and Chinese Chipmakers: The Silicon Valley-Hsinchu-Shanghai Triangle* (Berkeley: University of California 2002).

25. Maxine Selleer, *To Seek America: A History of Ethnic Life in the United States* (New Jersey: Jerome S'Ozer Publishers, Inc., 1988).

26. David Simcox, *U. S. Immigration in the 1980: Reappraisal and Reform* (Boulder, Colorado: Westview Press, 1988).

27. Alvin Y. So and Stephen W. K. Chiu, *East Asia and the World Economy* (Newbury Park, CA.: Sage, 1995).

28. Ronald Takaki, *Strangers from a Different Shore: A History of Asian American* (Boston: Little Brown & Co., 1989).

29. Steven Thernstorm, eds., *The Harvard Encyclopedia of American Ethnic Groups* (Cambridge: Harvard University Press, 1980).

30. William L. Tung, *The Chinese in America, 1820 - 1973: A Chronology & Fact Book* (New York: Oceana Publications, 1974).

31. Mary C. Waters and Reed Ueda, *The New Americans: A Guide to Immigration since 1965* (Cambridge, Massachusetts: Harvard University Press, 2007).

32. Xiaohuang Yin, Helen B. Marrow, eds., *The New Americans: A Guide to Immigration since 1965* (Cambridge Massachusetts: Harvard University Press, 2007).

33. Xiaojian Zhao, *The New Chinese America, Class, Economy, and Social*

Hierarchy（New Jersey：New Brunnswick，2010）.

34. Min Zhou，*Contemporary Chinese America：Immigration，Ethnicity and Community Transformat-ion*（Philadelpha：Temple University Press，2009）.

35. David Zweig，*China's Brain Drain to United States：Views of Overseas Chinese Students and Scholars in the 1990s*（Berkeley：Institute of East Asian Studies，1995）.

英文文章：

1. Randolph Bourne，"Trans-National America"，*Atlantic Monthly*，July 1916，pp. 86 – 97.

2. Laura Chappell，etc.，"Show Me the Money（and Opportunity）：Why Skilled People Leave Home — and Why They Sometimes Return"，April 2010，available at：http：//www. migrationinformation. org/Feature/display. cfm？ID = 779.

3. Ashok Desai，"The Dynamics of the Indian Information Technology Industry"，March 2003，available at：http：//r4d. dfid. gov. uk/PDF/Outputs/CNEM/Drc20. Pdf.

4. Judith A. Fortney，"International Migration of Professionals"，*Population Studies*，Vol. 24，No. 2（July. 1970），pp. 217 – 232，available at：http：//www. jstor. org/stable/2172655.

5. P. J. Huffstutter，"U. S. Visa Program，Money Talks"，*Los Angele Times*，September 2，2011.

6. Louis Kraar，"The New Power in Asia"，*Fortune*：Oct. 31，1993.

7. Cheng Li，"The Status and Characteristics of Foreign-Educated Returnees in the Chinese Leadership"，*China Leadership Monitor*，No. 16，October 30，2005，available at：http：//www. hoover. org/publications/china-leadership-monitor/article/6638.

8. Jean-Baptiste Meyer，"Network Approach versus Brain Drain：Lessons from the Diaspora"，*International Migration*，Vol. 39，Issue 5，Special Issue 1（2001），pp. 91 – 110.

9. Jean-Baptiste Meyer，etc.，"Turning Brain Drain into Brain Gain：the

Colombian experience of the Diaspora Option", *Science Technology Society*, Vol. 2, No. 2 (September 1997), pp. 285 – 315.

10. Jean-Baptiste Meyer and Mercy Brown, "Scientific Diasporas: A New Approach to the Brain Drain", 1999, available at: http://www.unesco.org/most/meyer.htm.

11. J. Mervis, "US Graduate Training: Top Ph. D. Feeder Schools Are Now Chinese", *Science*: 321 (5886): 185.

12. David North, "The Immigration Investor (EB – 5) Visa Program that is, and Deserves to Be Failing", Jan. 2012, available at: http://cis.org/investor-visa-program-is-failing.

13. Jeffry Passel, "Undocumented Immigration", *The Annals of the American Academy of Political and Social Science*: 1986, 9.

14. AnnaLee Saxenian, "From Brain Drain to Brain Circulation: Transnational Communities and Regional Upgrading in India and China", *Studies in Comparative International Development*, Vol. 40, No. 2 (2005).

15. AnnaLee Saxenian, "Brain Circulation and Chinese Chipmakers: The Silicon Valley-Hsinchu-Shanghai Triangle", available at: http://people.ischool.berkeley.edu/~anno/.../cornell – 2002 – draft.pdf.

16. Chris Tachibana, "Focus on China: BIG Science in a BIG Country," *Science*: 2011, 9.

17. Vivek Wadhwa, Sonali Jain, AnnaLee Saxenian, Gary Gereffi, Huiyao Wang, *America's New Immigrant Entrepreneurs*, Part Ⅵ, "The Grass is Indeed Greener in India and China for Returnee Entrepreneurs", May 9, 2011, available at: https://papers.ssrn.com/sol3/Data_Integrity_Notice.cfm?abid = 1824670.

18. Huiyao Wang, David Zweig and Xiaohua Lin, "Returnee Entrepreneurs: impact on China's globalization process", *Journal of Contemporary China*, 20 (70) (June 2011), pp. 413 – 431.

19. Madeline Zavodny, Emily Kerr and Pia Orrenius, "Labor Market Effects of the 1992 Chinese Student Protection Act", Oct. 2010, available at: http://www.cepr.org/meets/wkcn/2/2429/papers/Zavodnyfinal.pdf.

20. David Zweig, SiuFung Chung, and Wilfried Vanhonacker, "Rewards of

Technology: Explaining China's Reverse Migration", *Journal of International Migration and Integration*, Vol. 7, No. 4 (2006).

21. David Zweig, "Learning to Compete: China's Efforts to Encourage A 'Reverse Brain Drain'", *International Labour Review*, Vol. 145, No. 1 (2006).
22. David Zweig, "To Return or not to Return? Politics vs. Economics in China's Brain Drain", *Studies in Comparative International Development*, Vol. 32, No. 1 (1997).
23. David Zweig and Han Donglin, "Serving the Nation from Abroad: Comparing Mainland Professors in the United States and Hong Kong", available at: http://www.cctr.ust.hk/materials/.../Han, Donglin_paper.pdf.
24. David Zweig, Chung Siu Fung, "Redefining the Brain Drain: China's 'Diaspora Option'", available at: www.princeton.edu/cwp/.../sts13_1-01-David-et-al..pdf.
25. David Zweig, SiuFung Chung, and Donglin Han, "Redefining the Brain Drain China's 'Diaspora Option'", *Science Technology & Society*, Vol. 13, No. 1 (2008).

其他资料：

1. 国务院侨务办公室官方网站 http://www.gqb.gov.cn/。
2. 华侨华人创业发展洽谈会网站 http://www.hch.org.cn/。
3. 教育部官方网站 http://www.moe.gov.cn/。
4. 中国旅美科技协会（CAST）网站 http://isd.arizona.edu/castusa/index.html。
5. 中国旅美科技协会（CAST）会刊《海外学人》http://isd.arizona.edu/castusa/mag/index.html。